생은 망원시장

여성상인
9명의
구술생애사

이번 생은 망원시장

최현숙
박내현
하윤정
김은화
문양효숙
정숙희
민정례
여지현
김민주
박채란

글항아리

각자 또 함께

구술생애사 작가
최현숙

2014년 1월부터 2016년 3월까지 망원시장 안에서 살았다. '다이소 3층!' 하면 망원시장을 아는 친구들은 금방 알아먹었다. 보증금 1억짜리 전셋집을 구하며 두 집을 놓고 고민했다. 조용한 골목에 깔끔한 공간과 망원시장 안의 허름한 공간. 작은아들과 함께 살던 때라 방 두 개가 필요했다. 바로 전에 살던 곳은 반경 200미터 안에 가게 하나가 없었다. 글쓰기에 방해될 소란을 잠깐 고민했지만, 시장의 북적거림에 쏠렸다. 내 어린 시절 첫 기억은 노량진 시장에서 시작되고, 20대 초반의 방황과 혼돈의 시절엔 용산 야채시장과 노량진 수산시장의 새벽을 무수히 헤맸다. 이후로도 어딜 가든 시장이 있으면 일부러 시간을 내어 떠돌았다. 인도의 과일시장과 연변의 노점 야채시장에선 모퉁이에 쪼그려 앉아 각양각색의 표정과 흥정들을 넋 놓고 바라보곤 했다.

더구나 '망원시장' 아닌가. 내겐 로망의 공간이었다. 시장 안에서 사는 2년 동안 활기와 편리와 즐거움을 만끽했다. 냄비 물에 된장만 풀어 안쳐놓고, 쪼르륵 계단을 내려가 두부와 호박을 후딱 사들고 올라가는 맛이라니. 운동과 장 구경을 겸해 저녁마다 시장통을 거쳐 동네를 걸었는데, 집 계단을 오를 때면 떡볶이며 순대가 손에 들려 있곤 했다. 확성기와 플래카드와 문자가 알려주는 시장의 모든 행사를 달력에 메모했다. 명절 전통놀이 행사 때는 팔씨름 대회에 나가 전통시장 상품권을 탔고, 상인회가 주최하는 일요일 선착순 특별할인 품목에 눈독을 들였다가 일찌감치 나래비를 섰으며, 상품권 당첨에 환호성을 질렀다. 시장 옆 망원공원에서 열리는 어린이날 어버이날 잔칫날이면, 어린이도 되고 어버이도 되어 어울려 놀았다. 파장 시간 '떨이'에 충동구매를 하며 사진과 녹취들을 챙겨 모았고, 새벽 두세 시에 글쓰기가 막히면 가게 진열대에 양반다리를 하고 올라 앉아 하염없이 담배를 피웠다. 창문 아래 망원축산 아주머니의 목청을 견디느라 창문 닫고 귀마개를 한 채 『할배의 탄생』 원고에 매달리다가, "세일, 세일! 만 원에 세 근!" 소리엔 얼른 지갑을 들고 달려 내려갔다. 『할배의 탄생』을 시작해서 마치는 동안, 상인 몇몇을 생애사 주인공으로 내심 침을 발라놓았다. 참기름과 볶은 깨를 사며 웃음도 흘려놓았고, 담배와 족발을 사며 생애 토막들도 모아두었다. 상인회 아저씨 아줌마들에게는 일부러 명함을 주며 얼굴을 팔았다. 간단한 살림이라 소소한 손님에 불과했지만, 홍보로 치면 상이라도 받을 만큼 망원시장의 자랑거리들을 알리고 다녔다. 그야말로 발 디딜 틈 없는 명절대목이면 3층 창문으로 몸을 빼고 신나게 사진을 찍었다.

계약 기간이 끝나가던 2016년 1월 더 살지 말지를 고민하던 터에, 집주인은 보증금을 1억3000으로 올려 불렀다. 이사를 작정하면서 아쉬운 건 침 발라놓은 주인공들이었다. 대흥역 인근 독거노인들의 생애사 인터뷰가 한창 진행 중이어서, 대흥동 옆 신수동으로 살 곳을 얻어 갔다. 같은 1억이지만 이번엔 원룸 전세였다. 작은아들이 결혼해 나간 터라 원룸이면 족했다. 지하철로 서너 정류장 거리니, 점 찍어놓은 상인들이야 내 사정에 맞춰 확 당기면 자빠져 오려니 싶었다. 2016년 말 『할배의 탄생』이 출간되면서, 나는 망원축산 그 아주머니만큼이나 바빠지고 목청도 써대야 했다. 2017년 초부터 〈말과활 아카데미〉에서 구술생애사 기초반 강좌를 계속 열었고, 3월에 시작하는 심화반은 생애사 글쓰기 반으로 열기로 했다. 2월 말, 망원시장을 중심으로 온갖 지역 활동을 하는 조영권 대표가 만나자며 연락을 해왔다. "나 좀 놔둬. 바빠 죽겠어!" 하며 단칼에 잘랐는데, 어쨌든 봐야 한다고 우겼다. 뭐를 하자든 거절할 작심을 하고 만났는데, '망원시장 여성상인 구술생애사' 작업을 하자는 거였다. 어머나 세상에! 심화반의 탄탄한 필진들까지 준비돼 있는 터였다. 9명 주인공에 9명 필자 선착순으로, 일대일 짝을 추첨으로 정했다. 다양한 논의에 이어 수차례의 인터뷰와 글쓰기 및 글 합평을 병행하며 작업은 순탄하게 진행되었다. 망원시장에 눌러 사는 삼신할매 덕이 아니고는 이토록 착착 맞아떨어질 수가 없는 거였다.

독자들은 우선 연표에 주목해주길 바란다. '모자나라' 왕언니만 1950년생이고 모두 1960년대생이다. 고향은 강원도 탄광촌에서 전라도 섬까지 모두 제각각이며, 대학 교육을 받은 사람은 없다. 비슷한 시대에 전국 곳곳에서 태어난 서민의 딸들이, 각자의 형편과 경로를 거치며 즐겁고 아프게 성장했다. '나는 못 가도 남동생과 오빠는 대학을 가야 하는' 설움을 '으레 혼자 삭이며', 교육과 취직과 탈농과 결혼을 통해 서울로 들어왔다. 1997년 IMF 사태와 2008년 세계 금융위기를 공장과 노점과 식당과 알바 등을 거쳐 망원시장으로 들어왔다. 하여 이제는 마흔여덟에서 예순일곱 살까지 망원시장 여성상인 9명이 '각자 또 함께' 사는 생애를 듣는 것은, 사람과 시대를 들여다보고 세상을 내다 보는 일이다.

상인 여성들의 생애 굽이굽이는, 손님들 생애의 우여곡절과 겹치 고 엇갈린다. 이주와 밥벌이의 내력, 장소와 시절에 얽힌 기억들, 망 원동과 망원시장의 역사, 월급쟁이와 자영업자의 애환은 독자들 자 신의 기억의 실마리를 끄집어내준다. 고향인 일산이 신도시가 되어 번성하는 동안 가족과 원주민들이 어떻게 밀려났으며, 일흔이 다 돼 가는 나이에 다시 서울에서 밀려나 일산의 작은 아파트로 이사 가는 과정. 이북서 피란 와 머슴을 살다 땅값이 싼 망원동으로 들어와 밥 떼기 마늘 장사와 '도라무통' 새우젓 장사를 시작한 시부모님, 그들 의 보람이었던 맏아들인 남편이 '한국통신을 더러워서 때려치우고' 장사를 물려받겠다며 눌러앉아 부부가 고군분투한 이야기. 늘 배고 팠던 시절, 버스 창문으로 김밥을 건네준 영숙이를 너무나 보고 싶 다고 하는 족발집 여사장. 시집간 딸이 첫 자식으로 손녀를 낳아 송 구하다며 사돈 앞에서 허리를 굽혀가며 절한 친정아버지에 대한 고 까움, 박정희 시대를 산 사람들의 공통 기억인 삐라와 학용품, 아카 시아 잎과 잔디 씨 모으기, 반공웅변대회와 애향단, 노라노 양재학원 과 양장점 시다, 물지게와 숯에 걸러 먹던 펌프 물, '우린 살다가 결 혼 했어요' 등. IMF와 월드컵과 세계 금융위기와 구제역과 조류인 플루엔자와 인근 대형 유통매장 개업 등 고비마다에서 꺾였다 힘겹 게 일어섰지만, 임대료 상승과 상가 주인의 '가게 빼주세요'는 통보 에 속수무책으로 쫓겨났던 이야기. 일수와 계와 사채와 카드 대출과 은행 대출. '저기가 다 시금치 밭이었고, 버스도 없어 합정동까지 걸어 나갔던' 옛날 망원동 이야기. 물난리에 고무 다라이 타고 성산초등학교로 피란 간 수재민 살이. 단속을 피해 도망다니던 노점 거리가 지하철 망원역이 개통되면서 마침내 '아케이드'를 치고 망원시장으로 등록된 과정. 합정동 홈플러스 개점에 반대해 '다 문 닫고 집회'와 '다 촛불 켜고 장사'로 전국 최초로 유통 재벌에 맞서 따낸 절반의 승리.(합정동 홈플러스 16개 품목 제한, 홈플러스 익스프레스 망원역점 폐쇄, 망원시장 고객센터 매입자금 지원 등.) 전국의 영세 자영업자를 대표하는 시의원 배출. 싸움과 배움의 과정에서 깨달은 연대의 힘과 세상 물정 및 '시장은 경제민주화의 산실'이라는 통찰, 그리고 시민 권리의식. 주민들에게 보답하는 마음으로 매년 여는 어린이 잔치, 노인 잔치, 추석과 설날 잔치. 다양한 기부와 주민들에 대한 상인회 건물 개방. 1인 가구와 매식 증가 등 소비 행위의 변화에 따른 상인으로서의 고민과 전략. '망원동이 뜨는 것'에 대해 '열심히 장사해서 건물주 좋은 일만 시켜주는 거 같다'는 임차상인으로서의 푸념. 해고나 명퇴 염려가 없어 부러워들 하지만, 퇴직금이 없고 공적 연금이 미비한 자영업자의 노후. 까르푸와 홈플러스를 거쳤는데 지금 또 들어서고 있는 상암동 롯데 쇼핑몰.

알뜰한 손님과 독자들을 위해, 주인공들은 자기 품목에 대한 알짜배기 정보를 알려주었다. 어떤 식품은 어느 계절에 어떻게 요리하는 게 좋은지, 조금 비싸도 훨씬 좋은 물건은 어떤 건지, 어떤 떡은 냉동실의 어느 위치에 보관하고 어떻게 녹여 먹어야 맛있는지 등 깨알 같은 정보가 수두룩하다. 장바닥에 나와 정신 바짝 차리고 매상과 임대료와 인건비를 계산하면서도, 얼굴 내걸고 하는 장사여서 당장의 이익보다 품질과 소신과 신뢰에 마음을 쓴다.

시장 상인들은 한 해의 흐름을 두 번의 명절대목이 지나가는 것으로 가늠한다. 명절마다 친정어머니와 시어머니에 자녀들까지 나와 장사를 돕기도 한다. 여전히 가족을 돌보며 매일 삼시 세끼와 매년 열 번의 제사를 챙기기도 하지만, 전에는 뒤에서 그림자처럼 드러나지 않게 했다면 이제는 계획과 합심을 주선하는 사람이다. 시집살이로 생긴 깊은 우울증을 남편과 친구들의 도움으로 이겨냈고, 매운 시집살이 덕에 배운 음식 솜씨로 반찬가게 사장이 되었다. 어린 시절 밉지만 안쓰러웠던 친정 엄마가 나이 들수록 자주 생각나는 것은, 더 어려웠던 시절을 선배 여성으로서 살아온 엄마의 삶을 이제는 알겠고, 엄마의 바람대로 더 당당하고 똑똑한 여자로 살고 싶어서다. 딸과 엄마와 아내와 며느리로 살면서, 누구의 무엇을 넘은 '새로운 여성, 나'를 스스로 세워나간다. 주인공 모두 '지금 여기 망원시장 여성상인으로서 사는 삶'이, 자긍심도 높고 세상 속에서 자신을 확장하는 가장 즐거운 시절이라고 말한다. 여성상인들의 모임인 '십자매'와 '해당화(해가 갈수록 당당한 여자들 모임)' 활동도 신나고, 시간을 쪼개서 젬베와 요가와 댄스를 함께 배워 동네 잔치에서 공연도 한다. 88명의 상인이 모인 망원시장 상인회 활동에도 참여하고, 주민자치위원 활동으로 골목 정치도 챙기며, 상인대학을 통해 더 깊고 넓게 사회와 자신을 배운다.

작업을 제안하고 지원한 '망원시장 여성건강사업팀'(망원시장 상인회, 마포 민중의집, 마포 의료복지 사회적 협동조합, 마포 문화재단, 마포구 보건소 등)에 감사의 말씀을 드린다. 크고 작은 많은 시장으로도 유사한 작업들이 퍼뜨려지기를 바란다. 주인공들의 입말을 살리기 위해 문어체

와 문법에는 큰 신경을 쓰지 않았다. 수차례에 걸친 주인공과 필진들의 대화 과정에서 훨씬 많은 구술 채록이 정리되었지만, 분량상 일부만을 골라야 했다. 이번 책에 남지 못한 많은 이야기로 이후 다른 작업이 이어지기를 기대해본다. 9명 필자를 대신해 9명의 망원시장 여성상인에게 깊은 축하의 말씀을 드린다.

차
례

사는 게 다 그렇죠 뭐.
안 그래 보여도
굽이굽이 사연이 많아요

대진청과
김미숙

—

박내현

아무 망설임도 없이 인터뷰를 한다고 그랬네요. 그런데 나중에 '괜히 한다고 그랬나?' 후회가 되더라고요. 살다보면 남한테 감추고 싶은 이야기도 있고 보여주기 싫은 것도 많은데, 그런 속내까지 다 얘길 해야 되나, 그런 후회를 많이 했죠.

제가 남들처럼 곱게 자라거나 편하게 살지는 못했어요. 굽이굽이가 많았죠. 사람 사는 게 다 그렇겠지만, 저는 성격이 소심하고 대범하지 못하다보니 누구하고 얘기하는 것도 굉장히 어려워하고, 잘 못했어요. 그나마 장사하다보니까 사람 만나게 되고, 그래서 만나지 사람들 대면하는 게 낯설고 말 붙이기가 어렵고 그런 성격이에요. 그러다보니 속으로 삭히는 게 많아요. 또 애들 아빠가 건강이 안 좋아져 술도 많이 못 먹고 되도록 제가 집하고 가게에서만 생활하길 원하는 것도 있고요. 남편하고는 다섯 살 차이인데 워낙에 시골에서 살던 사람이에요. 시아버님이 동네에서 이장도 맡으면서 바깥일을 주로 했고 시어머님이 집안일을 다 했기 때문에, 그런 걸 보고 자라서 고지

식한 면이 있어요. 상인회 활동도 많이 하고 싶은데, 워낙에 그런 걸로 부딪치고 싸우기도 하고 그랬어요. 저한테는 참 잘하는데 '여자는 오로지 집에서' 그런 생각이 있죠.

완도에서 서울까지
"사는 게 녹록지가 않았어요"

고향은 전라도 완도예요. 1965년생이고, 광주에서 고등학교 나왔어요. 완도에서 태어나 중학교까지 다니다가 연합고사 봐서 광주여고로 갔죠. 제가 태어난 곳이 완도에서도 배 타고 들어가는 섬이에요. 많아야 100가구 정도 사는 조그만 섬. 그래서 광주로 학교 보낸다고 하면 집이 좀 괜찮거나 그랬죠.

2남4녀 중 장녀로 태어나 저까지 딸이 셋, 아들 하나, 다시 딸 하나, 아들 하나. 솔직히 부자는 아니었어요. 거기서 해봐야 겨울에 김농사를 지었어요. 바닷가라 농사도 못 지어요. 바닷물은 쌀농사가 안 돼요. 보리농사는 돼도. 그런 농사 지어서는 애들 학교 보내기 힘들잖아요. 저만 다니는 것도 아니고 동생들 다 있는데, 광주 올라와서 학교 다니면서도 정말 어렵게 살았어요. 용돈을 팍팍 쓴다든가 그런 적이 없었고, 그 시절은 알바 같은 게 흔하지도 않았잖아요. 저희 학교 다닐 때는 어려우면 어렵게 사나보다 했고, 한 달에 용돈 해봤자 2만 원, 많아야 3만 원이었어요. 그걸로 버스 타고 다니고 혼자 자취하니까 밥도 제대로 못 먹고 고3 되니까 골골하고 아프다가 입원도 했고, 그래서 결국 대학교에 못 갔어요.

저는 못 가도, 남동생은 대학 보내야 하잖아요. 여동생들은 대학 못 가고, 둘째는 완도에서 여고를, 셋째는 그때 당시에 광주여상 다음으로 좋은 여상이 있었는데 거기 나왔어요. 남동생은 전남대 나와서 카드회사 프로그램을 만드는 데 다녀요. 제 동생들은 다 서울에 와 있어요. 김 농사를 지어서 자식들 다 키워냈으니 엄마 아빠는 좀 뿌듯해하죠.

지금은 공장에서 김을 하잖아요. 저희 어렸을 때는 짚단에다 발을 해서 꼬챙이로 꽂아 말려서 먹었어요. 그렇게 고생을 했어요. 새벽 3시, 4시에 일어나서, 그걸 다 손으로 작업했어요. 기계로 자르면, 그걸 풀어서 요만한 틀에다 부어서 김을 만들어 꼬챙이에 꽂아서 말리는데, 널어서 꾸덕꾸덕 마르면 다 떼어요. 집에 김발 있죠, 그런 걸 다 만들어요. 가을에, 이런 띠 같은 게 있어요. 억새풀 같은 게, 길잖아요. 그걸 차곡차곡 만들어서 실로 엮어 김발을 만들었어요. 거기다 한 장 한 장 해서, 김을 엄청 길게, 그걸 건장이라고 해요. 짚으로 만들어놓은 걸. 40년 전에는 그렇게 살았어요.

새벽에 그걸 일일이 리어카로 날라서, 애들 학교 보내고 그랬어요. 엄마 아빠도 고생을 진짜 많이 했지만 저희도 학교 다니는 거 외에는 겨울이고 여름이고 방학이고 일요일이고, 그럴 때 정말 싫었어요. 일요일엔 집에서 일을 해야 하니까. 다른 친구들은 다 놀잖아요, 일요일엔. 근데 전 장녀니까 애들을 업고 키웠어요. 막둥이까지. 애들이 마당에서 놀고 그러면 저는 애기 똥 기저귀 갈아줘야 하고 업고 다녀야 하고 그랬어요. 막둥이랑 저랑 열세 살인가, 열네 살 차이 나거든요. 그래서 거의 업고 다니고, 둘째 셋째까지는 제가 못하면 지네가 업고. 그래서 저희 형제 우애가 돈독한 편이에요.

아무튼 그렇게 졸업하고 서울에 올라왔죠. 근데 자격증도 없지, 맨날 아픈 사람이 뭐 한 것도 없지. 그때는 타자 같은 거 배우면 비서로 일할 수 있었잖아요. 자격증 따고 그랬거든요. 그걸 공부해야겠다 싶어 고등학교 졸업하고 바로 이모네로 온 건데. 그런데 생각처럼 녹록지가 않았어요. 솔직히 사는 게 편하지가 않고, 안식처가 없다고 해야 하나. 얼른 나도 직장을 구해서 다녀야 하는데 마음에 부담감 같은 게 있었어요. 아무래도 장녀니까 부모님은 기대를 하고, 그런데 그게 잘 안 돼서 알바 하다가 학원 다니는데, 학원비도 꽤 비싸잖아요. 동생들이 학교 다니는데 학원비를 아버지한테 달라고 할 수도 없고. 그래서 알바 하면서 해야 되겠다 싶어 옷 판매도 해보고. 계몽사라고 있었어요. 책 가지고 팔러 다니는, 외판원. 그 성격에 남의 집 벨 눌러서, 방문판매 한다는 게 진짜로 맘을 굳게 다지지 않고서는 힘든 일이었어요. 그나마 그것도 잘 안 돼서, 이래저래 한 2~3년을 놀다시피 했어요. 정기적으로 직장을 다니는 게 아니고 이런저런 일 하면서.

결혼, 그리고⋯⋯
"사는 거 별거 아니에요. 다 지나고 보면"

지금 큰애가 스물일곱, 작은애가 스물둘이에요. 전 스물여섯에 결혼했어요. 그때 당시로도 좀 이른 편이죠. 뭐가 씌워서. 근데 결혼하고 나서 운세를 보니까 결혼 일찍 할 운이라고 하더라고요.

이런저런 일을 하다가 이젠 이름도 기억 잘 안 나는 회사를 다니게 됐어요. 유치원도 아니고 사설이랄까, 애들을 몇 명씩만 모아서 무자격증으로 가르치는 데를, 어떻게 알고 들어갔어요. 거기서 인제 막 사람도 만나고 사귀게 되고, 같은 과에서 놀러도 가고, 그런 걸 많이 했어요. 그러다가 애들 아빠를 만난 거예요. 애들 아빠 친구가 그 회사를 다녔는데, 애들 아빠 집이 양평 용문이거든요. 거기로 놀러 간 거죠. 전 섬에서 태어났으니까, 기차 타고 그런 게 부럽잖아요. 그래서 같이 근무하는 여자애들 셋하고, 그 친구하고 과장하고 놀러 갔어요. 그때 애들 아빠가 친구 왔다고 하니까 놀러 나온 거예요. 대학 나와서 취직 준비하다가 번동 사는 누나네에서 공무원시험 보겠다고 서울에서 공부하고 주말이면 집에 내려오던 시절이었어요. 우리도 주말에 놀러 갔는데, 거기서 만난 거죠.

제가 노래를 좀 해요. 아주 잘하는 건 아닌데. 그때는 카세트 조그만 거 틀어놓고 노래하고 춤추고, 개울가에 앉아서 모닥불 피워놓고 노는 게 유행이었어요. 그때 당시로는 그게 그렇게 재미있었어요. 밤에 그렇게 모닥불 피워놓고 노래하고 놀고 그러는데, 애들 아빠가 유머감각이 좀 있어요. 사람 웃길 줄 알고 재미있게 해주는 스타일이에요. "저런 남자도 있나?" 그러고 말았거든요. 그러고 서울에 왔는데, 친구들하고 애들 아빠 친구가 동생들하고 제기동 쪽에서 자취해서 그 집에 놀러 갔는데 애들 아빠가 거기 또 있는 거예요. 이상하게 자주 마주치더라고요 그때. 그래서 인천도 놀러 가고, 끼리끼리 남자 친구 몇 명, 우리 여자 몇 명 이렇게 해서 놀러 가고 그랬죠. 어느 날 제가 "나는 결혼은 대학교 나온 남자하고 해야 한다" 그랬어요. 근데 충북대학교 도서관 출입증을 보여주면서 자기 대학교 나왔다고 막 자랑을 하는 거예요. 그러고는 어느 날 자기네 시골집에 가서 쉬면서 건강을 돌보면 어떠냐고 그러더라고요. 내가 정말 기댈 데가 너무 없었던 때라 그 말이 솔깃했어요. 완도 시골집에 갈 수도 없고 몸이 많이 안 좋으니까 부모님한테 가서 투정 부릴 수도 없고, 그러니까 한 번 가볼까? 그걸로 발목이 잡힌 거죠. 애들 아빠는 내가 좋았나봐. 그 말에 내가 넘어간 거예요.

가서 좀 쉬고 싶은 생각, 안식처를 갖고 싶은 생각에 따라갔는데, 그 집이 그 마을에서는 논도 있고 땅도 좀 가지고 있는 집이었어요. 일단 가서 하룻밤을 잤어요. 시골에 방이 두 개밖에 없어서 부모님 방에서 잘 수는 없잖아요. 그래서 같이 잤어요. 그러고는 일단 여기서 살아보자 그렇게 된 거죠. 근데 거기가 불 때서 밥을 하는 데에요. 불 때서 밥하고, 소죽도 끓여야 되고, 땅은 많은 집인데 현실적으로 땅 부자인지는 몰라도 돈은 많지 않았어요. 환경이 열악했죠. 화장실도 재래식이고, 물도 따뜻한 물이 없어서 데워서 써야 하고. 아마 겨울에 갔던 거 같은데 빨래도 개울에 가서 하는데 얼음물이고. 시어머니가 물을 끓여 고무 다라이에 담아 왔고, 개울에 가면 추우니까 빨래터에다 하우스 같은 걸 쳐놨어요. 얼음물에다 빨래해서 탈수기에 돌려 널고, 그런 시절이었어요. 그렇게 사는데 우리 엄마 아빠는 제가 서울 직장에 있는 줄 알고 있고 명절에도 가야 하는데 걱정할 거 아니에요? 그땐 핸드폰도 없지, 친정도 섬이라서 전화도 없지, 언젠가 1월엔가 2월엔가 양평 와서 설 때 집에 가야 하는데 못 가면서 연락도 못해주고…… 아버지가 배를 타고 선착장에 배웅을 나와서 몇 번을 왔다 갔다 하셨대요. 그 말을 나중에 듣고서는…… 참.

그렇게 동거 아닌 동거를 하다가 애가 생겼어요. 동거하다가 1988년에 결혼식을 한 거예요. 애를 갖고서 결혼식을 한 건데, 스물넷이었네요. 1988년도니까, 올림픽을 9월 18일에 했는데 그거 전야제 할 때, 외가 친척 고모네에서 함 받고, 차 대절해서 시골에서 올라와 양평 농협 가서 결혼식 하고. 신혼여행은 제주도 갔다 오고. 특별히 신혼생활도 없었고, 고생이 많았어요. 애기 때문에 급하게 결혼식 했던 건데 정말 아무 준비도 안 했어요. 친정아버지가 이불이라도 해야 하지 않겠냐고 그러셔서 100만 원 갖고 신혼 이불 하고, 시부모님 이불 한 채 해드리고, 그게 다예요. 폐백 준비하고 그런 것도 다 여자 집에서 해야 하는데. 시아버님이 그 동네 유지여서 이장도 하고 용문읍에서 아는 사람도 많고 그래서 농협 예식장도 싸게 빌려서 했어요.

음력으로 1월에 애를 낳았는데, 애가 3일 정도 돼서 죽었어요. 태어날 때 약간 피를 보였는데, 양평이 시골이라 산소호흡기도 없고, 조금 미숙아로 태어났는데 인큐베이터도 없었어요. 그래서 산부인과 가서 낳고 집에 데리고 왔는데, 시아버님이 동네 일을 많이 하다보니까 옆집에서 환갑잔치를 했는데 그 집 손님들을 시댁에 다 불러갖고 집을 난장판을 만들어놓은 거예요. 퇴원하고 왔는데 시어머니는 애기가 그런 줄도 모르고. 애기는 집에서 3일 정도 있다가, 그렇게 갔어요. 애기 잃고 15일 정도 집에 가만히 있었어요. 우울증이라 그러죠. 그런데 시아버지가 갑자기 쓰러져서 돌아가신 거예요. 간이 좀 안 좋았는데 간경화였을 거예요. 동네 구멍가게에서 화장실 나오다가 쓰러지셨대요. 전 그냥 집에 누워 있고, 연락이 왔는데 애들 아빠는 보험회사 다닌다고 돌아다니고 없고, 어머니는 장날이라고 장에 가서 안 계시고. 애들 아빠한테 어떻게 연락을 해서, 모시고 구리에 있는 병원에 가다가 응급차 안에서 돌아가셨어요. 예전에 시골에선 집에서 다 치르잖아요. 집에서 장례 치렀죠. 애기 잃고 15일밖에 안 됐는데 아버지 돌아가시고 그러니까 시어머니도 정신적으로 충격을 받았죠. 쉰아홉밖에 안 되셨으니 황당하죠. 싸우면서 살아도 정이 있던 분들인데 갑자기 돌아가시니 정신이 없었어요. 그렇게 이래저래 몸 추스르고 애들 아빠는 사촌형인지 누가 여주에서 돼지농장을 하는데 거기 취직해라 그래서 그리로 갔어요.

그래서 나랑 시어머니랑 둘이 살고 주말부부가 된 거죠. 그런 얘기 지금도 하면, 애들 아빠는 나한테 잘해줘야 된다고, 자기도 안다고 얘기해요. 시어머니 모시고 둘이 산다는 게 힘들다는 거 알잖아요. 애들 아빠가 멀리서 일하니까 제가 이거저거 많이 했죠. 인형공장 가서 인형 꿰매기도 하고, 그러다 화장품 대리점에서 경리 뽑는다고 해서 양평 대리점, '쥬단학'이라고 거기서 근무를 했어요. 당시로는 쏠쏠하게 월급 받고 생활하면서 여주로 왔다 갔다 했는데, 어머니도 고생 많으셨어요. 1991년에 큰애를 낳았는데 어머니가 워낙 적적하니까 애를 진짜 예뻐했어요. 저를 안쓰러워도 하시고. 서울에 올라와서 10년쯤 됐을 때, 연남동에 살다가, 저 끝에 4층에 전세로 살았어요. 그때 제가 시어머니를 모셨어요. 양평 집은 두고, 당뇨가 있으셔서 형이 모신다고 했는데, 이래저래 일이 좀 있어서 우리 집으로 오셨어요. 지병이 있으셔서 걷질 못하시고, 파킨슨병을 앓으셔서 손도 떨고, 밥도 간신히 떠서 드시고, 걷지를 못하니까 뭉그적거리면서 다니고. 그래서 작은 시누이가 같이 장사를 해줬어요. 다리를 못 쓰시니까 제가 안고 목욕탕에 들어가서 씻겨드려야 하고, 그런 걸 다 해드려야 했어요. 어쩌다 똥이라도 싸면 다 치워야 했어요. 누구 돌인가 그래서 식구들이 다 모이는 날이 있어서 어머니 밥 차려드리고 왔는데, 금세 그냥 범벅을 해놓으신 거예요. 식구들은 마침 어머니 계시니까 보러 왔는데, 문 열자마자 그 냄새 있잖아요. 그거 다 치우고 씻기고 빨고…… 그걸 보고는 외삼촌들이고 시댁 쪽 외가 식구들이 고생한다고 그랬어요. 그렇게 돌아가실 때까지 우리 집에 계셨어요. 작은애가 초등학생 때 돌아가셨으니까 벌써 10년도 더 됐네요.

가만히 방에 있으면 "애미야, 애미야~" 이렇게 부르시는 것 같고, 환청 같은 게 들릴 때가 있어요. 이게 아니다 하고 정신을 차리기는 하지만, 잠깐씩 그런 게 들리는 것 같은 느낌. 그래서 힘들었어요. 누구에게 털어놓지도 못하고, 그런 걸 마음에 많이 안고 살았어요. 그래서 제가 좀 성질이 더럽다고 애들 아빠가 그래요. 누구한테 털어놓고 얘기하는 걸 무지 싫어해요. 혼자 삭히고 어디 가서 떠들질 않아요, 엄마들이나 시장 아줌마들하고도.

시누이들하고는 잘 지내요. 전화도 자주 하고. 큰시누이만 용문 살고, 작은시누이는 인천 사는데, 여기서 같이 장사할 때 둘이 술도 먹고 잘 그랬어요. 둘이 잘 맞아요. 애들 아빠가 말을 툭툭 내뱉길 잘해요. 상대방 맘이 어떨까 생각을 못하고 말을 할 때가 있어요. 작은시누이도 지 오빠 말에 운 적이 있다고 하더라고요. 그래서 언니가 참으라고, 내 맘을 잘 헤아려줘요. 오빠한테도 뭐라고 해주고. 작은시누이도 허리 수술도 하고 다리 수술도 하고 일을 제대로 못하는데, 제가 잘은 못 챙겨도 잘 지내려고 노력해요. 시누이도 맘을 잘 알아주니까 그냥 그렇게 지내는 거예요. 사람 사는 게 별거 없어요. 따지고 보면 별거 없는데도 아웅다웅, 너 잘났다 나 잘났다 자존심 세워가면서 사는 거, 지나고 보면 다 별거 아니에요.

나 닮은 딸,
안아주지 못해 미안해

서울에 이사 온 후에, 시골 가다가 큰애를 잃어버릴 뻔했어요. 그땐 동교동에 살았을 때라 청량리 가서 기차 타고 시골로 가야 하는데, 애들 아빠는 일하니까 제가 걔 데리고 혼자 가야 했어요. 짐 보따리 싸서 한쪽엔 가방 들고, 딸내미 데리고 가는데, 한 세 살이나 됐을까? 아직 걔 하나였을 땐데, 지하철 탔는데 콜라가 먹고 싶대요. 콜라 하나 자판기에서 빼서 너 먹어라 하고 있는데 차가 온 거예요. 손이 없어서 손을 못 잡고 저 먼저 탔는데, 짐 놓고 애 태우려는데 문이 닫힌 거예요. 문밖에 애가 혼자 있는데 미치겠더라고요. 근데 다행히 기관사님이 보셔서 문을 다시 열어주셨어요. 그거 땜에 가서 시어머니한테 별소리 다 듣고, 애 잃어버릴 뻔했다고 다신 오지 말라 그러시고. 애도 놀라고, 저도 청심환 먹고 그랬어요.

그렇게 애를 키웠어요. 그냥저냥 애들은 잘 컸어요. 큰애도 초등학교 때는 공부도 잘하고 활동도 하고, 걔가 여섯 살 때 작은애를 연남동 반지하에서 살면서 낳았는데, 거기서 여동생을 불러서 같이 살았어요. 그 좁은 데서 북적북적했죠. 딸 낳고 아들 낳고 했으니까 기분 좋잖아요. 그런데 큰애가 약간 삐뚤어질라 할 때가 있었어요. 어느 날 이모가 청소를 하는데 책상 밑에 뭐가 쌓여 있는 거예요. 우리가 돈을 못 만지게 했는데, 지갑에서 돈을 꺼내 문구점에서 인형 같은 걸 사가지고 지 딴에는 숨긴다고 숨긴 건데, 내가 모를 줄 알았나봐. 그래서 이거 어디서 났냐고 다그치니까, 엄마 화장대 지갑에서 돈 꺼내서 산 거라 해서 얼마나 매를 때렸나 몰라요. 또 중학교 땐가 망원역이라고 전화가 온 거예요. 무슨 일이냐고 했더니, 어린이 표랑 중학생 표가 다르잖아요. 성산중학교 다닐 땐데, 친구 집 갔다 오면서, 초등학생 표를 사갖고 탄 거예요. 그래서 30배 물어줘야 한다고 해서 3만 원 내고 데려왔어요. 애들 아빠랑 기가 막혀서…… 저희는 매를 잘 안 들려고 했거든요. 울면서 잘못했다고 다시는 안 그러겠다고 했죠. 그 정도가 큰 사건이지, 별로 큰 말썽 안 피우고 잘 살았어요.

앞으로는 어떨지 모르겠지만, 애들 둘 다 말 잘 듣고 잘 크고 있어요. 큰애가 사서자격증을 땄어요. 그거 따서 일반 도서관은 아니고 관련된 직장엘 다녔었는데 사람들 때문에 너무 스트레스를 받는다고 그만뒀어요. 그러고는 스타벅스에서 일을 좀 하다가 지금은 쉬어요. 부모 입장에서는 답답하고 걱정되고 그러죠. 어릴 때 학교 다니면서 사고 안 치더니, 이제 속을 썩이나 싶기도 하고. 잔소리도 많이 하게 되고, 그러다 싸우게 되는데 이게 또 말은 잘해요. 자기를 돌아봐야 된다는 둥, 말로는 못 이기니까 말을 점점 안 하게 되더라고요. 딸하고 엄마하고 원래 엄청 친하다는데, 자꾸 잔소리나 하게 되고, 맘속으로는 하고 싶은 얘기가 한가득인데, 말하면 결국 언성이 높아져요. 작은 문제였을 때 말했어야 하는데 점점 어색해지는 것 같아서 맘이 그래요. 아들하고는 말 잘해요. 지 누나 얘기도 하고, 근데 정작 딸한테 잘 못해요. 딸을 데리고 가서 뭐도 사주고 그랬다고 자랑하는 거 들으면 부럽기도 하고, 미안하기도 해요. 팔짱 끼고 영화도 보고 싶고 쇼핑도 하고 싶고 그런데. 대학교 때 기숙사 생활을 했는데, 그때 말고는 떨어진 적도 없고, 정이 없거나 그런 것도 아닌데, 제가 칭찬에 좀 인색해요. 애들이 뭘 잘해오면 칭찬을 해야 더 잘하는 건데, 제가 맘 표현을 잘 못해요. 그래서 걔도 나한테 서운하지 않았을까? 어찌 보면 딸이 저랑 성격이 비슷해요, 그게 싫은 거 같아요. 말없고 내성적이고 애교 없는 거. 맘처럼 잘 안아주질 못해서 늘 미안해요.

서울로,
망원시장으로

작은시누이가 동교동에서 신촌전화국 앞에, 지금 수협 있는 자리 그 건물 지하 공판장에서 과일하고 야채 가게를 엄청 크게 했어요. 시누이가 오빠한테 와서 여기 일 도와주라고, 그래서 서울로 올라온 거예요. 애들 아빠가 먼저 올라와서 생활하고 있다가, 큰애가 두 살 때 돈 천만 원 들고 연남동으로 이사를 왔어요. 돈이 없으니까 큰애 교육보험 들은 거까지 다 깨서 천만 원 들고 와서 반지하에 전세 얻고, 대출도 좀 받았을 거예요. 외삼촌에게 부탁드려 보증 받고. 반지하에서 살다가 잘되니까 응암동도 갔다가, 시누이랑 둘이 돈 모아서 인천에다 200평짜리 슈퍼도 했어요. 쌀, 정육, 과일, 야채, 제과점까지 있는 그런 대형 슈퍼를 한 거예요. 근데 그게 돈이 있어야 해요. 돈이 없는 상태에서 하니까 어음을 많이 쓰잖아요. 1년이 채 안 돼서 부도가 나고 그때 돈으로 빚이 2억이 됐어요. 그때 시어머니가 큰애를 예뻐해서 서울로 왔다 갔다 하셨어요. 어머니하고 둘이 살면서 애를 낳아서 키웠기 때문에 되게 예뻐하고, 내 새끼 하면서 막 빨다시피 그랬어요. 옛날 할머니들 그렇잖아요. 데리고 다니면서 자랑하고. 시골에 혼자 사시니까 같이 살던 애가 얼마나 보고 싶었겠어요. 시아버지 돌아가실 때 시어머니가 땅을 애들 아빠 앞으로 줬어요. 큰아들 얼마, 작은아들 얼마 나눠서. 어머님이 그 땅이라도 팔아서 빚을 갚아야지 그러서서 그 땅을 팔았어요. 아마 지금 그 땅이 어마어마할 거예요. 갖고 있었으면 땅 부자였겠죠. 그나마 그거 팔아서 빚을 갚고. 놀다가 여기 가게를 얻어서 시작을 한 거예요.

그게 벌써 20년 전이니까 1997년. 시누이 남편이 이걸 얻었어요. 같이 해보자 그러다가 처남이 그냥 하라고 우리한테 넘기고, 시누이 남편은 딴 데서 했어요. 시작도 여기 이 자리였어요. 그때는 여기에 가게도 없고, 그 전해인가 망원동에 한강이 넘쳐서 물이 찼어요. 망원동이 물차는 데라고 소문이 안 좋게 난 땅이었어요. 그래서 가게도 비싸지 않았어요. 여기가 이런 건물도 아니고, 조그만 단독주택이었어요. 그냥 천막 쳐놓고 가게 하고, 단독 주택들 사이에 골목시장 같은 거였어요. 저희도 20년 됐는데 아직까지 계시는 분이 몇 집 없어요. 다들 바뀌고 다른 사람 들어오고 해서, 저희가 원조에 속하는 거죠. 이렇게 평일에도 사람 많아진 건 일 년 안 됐어요. 유명해져서 그런 것도 있고 연남동이나 홍대 입구 쪽으로 포화 상태잖아요. 가게고 매점이고, 조그만 가게들, 젊은이들이 하는 가게들이 포화 상태라서 이쪽으로 많이 넘어오는 것 같아요. 합정동에서 이쪽으로 많이 넘어왔어요. 망원시장에 아케이드 씌우고 현대화된 건 한 8년 됐어요. 그 전에는 가게도 몇 개 없고, 파라솔이나 천막을 치고 장사해서 바람 불고 눈 오고 비 오고 그러면 장사도 제대로 못하고, 구청에서 나와서 단속도 하고 힘들었죠. 시장에서는 카드를 안 쓰고 대부분 현금 장사만 하잖아요. 손님들이 시장에서는 현금만 된다고 안 오셨어요. 망원시장처럼 대부분 카드를 받는 시장이 별로 없을 거예요. 카드 결제를 시작한 건 2~3년 됐는데, 초기에는 서울시에서 지하철이나 버스 타고 와서 한 시간 이내에 티머니카드로 결제하면 천 원 할인해주는 지원을 했어요. 그래서 많이 활성화됐죠. 2년 지원받고 지금은 안 하지만 그래도 카드 결제 되고 나서 손님이 많이 늘기도 했죠. 특히 젊은 분들이 편해졌다고 많이 왔어요. 2000~3000원 사도 다 카드 결제 받아요. 처음부터 1000원도 카드 결제 된다고 저희가 홍보를 했거든요.

어려서 꼬마였던 애들이 시집가서 애 안고 와서 인사하는 경우도 있어요. 그럴 정도로 오래됐죠. 지나온 햇수로 생각해보니 하루하루가 참 많이도 흘렀네요.

시장에서 일하는 거
쉽지 않아요

연남동 처음 와서는 애들 키운다고 일 안 하고 쉬었어요. 그러다 작은애가 세 살 때부턴가, 가게에서 일을 해야 하니까 어린이집에 맡기고 큰애 학교 갔다 오면 학원 차 타고 집으로 오고, 연남동까지 걸어 다니고 그랬어요. 처음에는 성격 때문에 많이 힘들더라고요. 시누이가 옆에서 같이 장사를 했었거든요. 그냥저냥 기존에 왔던 분 중에 좀 불편한 손님이 오면 시누이가 들어가라고 그러고, 그럼 난 그냥 돈만 받고 그랬어요. 근데 둘이 하니까 이젠 제가 알아서 해야 하잖아요. 시장에서 일하는 거 쉽지 않아요. 저 오십견도 앓고 그랬어요. 팔 들지도 못하고, 애들 아빠도 다리 아프고 아픈 데가 많아요. 제가 무거운 걸 못 드니까 애들 아빠가 차에서 물건 내리고 혼자 일을 많이 해요. 제가 워낙 약골이라서 작년엔 입안에 뭐가 나서 수술도 했어요. 구강암 되기 전 단계로 심각했어요. 원인도 정확히 모르는 병인데, 아무튼 잘라내서 볼에 살이 없어요. 그래서 지금도 부자연스러워요. 그래도 암이 아니라고 해서 다행이라 생각하고 지내고 있어요. 바쁘면 병원에도 못 가고 그랬는데, 그냥 조금 벌자 생각하고 일주일에 하루는 쉬니까 아프면 병원에 자주 가는 편이에요. 시간 내서 가려고 노력하고 종합검진도 받아야 할 나이고. 이젠 더 이상 좋아지진 않잖아요. 점점 아픈 데가 많아지니까, 산에 다니고 운동도 하고 그래요. 장사하는 사람들 중에 아마 저희 부부가 운동을 꽤 하는 편일 거예요. 그것도 시간 내서 못하는 상인이 많아요.

시장 사업 처음 할 때는 요가, 댄스, 젬베 이렇게 세 가지 했거든요. 젬베는 벌써 햇수로 3년째에요. 요가도 1년 넘었고요. 젬베는 어린이날 행사 때 공연도 하고, 구청에 가서도 하고, 한강에 가서도 하고 처음엔 못했는데 이제 잘하죠. 신나고 두들기니까 스트레스도 풀려요. 처음 배울 때만 힘들고, 한 곡 합주하는 거 두 달 정도면 배워요. 초반엔 많이 헤맸죠, 오른손 나갈 때 왼손 나가고, 같이 하면서 엄청 웃었어요. 같이 하는 사람들하고 이거 하면서 더 친해졌어요. 한 시간이 금방 가요. 시간이 아쉬울 정도죠. 작년 12월엔가 끝나고 여성사업 보조금이 없을 때에도, 맥이 끊어지면 안 된다고 우리가 돈 걷어서 했어요. 애들 아빠도 처음에는 그만하지 그랬는데, 제가 스트레스 풀린다고 하니까 계속하래요. 올해 11월이나 12월에 정기공연해요. 마포아트센터에서 하니 어쩌니 하는데 아직 모르죠. 시간을 못 내는 사람들도 아쉬워해요. 다들 하고는 싶어해요. 그런데 일주일에 하루 시간 내기도 힘들고, 일 끝나고 해야 하니까 피곤하고. 저희 연습 공간이 홈플러스 싸움 하면서 생긴 거예요. 상인회 건물로 쓰면서 복합 공간을 만들고 화장실도 만들고, 저렇게 공간 꾸리자고 한 것도 상인회에서 다 회의해서 정한 거예요. 처음엔 방음을 안 해서 시끄럽다고 경찰도 왔었어요. 그래서 문도 다 방음처리 했어요. 상인회나 여성상인회에서도 이것 때문에 돈 많이 쓰고 조영권 대표나 구청에서도 많이 도와줬어요. 모두 도와줬으니 여기까지 왔죠.

젬베 동아리 활동 전에는 주위 사람들끼리 모여서 밥 먹자, 맥주 한잔 하자 그런 거지, 특별하게 동아리 활동 같은 건 없어서, 앉아서 수다 떠는 게 다였어요. 시장 안에 '해당화'랑 '십자매'라는 모임이 있어요. 둘 다 친한 사람끼리 계모임으로 시작했던 거죠. 한 달에 한 번씩 모여서 밥 먹고 가게 얘기도 하고, 손님들 얘기도 하고, 신랑 얘기도 하고 그러면서 수다 떠는 거죠. 3년 동안 돈을 모아서 재작년 추석에 일본에 놀러 갔는데, 그땐 모임 이름도 없었어요. 미루다 가는 여행인데, 이름을 짓자고 해서 '해가 갈수록 당당하고 화려하게 살자'고 해당화로 지었어요. 저는 초기 멤버는 아닌데, 거의 10년 가까이 됐네요. 상인들이 가만 보면 참 불쌍해요. 가게 하시는 분들이 문화생활을 많이 즐기지 못하잖아요. 다른 사람들은 주말에 쉬는 게 있지만, 가게를 하다보면 그런 걸 할 수가 없어요. 쉬는 날 어딜 나간다는 게 힘들고, 집안일도 해야 하고, 낮잠 한 시간 자고 나면 하루가 금방 가요. 이틀을 쉬면 하루 어디 놀러 가거나 다른 걸 하고 다음 날 쉴 수도 있지만, 하루밖에 안 쉬니까. 일주일에 한 번 쉬는 집도 별로 없어요.

남편이랑은 365일 중에 363일은 붙어 있는 것 같아요. 하루에 한 번 밥 먹느라 교대할 때 빼고는 거의 붙어 있어요. 저만 그런 게 아니라 부부가 가게 하면 다 그래요. 아침에 헤어졌다가 저녁에 만나면, 낮에 있었던 일도 얘기하고 그러면서 이야깃거리가 생기는 거잖아요. 근데 이거는 종일 같이 있으니까 비밀을 만들고 싶어도 만들 수가 없어요. 서로가 비밀도 좀 있어야 재미가 있는데, 그런 게 거의 없죠. 제가 어딜 가도 어디 간다고 보고하고 다녀야 하고, 사생활이라는 게 없으니까. 그리고 손님한테 받은 스트레스도 서로에게 풀게 되고. 좋은 점이라면 서로가 너무 잘 알고, 눈치가 백단이 되어서, 서로가 서로한테 잘 맞추게 되는 거죠. 척하면 척이고. 대신 신비로움은 없죠. 전 화가 나면 말도 안하고, 밥도 안 먹고 그렇거든요. 싸우기보다는 이제 그런 것도 귀찮아서 그런가보다 하고 넘어가는 게 속이 편해요. 싸워봐야 나중에 왜 싸웠나 후회나 하지, 싸우는 일도 거의 없어요. 내년이 벌써 결혼 30주년이에요. 기념으로 유럽여행 가기로 했어요. 진짜 갈 것 같냐고요? 기대 반, 글쎄 반?

이왕 먹는 과일,
맛있다는 소리 들어야죠

과일 판 지는 17~18년 정도. 새벽 5시 반에 남편이 김포에 있는 도매시장에 가서 물건 떼다가 아침에 진열하죠. 과일은 마진이 다른 물건에 비해 적어요. 그래서 애초에 아예 좋은 걸 갖다놓고 팔자고 했어요. 신조가 그래요. 과일을 팔아도 맛있다는 소리를 듣고 싶지, 맛없다는 소리 들으면 그렇잖아요. 저는 남한테 싫은 소리 하는 것도 싫어하지만 듣는 것도 되게 싫어해요. 한번 팔면 그만이라고 생각하지 않거든요. 뜨내기손님한테 아무거나 파는 것보다, 좋은 물건으로 단골을 많이 만들자는 주의죠. 단골손님이라면 혹시 맛이 없더라도, 저희가 나중에 다른 걸 싸게 드리거나 뭔가 조치를 취해줄 수도 있으니까요. 그러니까 20년 가까이 과일 장사를 유지할 수 있는 거예요. 단골은 전화로 주문하면 배달도 해드려요. 한번 사보신 분들은 먹어보고 나서는 믿고 주문해주시니까요. 합정동, 성산동, 상암동, 연남동, 홍대까지 다 해드려요. 남편이 주로 배달하러 다니니까 제가 계속 가게를 지켜야 하는 거죠. 시장에도 배송센터가 있기는 하지만 직접 얼굴 보고 배달하는 게 또 중요하고, 그래서 둘이 할 수 있는 만큼만 해요. 8시 반쯤 물건 진열하기 시작하고 단골인 카페들이 재료 주문한 거는 정해진 날 오전에 애들 아빠가 배달해주고 자전거 타러 갔다 11시쯤 와요. 그럼 그때까지 저 혼자 물건 진열해놓고 11시 반쯤 들어가서 집안일 하고, 집이 가까우니까 들락날락하고 점심 해놓고 교대하는 거죠.

혼자 사는 분들은 과일을 사먹는 게 쉽지 않으니까, 아무래도 수박도 애플수박이나 미니 수박처럼 많이 개발을 해요. 최근엔 후식 문화가 사라져서 과일에 대한 수요가 많이 줄었어요. 그리고 수입 과일이 많이 들어오기도 했고. 예전엔 무슨 때가 돼야 맛있는 걸 먹었지만, 요즘엔 평상시에 늘 맛있는 걸 먹잖아요. 그러니까 과일이 특별하게 맛있는 음식은 아닌 거죠. 손이 가도 저희 가게에서는 일일이 바구니에 담는 이유가, 쌓아놓고 팔면 과일이 물러지거나 상하고, 사람들이 들었다 났다 하면서 못쓰게 돼서 싫어하는 분들도 있어요. 그래서 보기도 좋고, 깔끔하게 바구니에 담는 거예요. 하나 살 수 있냐고 물어보시면 하나도 팔아요. 이젠 제철 과일이라는 개념도 사라졌어요. 하우스 덕에 과일도 빨리 나오고, 저장도 오래 안 해요. 예전엔 포도며 딸기며 쌓아놓고 팔고, 겨울이면 귤도 수십 박스씩 팔았지만, 요즘엔 일 년 내내 어지간한 과일들을 살 수 있기 때문에 예전처럼 미리 사서 잼을 만들거나 저장하지 않아요. 그래서 점점 소량 판매로 변해가고 있죠. 과일전문점이기 때문에 제철 과일은 종류별로 다 갖다둬요. 오렌지나 씨 없는 포도, 바나나, 파인애플, 아보카도, 자몽, 굉장히 다양해졌죠.

망원시장은 그래도 장사가 잘되는 편인 건 맞아요. 하지만 그만큼 가겟세가 올라가고 있죠. 사실 TV에 나오고 그래서 지금처럼 사람이 많은 게 거품일 수 있는데, 매년 계약할 때마다 올라가는 폭이 높아지니까 걱정이에요. 사실 저희가 장사를 열심히 해서 살리는 건 건물주밖에 없다는 생각도 들어요. 물론 예전 수준을 유지해주는 건물주들도 있어요. 1년에 한 번씩 상인회에서 총회를 할 때 가겟세와 관련한 건의를 하기도 해요. 그러면 회장이 건물주 분들에게 의견을 전달하는 거죠. 하지만 대부분은 참고 그러려니 하고 살아요.

사람들이 장사꾼은 앉은 자리에 풀도 안 난다고 하지만, 생각보다 상인들 착해요. 사실 가끔 손님들이 그런 편견 때문인지 저희를 막 대할 때가 있어요. 저희가 판매할 때 분명 조금 상한 부분이 있다고 말씀드리고 싸게 팔았는데, 이런 걸 파냐고 아침부터 와서 집어던지고 가시는 분도 있었어요. 오렌지는 망에 담아서 팔기 때문에 망에 쓸려서 까매질 수도 있고, 과일은 끝물이 되면 물이 빠져서 단맛이 덜할 수 있어요. 미리 설명을 드려도 개시도 안 한 아침부터 와서 욕하고 가는 분들도 있어요. 수박을 절반 넘게 먹고, 반 통만 갖고 환불해달라고 하시는 경우도 있고. 한 가지 부탁드리고 싶은 건, 혹시 물건을 바꿔야 하면 가급적 오후에 오시면 좋겠어요. 사실 서로 아침부터 그러면 하루가 힘들잖아요. 저는 우리 애들한테도 물건 살 때 가능하면 오후에 가라고 해요. 특히 물건 값을 깎거나, 또 맘에 안 들면 못 사고 나올 수도 있잖아요. 오후에 가면 그런 게 괜찮은데, 하루 종일 손님만 바라보고 있는 상인들한테는 아침부터 그런 일이 있으면 종일 맘이 안 좋고, 장사도 안 하고 그냥 집에 가고 싶을 때도 있어요. 초기에는 운 적도 많았어요. 사실 지금도 울고 싶을 때가 있지만, 그냥 참는 거죠. 물건을 교환해달라고 하면 되도록 교환해드리거나 다음에 오실 때 싸게 해드리거나 그래요. 이미 맘이 상해서 오신 건데, 괜히 더 맘 상하게 하지 않으려고 저희도 노력하니까, 또 손님들도 그런 마음을 알아주셨으면 좋겠어요.

이거 맛있어요?
당연히 맛있죠

자기 집 과일을 맛없다고 하는 사람은 없어요. 늘 손님들이 "이거 맛있어요?"라고 물어보시는데, 저희는 당연히 맛있다고 하죠. 새벽에 시장에 가는 이유도 더 좋은 물건을 들여오려고 하는 거고, 일일이 먹어보고 사오는 거니까요. 하지만, 저희 입에 맛있어도 또 손님 입맛엔 안 맞을 수 있죠. 과일은 같은 농장에서 사와도 때마다 다르고, 오늘 맛있어도 내일은 비가 오면 맛없을 수 있어요. 맛없는 걸 사와서 맛있다고 속이는 게 아니라는 걸 믿고 이해해주시면 안 될까요? 생선이나 채소는 사가서 조리를 하기 때문에, 조금 싼 걸 구매하셔도 괜찮을 수 있어요. 하지만 과일은 그 자체로 맛이 있어야 하기 때문에 가격이 거짓말을 하지 않는 품목 중 하나예요. 싼 과일은 당도가 떨어지기 때문에 잼이나 과일청처럼 뭔가를 가미해야 하는 용도인 거고, 과일 자체로 맛있게 드시려면 조금 가격이 있는 걸로 사는 게 맞아요. 망원시장은 도매시장에서도 싼 과일을 많이 찾는 곳으로 유명했대요. 하지만 저희는 여기서 앞으로도 장사할 거고, 저희를 믿고 수년 동안 오시는 단골이 많기 때문에, 좀 힘들어도 조금 가격이 나가도 맛있는 걸로 가져와서 팔아요. 제철 과일을 맛있게 드시려면 단골 가게를 하나 만드시는 것도 좋아요. 참외나 수박, 딸기는 초물에 따는 게 맛있고 뒤로 갈수록 맛이 떨어지듯이, 과일마다 맛있는 시기가 완전히 다르거든요. 단골이 되면 아무래도 지금 사면 맛없을 과일을 고르셔도 저희가 권하지 않죠. 지금은 어떤 게 맛있는지 그때에 맞는 맛있고 건강한 과일을 드려요. 딸기는 겨울에 맛있고, 귤도 제철보다 그 철이 지났을 때가 더 맛있어요. 손님들께는 좋은 것 권하고, 좀 떨어지는 과일은 저희가 집에 가져가서 먹어요. 과일을 잘 알아도, 정작 저희는 아까워서 못 먹어요. 웃기죠? 안 좋은 건 떨이를 하거나 저희가 먹지, 손님들에겐 안 팔아요.

한 번을 보더라도 웃으면서

망원시장이 이렇게 성수기가 되기 전에 장사가 한동안 안 될 때가 있었어요. 어떻게 해야 하나, 접고 다른 걸 할까 고민도 많이 했었죠. 하지만 결국 평생 해온 일이니, 제일 많이 아는 것도 과일이고, 과일 장사가 저희가 제일 잘하는 일이더라고요. 혼자 사는 분이 많아지면서 미니 과일류를 들여놓을 고민도 하고 있고, 낱개로도 판매하고 저희도 변화하고 있어요. 대형 마트처럼 엄청나게 많이 들여다놓을 수 없으니까 비교할 순 없겠지만 저희 스스로 이제 그만해도 되겠다 싶을 때까지는 최선을 다해서 잘하고 싶어요. 불친절하다, 비위생적이다, 시장에 대한 그런 편견이 많은데 시장도 달라지고 있어요. 시장은 오히려 내 얼굴을 걸고 판매하는 물건이니까 최선을 다하죠. 제가 장사를 해서 그런지, 저도 어디 가서 좀 불친절한 사람을 보면, 오늘 힘들었나보다, 사람을 많이 상대했나보다, 진상 손님이라도 만났나보다, 이렇게 이해해보려고 노력하게 되더라고요. 멀리 이사를 가고 나서도 일부러 여기까지 찾아와서 한꺼번에 많이 사가시는 손님도 계시고, 제가 몸이 안 좋은 걸 알고 오실 때마다 이것저것 사들고 오는 손님들도 계셔요. 그게 다른 곳에서는 만날 수 없는 시장의 '정'인 것 같아요. 내 물건 사줘서 고맙고, 또 내 물건 배달해줘서 고맙고, 그렇게 서로서로 고마워하는 그런 관계면 좋겠어요. 그냥 물건을 사고팔고, 다시는 안 볼 사이일 수도 있지만 그래도 한 번을 보더라도 웃으며 보면 좋잖아요.

후기

"사는 게 다 그렇죠 뭐. 안 그래 보여도 굽이굽이 사연이 많아요."

고생 안하고 사셨을 것처럼 보인다는 나의 말에 대한 첫 대답이었다.

그래, 사는 게 다 그렇다. 이 나라에서 1960년대에 딸로 태어난 숱한 여성들처럼, 그녀 역시 어린 시절 동생들을 돌보고, 집안일을 하고, 남편을 돕고, 아이들을 길러내고, 시어머니의 병수발을 하며 끊임없이 누군가를 도우며 살아왔다. 그런 삶이 무슨 얘깃거리나 되냐고 손사래를 치지만, 누구보다 성실하게 살아왔던 그의 삶은 충분한 얘깃거리를 갖고 있었다. 기록을 하는 내내, 완도에서 광주로, 그리고 서울로 홀홀히 걸어왔을 그녀의 뒷모습이 내 눈앞에 떠올랐다. 꿈을 안고 유학길을 떠난 광주, 그리고 일을 찾아가야 했던 서울에서 그녀는 지금처럼 조용하지만 강하게 그 시간들을 살아냈을 것이다. 그렇게 가정을 이뤄, 두 아이의 엄마로, 남편과 함께 일궈낸 가게의 주인으로, 언제나 누군가의 성실한 조력자이기만 했던 그녀. 그런 그녀도, 젬베를 두드리고 자유로운 춤을 추는 무대에서만큼은 눈부신 주인공이었다.

첫 인터뷰를 하던 날은 19대 대통령 보궐선거가 한창일 때였다. 한 후보의 부인이 요즘 핫한 망원시장을 찾아왔다는 소식에 카메라 플래시와 사인을 받으려는 사람들로 시장 초입이 소란스러웠던 그날. 문득 그런 생각이 들었다. 대한민국을 여기까지 이끌어온 사람은 대통령도 국회의원도, 위대한 한 명의 정치인도 아니지 않을까. 그 시절 수많은 누나와 여동생과 언니, 그들의 노동은 늘 누군가의 옆을 지킬 뿐이었지만, 그래서 빛도 보람도 적을지 모르지만, 2017년에도 크게 달라지지 않았을지 모르는 우리 이야기가 조력자로 남지 않고 주인공이 될 수 있도록 기록해야겠다는 다짐을 하게 되었다. 인터뷰를 하는 도중에도 내내 자리를 비운 옆 가게를 챙기고, 스쳐 지나가는 사람들의 질문에도 성실하게 답하며, 봄과 여름 동안 낯선 나에게 삶의 이야기를 들려준 김미숙 사장님께 진심으로 감사드린다. 그리고 올해 또 열리는 젬베 공연에서는 남편과 딸 앞에서 더 자유로운 춤을 추시길 바란다.

젬베 공연을 준비하고 있는 김미숙씨.

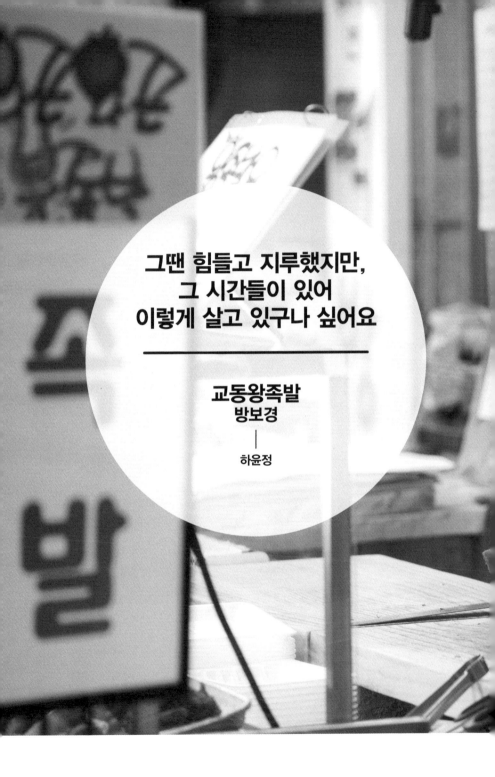

그땐 힘들고 지루했지만,
그 시간들이 있어
이렇게 살고 있구나 싶어요

———————

교동왕족발
방보경

—

하윤정

아주 새카만 광산촌 정선,
아들 귀한 집의 반항심 큰 셋째 딸

우리는 어렸을 적 얘기 진짜 없는데…… 그냥 가난했고, 가난했는데
불편하지는 않았던 것 같아요. 강원도 정선군 고한이라는 곳이 태백
바로 옆이에요. 고한읍인데, 버스를 타고 삼사십 분 들어가면 두문동
이라는 동네가 있어요. 거기가 굉장히 외진 곳이에요. 광산촌이었죠,
아주 새카만 광산촌. 걸으면 푸석푸석 자잘한 석탄가루가 쌓여서 걸
으면 발이 푹 들어가. 픽, 픽, 장난 아니야. 손톱 밑이, 발톱 밑이 하야
면 그건 잘못된 거야. 새카매야 정상이고. 빨래를 빨랫줄에 널어놓으
면 (빨랫줄 위) 여기가 새카매. 정말 그런 동네에 살았어요. 내가 언니
랑은 아홉 살, 오빠랑은 여섯 살 차이가 나는데, 내가 기억이 나는 그
때에는 아홉 살 차이 나는 언니가 다른 지역으로 가서 돈을 버느라 정선에
서 같이 살지 않았어요. 오빠랑 나랑은 여섯 살 차이가 나는데, 우리 엄마 아

빠가 남아선호 사상이 너무 강한 사람들인 거예요. 자식을 아홉을 낳았는데 다섯이 죽은 거야. 그런데 아들이 거기에 하나밖에 없는 거야. 5명 죽고 4명 남았는데 그중에 아들이 하나잖아. 언니, 오빠, 나, 내 여동생. 그러니까 이 부모님이 아들에 대한 게 굉장히 심한 사람들인 거지. 오빠하고 많이 싸운 이유가, 아빠도 그랬지만, 엄마가 너무 '아들 아들' 하는 거예요. '아들 아들' 하는 것까지는 좋은데, 먹는 거 같은 걸로 (차별하니까). 가난했으니 얼마나 먹을 게 없었겠어요. 근데 그 와중에 아들만 챙기니까. 예를 들어서 (음식이) 두 개가 있으면, 하나를 오빠 걸로 남겨놓고, 나머지 한 개를, 엄마 아빠 나 내 동생 이렇게 넷이 나눈다고 하면 누가 봐도 억울한 일인 거잖아요 그거는. 부모가 그렇게 하면 안 되거든. 울 엄마는 우리를 그렇게 키웠단 말이야. 그것 때문에 나는 오빠하고 엄청 싸운 거예요. 오빠는 그런 과정을 전혀 모르고, 그러니 내 입장에서는 굉장히 반발심이 클 거 아니에요? 엄마가 숨겨놓으면, 내가 몰래 먹어버리고. 반발심도 있었고, 먹고 싶기도 했지. 근데 아마 그때는 먹고 싶었던 감정이 더 크지 않았나 싶어요. 문제는 보경이가 먹었겠지 이러면 되는데, 그거를 엄마가 오빠한테 이르는 거야. 그럼 어떻게 되겠어요? 오빠가 그 상황에서 두 개 중에서 하나를 자기 거로 남겨놨다는 그런 생각은 안 하고 '내 몫을 쟤가 먹었네'라는 생각을 해서 나를 많이 미워했어요. 그러니까 항상 억울한 건 나였지. 굉장히 억울했던 것 같아요. 엄마가 그렇게 편애를 하는데, 난 그게 늘 불만이었어요. 가난한 거에는 불만 없었었는데, 엄마가 그렇게 하는 건 불만이었던 거지.

초등학교 3학년 때부터
엄마 이고 다니는 걸 난 어깨에 지고 다녔어

두문동은 워낙 산골이었어요. 봐야 사고 싶은 거잖아요? 볼 게 없었기 때문에 사고 싶은 게 없었고 돈 들어갈 일도 없었고. 그때 당시에는 잘사는 애나 가끔 피아노학원 다닌다는 이야기 들어본 것 같고. 피아노를 내가 하고 싶어도 피아노를 제대로 본 적이 없는 거야. 교회 다녔으니까 교회에서 피아노 보면 가끔 아무도 없을 때, '도레미파솔라시도'를 두드려보기는 했지만. 상대적으로 뭘 봐야 그게 하고 싶은데 그런 게 전혀 없었어. 초등학교 때까지. 그러다가 중학교가 버스 타고 40분을 나가는 고한읍내에 있었어요. 거기 시장이 굉장히 컸거든. 시장을 지나다니면서 볼 게 생기고, 살 게 생기고, 갖고 싶은 게 생기고 그랬었지.

그래도 나는 엄마 아빠한테 돈을 달라고 해서 사고 싶다고 안 한 것이, 우리 엄마가 체격이 되게 작아요. 엄마가 고생을 참 많이 했어요. 아버지도 일을 열심히 안 한 사람은 아니었던 것 같은데 내 기억에 일은 만근을 했던 것 같아요. 광산이기 때문에, 갑을병…… 갑반, 을반, 병반 이런 거 알아요? 갑반은 (오전) 8시에 들어가서 (오후) 4시에 퇴근하는 거. 을반은 (오후) 3시에 들어가서 (밤) 12시에 나오는 거. 병반은 (밤) 11시에 들어가서 아침 7시에 나오는 거. 갑을병반 돌아서 결석을 안 하고 일을 잘한 것 같은데, 엄마 말로는 항상 돈 봉투가 안 차서 왔다는 거죠. 만근한 값이 안 온 게 그 광업소와 관련해서 매점이라는 것이 있었는데, 거기서 외상으로 아버지가 술을 먹는 거야. 그러면 월급 받을 때 거기서 떼고 나오는 거야. 우리 엄마는 정말 불쌍한 사람이에요. 외할아버지가 엄마 여덟 살 때 돌아가셨대요. 외할머니가 엄마 열네 살인가에 돌아가셨고. 그래서 큰집 가서 살았다 그랬나. 구박을 엄청 많이 받았다고…… 옛날 얘기잖아요. 그래서 현실적이지 않은 거야, 우리는. 우리가 동화책에서 보는 그런 내용인데, 정말 그랬다고 하더라고요. 내 기억에 엄마는 글을 몰랐어요. 나중에 성경책을 보려고 엄마가 글을 깨우치더라고요. 그래서 나도 놀랐어요.

　엄마가 뭘 했냐면…… 거기는 물이 굉장히 귀한 곳이에요. 수도가 있는 것도 아니고, 여름에는 산 같은 데 호스를 연결해가지고 물을 끌어다 쓰고 그러는데 겨울만 되면 물 받을 곳이 없는 거예요. 우물 같은데 가서 물을 지고 오든가 해야 되는데 교회가 주말 되면 밥해 먹고 그랬어요. 내가 다니는 교회는 목사님들이랑 애들이 항상 많은 데였어. 밥하고 빨래하고 그러려면 겨울에는 물을 길어다주는 사람이 있어야 할 거 아니에요? 그걸 우리 엄마가 했어. 덩치가 되게 작은데, 그 일을 하는 거야. 맨날 물이 출렁출렁 넘쳐서 겨울에는 옷에 고드름이 달렸어요. 고한이라는 데가 엄청 추운 곳이었거든요. 강원도가 원래 추운데, 거기가 또 높은 곳이라, 굉장히 추운 거야. 초등학교 3학년 때부터 엄마 이고 다니는 걸 난 지고 다녔어. 내가 키가 컸거든요. 그러니까 한가득, 그걸 물초롱이라고 그래요. 엄마 일을 도와준 거였죠. 엄마가 그걸로 돈을 버니까 그 돈을 벌어서 엄마가 나한테 뭐 해주고 그런 개념은 없었어요. 뭐 하고 싶어서 했겠어요? 엄마가 힘드니까, 엄마가 하라고 그러니까 했겠지. 그런데 문제점이 뭐였냐면 교회를 다니고 초등학교 때면 잘은 몰라도 아는 사람들이 나를 쳐다보는 것, 내가 이걸 지고 다니는데 교회 물 긷는다고 그러더라는 말, 그런 게 나는 되게 창피했었거든. 뭔가 좀 깨기 시작했던 거죠. 근데 엄마 때문에 해야 되는 거야. 10리도 더 되었던 것 같은데, 여름에는 꼬불꼬불한 산길을 가서 배추나 열무 이런 거를 밭에 가서 사오는 거예요. 엄마가 집에까지 그 커다란 걸 머리에 이고 다니면 나도 따라다녔어요. 지금 나 거기 한번 가보고 싶기도 해. 거기가 소두문동이라는 덴데 거길 한번 가보고 싶을 정도로, 어렸을 때 정말 고생했던 곳이야. 거기서 흙 대충 털어서 지금 열무단 이렇게 묶어놓는 것처럼 엄마가 원하는 크기대로 묶었어요. 지금은 끈 같은 게 많잖아요. 옛날에는 그냥 노끈 잘라 묶어가지고 우리 동네 와서 팔러 다니는 것도 했거든. 그렇게 떼어다주는 것까지는 내가 초등학교 때 했던 것 같아. 팔러 다니는 건 엄마 몫이었지. 돈이 없어서 힘들었지만 내가 불만 삼지 않을 수 있었던 이유가 아마 내가 그 일을 해보고, 도와줘보고 그랬기 때문일 거예요. 돈이 없어서 불편함 같은 거는 별로 말을 해보지를 않았어요.

늘 배가 고팠던
춘천에서의 학창 시절

중학교까지는 정선에서 다녔고, 고등학교는 춘천 유봉여고 졸업했어요. 고등학교 때, 그때는 등록금을 안 내면 선생님이 이름을 불렀어요. '누구누구 언제까지 시간 지났는데 못 냈다.' 거기에 방보경이라는 이름이 항상 들어가더라고. 한 번도 창피해해본 적이 없었던 것 같아. 고등학교 2학년 때, 수학여행 간다고 그랬는데 오빠가 가라고 하면서 돈을 보태줬던 것 같아. 도시락을 싸가야 했는데, 아예 생각도 안 하고 그냥 갔어요. 버스가 출발하려고 하는데 누가 막 뛰어 들어오는 거예요. '보경아 이거 먹어' 이러는데 누가 김밥을 갖다주더라고. 그때 같이 교회를 다녔던 영숙이라는 아이. 그 아이가 너무 보고 싶은데 어떻게 찾아야 될지를 몰라요. 페이스북 같은 걸 할 줄도 모르고. 딸만 다섯인 집의 셋째 딸이었어요. 교회에서도 개보고 천사라고 그랬거든. 참 착한 애였는데, 걔가 김밥을 싸가지고 내게 갖다주더라고. "엄마보고 내 거 싸면서 니 것도 싸달라고 그랬다"고. 수학여행 가면서 점심 그렇게 먹었어요.

그리고 고3 때였던 것 같아. 배가 고파서 돼지(저금통)를 턴다고 털어서…… 거기에 돈이 있으면 얼마나 있었겠어요. 라면 하나 살 돈은 있었나봐. 몇 개 샀는지는 모르겠는데, 소고기라면이었어요. 라면 막 팔팔 끓을 때 얼마나 맛있어요. 또 한참 먹을 때잖아. 팔팔 끓을 때 물 올려놓고 덜 끓은 걸 막 퍼먹었단 말이야. 다 익었으니까 내려놔야 한다고, 한두 젓가락 정도 먹었던 것 같아. 아주 맛있게 두 젓가락을 먹고는 딱 내려놨는데, 보글보글 올라오던 게 내려놓으니까 쫙 내려앉잖아. 이게 뭐야. 새카만 게 둥둥둥 떠 있는 거야. 개미가 바글바글, 하하하. 자취하던 데가 시내가 아니고 외진 데다 보니까 그 골목에 조그만 슈퍼가 하나 있었는데 하필 라면봉지가 터져서 개미가 들어갔던 거지. 그런데 지금 같으면 내가 냄비째로 들고 (따지러) 갔겠지. 이거 뭐하는 거냐고. 하…… 그때는 못 먹었죠. 아무리 배가 고파도 그걸 어떻게 먹어. 나는 고등학교 때 늘 그렇게 배가 고팠었던 것 같아.

(보경은 춘천에서 고등학교를 마치고, 친구를 따라 경북 구미에서 일 년 정도 베 짜는 공장에서 검단 일을 했다. 친구는 더 좋은 곳을 찾아 다른 곳으로 떠났고, 보경은 오빠가 살던 강릉으로 올라와 같이 지내다 친한 친구의 권유로 컴퓨터 디자인을 배우기 위해 서울로 온다. 학원을 다니면서 살 곳이 필요했던 보경은 정선에서 광명으로 이주한 동네 언니[지금은 시누이가 된]의 집에서 3개월 정도 지내게 된다.)

교회 오빠와의 특별한 인연
"야, 오빠가 너 좋아하는 거 모르냐?"

신랑은 고향 사람이에요. 교회 오빠. 중학교 1학년 때 그 사람을 알았어. 옛날에 연말 되면, 크리스마스 즈음에 '문학의 밤'을 했어요. 토론 같은 것도 하고, 성극이라는 것도 하고, 찬송가도 부르고…… 남편은 고등학교 1학년이었는데, 남자 주인공이고, 내가 여자 주인공이 됐어요. 부부지간인데 내가 그 사람의 아이를 임신한 그런 역할을 했어요. 웃기죠? 너무 웃긴 인연이죠. 거짓말 같아. 우리 엄마가 오빠를 되게 좋아했어요. 난 그런 감정이 전혀 없었어, 한 번도 그런 감정을 가져본 적이 없는데. 사람 굉장히 진득하더라고요. 그게 이 사람하고 나하고 처음 뭐라고 해야 하나? 인연이었지. 그때는 그렇게 맺어질지 나도 몰랐지.

서울 올라와서 오빠하고 몇 년 만에 만나니까 되게 서먹서먹한 거예요. 중·고등학교 다니다가 3~4년 동안 못 만났으니까. 그땐 오빠네가 광명으로 이사했기 때문에 만날 수 있는 상황이 안 되는 거잖아.

내가 오고 나서 그다음 날, 일요일에 시누이는 출근을 했어. 엄마 아빠는 인천으로 고한 사람들 친목계를 가셨고. 오빠하고 나하고 둘이 있는데 얼마나 서먹서먹해요. 그래가지고 하루 종일 자고, 빨래하고 그랬던 것 같아요. 오빠가 자기도 뻘쭘하니까 밥을 해준다면서 카레라이스를 해주더라고. 그때 말고는 별로 밥을 얻어먹어본 기억은 없는 것 같네. 나는 서울 충무로로 학원 다니고, 이 사람은 회사를 동국대 있는 데 다니더라고. 오빠 먼저 출근하고, 나는 오후에 학원 가니까, 집에서 엄마 아빠 고스톱 좀 쳐드리고 그랬어요. 밥도 차려드리고 놀다가 학원 갔다가 올 때 되면 같이 퇴근했어. 오빠가 날 데리러 오는 거예요, 매번. 그런데 나는 그걸 몰랐다. 그게 왜 그런 건지. 학원이 충무로 극동빌딩인데 나보고 올라오라고 한 친구가 학원을 같이 다녔거든. 그 친구가 "보경아, 그렇게 모르냐?" 그러는 거예요. 그래서 "뭘?" 했더니 "야, 오빠가 너 좋아하는 거 모르냐?" "어, 왜?" 어렸을 때 다 같은 고향이니까, 오빠는 얘도 알고 나도 아는 거예요. 근데 자기는 오빠가 나를 좋아하는 눈빛이 보이는데 나는 아무것도 모르고 있다는 거야. "글쎄, 그런 데 관심 없는데." 그랬지. 관심이 정말 없었어. 근데 그렇게 말을 듣고 나니까 되게 쑥스러운 거야. 이 사람이 불편하고, 둘이 같이 있는 게 불편한 거야.

나를 따라나온 오빠
역사는 그렇게 만들어지는 거잖아요

광명 오빠 집에서 지내기로 약속한 3개월도 지났고, 그래서 아무튼 봉천동에 방을 하나 얻었어. 다달이 돈을 얼마 내면서. 창문은 있었는데, 완전 지하방이었어. 부동산 가서 물어보니까 얼마에 얼마라고 하는데 돈이 싸고 괜찮아서 보러 갔더니 되게 깨끗한 거야. 방이 쪼끄마해. 방 하나에 부엌 조그맣게 달려 있는데 도배를 싹 해놔서 너무너무 깨끗한 거야. 그래서 8월 15일인가에 언니도 쉬고 오빠도 쉬니까 이삿짐 날라주자고 해가지고 이사를 했어요. 요즘은 '디씨마트' '다이소' 이러지만 그때는 '천냥백화점'이 있었어요. 봉천역 천냥백화점 가서 세숫대야하고 비누통하고 사주더라고. 방으로 옮겨놓고는 언니는 갔어. 그런데 오빠는 안 갔어. 그냥 거기 있어버리는 거야. 그 사람은 나를 쫓아 나온 거야 집에서. 어이가 없죠, 그렇죠? 진짜 어이가 없지. 근데 거기서 아주 그냥 눌러 붙어서 살게 된 건 아니었지만, 이제 동거 아닌 동거가 돼버린 거지. (오빠의) 부모님들은 그것에 대해 불만을 말씀하시지 않으셨어. 그러니까 내가 3개월 있으면서, (오빠의) 어머니 아버지가 날 봤는데. (광명 살 때) 아침 차려드리고, 설거지 해놓고, 빨래해놓고 학원 시간 돼서 나가고 하는데 어머니가 나한테 이런 이야기를 한번 하시긴 하더라고. "야, 보경아. 우리 아들 싫으니? 난 니 좋은데." 난 오빠에 대한 아무런 감정이 없었고 그냥 아는 오빠, 편안한 오빠지 남자라는 생각을 안 했어요. 내가 삶이 힘들잖아요. 돈이 있는 것도 아니고. 아주 외롭지는 않아서 남자라는 생각을 안 하고 있었는데, 어머니가 봤을 때는 며느리잖아요. 내가 스물

두셋이면, 오빠 나이가 여섯이나 일곱 그 정도였는데, 며느리 생각을 한 것 같아. 어머니가 나한테 그렇게 말하는 거는 며느리로서 물어본 것 같은데, "예? 아줌마 뭐라고요?" 내가 진짜 무뎠다는 생각이 들어요. 그랬더니 "너가 좋다고 하면 내가 말을 잘 해볼게" 하시더라고요. 그게 무슨 소린지도 사실 감을 잘 못 잡았었죠. 실제로 어머니하고 오빠가 서로 어떤 이야기를 주고받았는지 나는 모르죠. 아무튼 내가 나왔는데 안 들어가더라고. 그렇게 역사는 만들어지는 거잖아요, 그렇죠?

(보경은 남편과 봉천동에서 약 9개월을 함께 지내다, 1994년 5월 광명에 있는 시댁의 작은아버지 댁으로 이사를 하게 된다. 그리고 1996년 5월 봄 큰딸을 낳고, 10월에 결혼식을 올린다.)

'딸 낳아서 죄송하다'고
90도로 절한 아버지

아들을 굉장히 중요시하는…… 우리 시아버님이 그러시더라고. 첫째는 광명에서 낳고, 둘째는 강릉 가서 낳았어요. 강릉 친정 오빠 집에서 몸조리를 하는데, 그 집도 애 낳은 지 얼마 안 됐고, 우리 엄마가 애 둘을 보는 게 힘든 거예요. 그래서 광명으로 와서 조리를 했어요. 11월 28일엔가 애를 낳았으니까 일주일 뒤면 12월이잖아. 엄청 추웠단 말이야. 우리가 살고 있는 집이 굉장히 추웠어요. 그다음 날 시아버님이 오셨더라고. 우리 아버지하고 시아버님하고 친구야. 지금 연세가 같은 88세인데, 시아버님이 오시니까 우리 아버지가 벌떡 일어나서 인사를 하는데, 90도로 절을 하는 거예요. 친구한테. 딸 낳아서 죄송하다고. 그게 나의 현실이더라고요. 딸 입장에서 내가 둘째 딸 낳은 게 무슨 죽을죄도 아닌데. 내 생각은 그거예요. '내가 딸 만들었어? 자기 아들이 딸 만들었지.' 이런 생각인데 나는. 시아버님이 그러고 가버리셨어요. 별다른 일은 없었는데 우리 아버지가 굉장히 죄송스러워하는 그런 상황이었어. 그게 1998년 12월이었는데, 내가 되게 힘든 거야. 아버지가 일어나서 90도로 인사를 하던 거를 생각하니까 굉장히 힘들었어요.

그게 우울증이었나 싶어요

큰딸이 1996년생이고, 작은딸이 1998년생이거든요. 아들은 2007년생이야. 아직 멀었어, 아들 이야기 나오려면. 근데 작은딸 낳고, 두 돌 안 됐을 즈음에…… 그게 우울증이었나 싶어요. 굉장히 우울한 거예요. 집에서 살림만 하고. 물론 주말 되면 그 사람이 나한테 되게 잘해주고, 뭐 돈을 많이 갖다주지는 않지만 돈에 대한 구애는 없는 사람이었어. 돈은 있으면 있는 대로, 나한테 들어오는 만큼 아껴서 쓰면 된다고 생각하는 사람이었기 때문에 돈 벌어오라 그런 적은 없어요. 지금도 자신 있게 말할 수 있을 정도야. 물론 힘들면 좀더 이랬으면 좋겠다는 이야기를 나누기는 하지만 너가 돈이 없어서…… 이런 이야기는 안 해보고 살았던 것 같아요. 돈에 대한 불만이 없었던 터라 딱히 일을 하지는 않았어요. 거기다 애들이 어리잖아. 걔들은 2년 차이 나니까 한 살짜리, 세 살짜리 이러고 있으니까 일을 못하고 있었죠. 내가 그때 우리 큰애한테 많이 뭐라고 했어요. 작은애 두 돌이면 큰애는 네 살 다섯 살 때거든요. 개가 무슨 잘못을 그렇게 했겠어요. 네다섯 살짜리가 몰라서 하는 일인데 그게 우울증인 거야, 그러니까. 애한테 그러고 있더라고요. 주중이나 주말에 자주 시댁에 가고 그랬는데, 본의 아닌 스트레스가 좀 있었어요. 그게 뭐냐면 내가 딸 둘을 낳았잖아. 내가 낳고 싶어서 딸 둘을 낳은 건 아니었는데, 그렇다고 누가 나한테 뭐라고 한 것도 아니었는데, 계속 뭔가 혼자 스트레스를 받는 거야. 정신적인 문제가 있다고 스스로 생각해볼 정도로……

새로운 세상으로

그러다가 안 되겠다 싶어서 내가 일을 해야겠다, 계속 쌓이고 있으니까 뭐라도 해야겠다고 생각했는데 마땅히 할 줄 아는 게 없잖아. 서울에 오래 있었던 것도 아니고, 아는 것도 없고. 무작정 벼룩시장이라는 걸 봤어요. 우리 동네 광명사거리에서 대림역 가는 2번 버스가 있었어요. 그때 7호선이 막 놓이기 전이었거든. 어찌어찌 알아보니까 2번 버스가 구로 이마트를 가더라고. 구로 이마트에 이력서 써서 무작정 갔어요. 연락을 주겠다고 그러더라고요. 애기 아빠가 "너 성격에 기면 기고 아니면 아닌데, 네에~ 네에~ 할 수 있겠냐?" 했어요. 마트에서 친절교육 무지하게 많이 받았거든. 친절하지 않으면 잘리고 그랬었단 말이야. 그게 몇 년 전부터 윤리경영이니 하면서 많이 바뀌었어요. 그 전에는 고객만족 교육도 받아야 하고, 컴플레인 걸려서 컴퓨터 올라오면 바로 잘리고, 다시 교육받고 그랬었거든요. 그래서 니 성격에 그걸 하겠냐고 그랬던 거지. 구로 갔더니 별로였던 것 같아. 알고 보니 부천 이마트가 더 가깝더라고요. 추석 때라고 수산 코너에서 명절 제수용품 팔잖아요. 조기 같은 거. 거기에 서류를 냈는데 연락이 금방 왔어. 그때 내가 서른한 살, 2001년인가 그랬거든요. 그렇게 열흘인가 했는데 재미있게 했던 것 같아요. 새로운 세상으로 간 거잖아요. 추석 단기 알바가 끝나고 나니까 언니들이 그러더라고요. "보경아, 너는 나이도 어린데 5층에 패션 코너에 가면 할 수 있는 일이 많을 거야." 부천 이마트가 굉장히 크거든요. 3, 4, 5층이 다 매장이야. 추석 끝나고 갔더니 5층 패션 코너 구두점에서 연락이 오더라고요. 그래서 구두 하다가 그다음 해부터 스포츠용품을 했나봐요. 저는 이마트 직원이 아니고 그 업체 직원이에요. 일은 여기서 하지만 월급은 다른 데서 받는 거죠. 엄청 힘들었어. 그래도 재미있었죠. 새로운 생활을 한다는 거. 그런데 한편으로는 애들이 굉장히 고생을 했었죠.

애들이 초등학교 들어가기 전이잖아. 시어머니는 연세가 있으시니까 애들을 봐줄 수가 없고, 그래서 어린이집에 맡겼어요. 주말 같은 때는 친구가 부천에 살았는데 이마트로 와서 우리 애들 데리고 자기 집으로 가는 거야. 그렇게 고생을 했지. 그 친구도 고생 많이 해줬죠. 그 일을 서른아홉 살까지 했어요. 그사이에 아들도 낳았잖아요. 아들 임신하고 그만두고 돌도 안 돼서 다시 일을 시작했어요. 10년은 안 됐겠다. 그렇게 시작해서 중간관리자도 하고. 고생 징하게 했지.

마트에서 일하다가 족발집을 차린 방보경씨.

아는 분이
족발 장사 하라고

그러다 아는 분이 족발 장사 하라고 그러는 거야. 그런 일 해봐야 월급쟁이밖에 더 되냐고. 월급쟁이는 아니고 수수료 매장이라는 거 알아요? 내가 팔아서 몇 프로 내가 갖고, 몇 프로는 본사가 가져가는 거. 중간관리자인데 굉장히 힘들지만 생각보다 돈이 안 되는 거야. 그때 당시 내 몸무게가 56킬로 이렇게 됐었거든요. 그거 하니까 50킬로 이렇게 빠지더라고요. 시간은 길고, 직원들 월급도 줘야 되고. 때마침 총각 때부터 장사했던 사람이 한진아파트 같이 살아. 족발 장사를 하는 분인데 나한테 장사를 하라고 그러더라고. 그때 IMF 터지고 빵집, 미용실, 얼마나 많은 사람이 문을 닫았어. 그래서 고민하다가 애기 아빠는 자기 일 하고, 내가 하겠다고 시작을 했는데, 처음 장사 시작한 부천시장에 있는 그 가게가 꽤 컸어요. 지금 가게의 두 배이상. 두 배 더 될 것 같아. 홀이 굉장히 컸거든. 망원시장에는 그만한 사이즈 가게가 없어요. 처음에는 테이크아웃만 할 생각이었지. 족발이라는 품목 자체가 술안주로 좋잖아요. 다른 건 내가 아무것도 할 줄 모르는 거야. 족발은 기술자를 대췄고 돈 받아서 월급을 주면 되니까. 그렇게 시작을 했죠.

내가 살면서 제일 거하게
욕해본 거 같아

부천에 있을 때 하루는 남자들 3명인가 4명이 와가지고 내가 일하는 곳 주방 바로 옆에서 담배를 피우는 거야. 그때는 애기 아빠 없을 때였어. 담배를 피우지 말라고 좋게 말했죠. 그랬더니 끄는 척하더니 또 피우는 거야. 내가 계속 콜록콜록거리는데도. 또 좋게 말했죠. 맞은편에도 상가들 쭉 있으니까 가게 문이 다 열려 있는 상황이었어. 그랬더니 이 사람이 날 훑어보는 눈빛이 굉장히 기분이 나쁜 거야. 우습게 보는 거지. 아무리 둘러봐도, 소리가 좀 커지고 해도 일하는 사람 중에 남자가 없잖아. 밖에는 아줌마, 여자들만 왔다 갔다 하고 그러니까. 바로 담배꽁초를 내 앞으로 집어던지면서 일어났는데 키가 엄청 큰 거야. 그러더니 욕을 하는 거야. 분명 나이는 나보다 어렸어. 젊은 놈이었는데 "시발년아, 눈깔을 파버릴까?" 이러는데 내가 어땠을 것 같아요? 일난 분을 닫았어. "뭐라고 시발" 하면서 똑같이 욕을 했어. 얼마나 무서워. 근데 거기서 지면 안 되겠다는 생각이 드는 거예요. 오픈한 지도 얼마 안 됐고. 내가 큰맘 먹고 똑같이 했어. 욕 굉장히 거하게 하더라고. 들어보지도 못한 욕 그대로 해야지 어떡해? 그대로 했지. 여자가 눈 똥그랗게 뜨고 쳐다보면서 똑같이 하니까 지도 놀래고 나도 놀랬지. 근데 문을 닫았지만, 시끄러운 거야. 소릴 듣고 옆집 사장님이 들어오셨더라고. 말려서 끌고 나가더라고. 그러니까 그거야. 여자들만 있으면 일단 깔고 들어가는 거. 애기 아빠 있으면 어디 나한테 그런 욕을 해요. 들어보지도 못한 욕, 서방한테도 들어보지 못한 욕을. 내가 살면서 제일 거하게 욕해본 거 같아. 사실은 죽는 줄 알았어요. 심장 터지는 줄 알았어. 근데 사람이 굳세지더라고. 가만히 보면 내가 아주 여성스러운 성향은 아니에요. 남한테 해코지하는 것도 싫어하고, 피해를 주는 것도 받는 것도 싫어하는 성향이야.

술 장사 그만하자, 그래서 오게 된 망원시장
족발이라는 자체가 쉬운 품목은 아니에요

술 장사가 돈은 돼요. 술에서 50퍼센트 이상 마진이 남지. 근데 스트레스는 엄청 받게 하는 거야. 그렇게 6~7개월 지나고 내가 너무 힘들어하니까, 애기 아빠가 왔어요. 자기 일도 하면서. 나랑 일을 하다보니까, 자기 일을 못하게 되는 거야. 술 장사는 스트레스 엄청 받아요. 별별 사람이 다 있다고 그러잖아요. 술 장사 그만하자 그러면서 가게가 난 곳이 있으면 다른 데로 옮겨보려고 알아보던 찰나에 망원시장에 자리가 나서 오게 됐죠. 그게 2015년 8월이에요. 우리는 온 지 얼마 안 됐어요.

족발용 고기는 얼어서 와요. 밤에 물에 넣어놓고 가요. 그러면 다음 날 아침에는 녹잖아요. 한 번 삶고, 뜸을 들인 다음 깨끗이 씻어요. 씻으면서 피멍 든 거나 곪은 부위 위주로 손질을 해요. 그다음에 육수에서 삶고. 사람들은 이걸 간장물이라고 해요. 시커멓잖아. 근데 간장은 하나도 안 들어가. 물론 소금은 들어가죠. 약재 들어가고, 야채가 들어가요. 그러면 시커메져요. 그런 말 있잖아요. 색깔 내려고 캐러멜 소스 넣는다, 커피 넣는다. 우리는 절대 안 넣어요. 물론 뭐 돈 벌기 위해서, 색깔 예쁘게 하기 위해서, 이런저런 것들 하려고 하면 할 수는 있겠지만 우리가 먹기 때문에. 우리가 먹는 거 가지고 장난은 치지 말아야겠다는 생각이야. 나는 그런 거는 정말 진실하게 살고 싶어. 나도 나지만 우리 남편은 더 심한 사람이야. 야채 같은 거 너무 많이 넣어서 야채 값이 많이 들어요. 애기 아빠가 냄새에 굉장히 민감해서 약재는 많이 안 써요. 나도 닮아서 한약은 괜찮은데 음식에 들어가는 한약재 냄새는 싫어하거든요. 다들 자기가 하는 음식에 대해서 자부심이 있겠지만…… 힘들어요. 족발이라는 자체가 쉬운 품목은 아니에요. 저도 족발 하기 전에 족발 안 먹었거든요. 이제는 직접 하니까 그리고 애기 아빠가 하니까 먹는 거지. 최종적으로 그날그날 다르긴 한데 보통 족발이 12시나 12시 반쯤에 나와요. 완성되는 데 보통 네 시간 정도 걸린다고 보면 되죠.

장사 7년 하면서
아픈 데가 되게 많아졌어요

이 일 자체가 쉬운 일은 절대 아니에요. 애기 아빠는 여기 오래 서 있으면서 족발 손질하니까 엉치 아프다, 다리 아프다, 손목 아프다 그러고, 나는 숙이고 이렇게 (족발을) 썰잖아요? 어깨, 목이 너무 아픈 거죠. 애기 아빠는 왼손잡이라 반대쪽이 아프다고 하면 난 오른손잡이라 그런지 이쪽(왼쪽) 엉치 쪽도 아프고…… 직업병 같은 거죠. 정맥류라고 하잖아요. 서서 일하니까 이런 게 생기고. 그런 게 힘든 거지. 족발에 대해서 특별한 걸 이야기하라고 하면 나보다 애기 아빠가 더 많이 할 수 있을 것 같은데, 그냥 힘들어. 솔직히 사명감이나 이런 거라기보다는 애기 아빠랑 하는 거고, 시작했기 때문에 해야 하는 거고, 아직애들을 가르쳐야 하는…… 현실적인 거지. 먹고살아야 하니까.

여성상인들과 함께 하는 젬베는
'즐거워요, 굉장히'

저는 처음부터 젬베 하고 싶었는데 시간이 안 맞아서 못했어요. 어찌됐거나 애기 아빠랑 얘기도 잘되고, 시간 때문에, 장사를 둘이 하는데 하나가 빠져야 하니까 그런 것들 때문에 망설였던 부분인데. 피아노나 바이올린은 혼자 할 수 있지만 젬베는 그게 아니거든요. 그렇다고 뭐 대단한 것도 아니지만, 즐거워요. 굉장히. 일주일에 한 시간이

나 한 시간 반이지만, 음…… 뭐라고 해야 하나. 내가 뭔가 한다는 거. 나는 예전에 피아노를 배우고 싶었는데, 워낙 촌이었고, 엄마 아빠가 거기에 대해 무지했고, 돈이 없어서 못 배웠잖아요. 그런 한풀이까지는 안 되지만 지금 내가 할 수 있는 거, 찾아서 내가 감당할 수 있는 일, 내가 할 수 있는 일은 했으면 좋겠다고 생각해요. 우리 애들도 작년에 되게 좋아 하더라고요. 처음에는 조영권 대표가 난타라고 했었거든요. "난타를 하기로 했는데 시간이 안 되서 못하겠다"고 딸들한테 그랬어요. 딸들이 작년에 열아홉, 스물하나 이랬으니까 나하고 이야기가 될 나이잖아요. 별로 관심을 두고 듣지를 않더니 아이들이 아빠 성향, 엄마 성향을 아니까 "아빠, 엄마 그거 하게 해주지" 이렇게 하고 대충 지나갔는데. 그때 가입을 못했을 때는 넘어갔지만, 화가 나는 거예요. 남들 다 할 수 있는 거 시간을 많이 빼앗는 것도 아닌데 왜 나를 못하게 하느냐 이랬었죠. 작년 12월 초에 공연을 했어요. 그때 젬베팀에 사람이 부족한 거야. 공연은 해야 되는데 급하게 우리 옆집 언니가 하자고 그러는 거예요. 아무것도 못해도 제일 쉬운 걸 하게 해주겠다고 그래가지고 어찌됐거나 같이 공연을 하기는 했어요. 그리고 나서부터는 젬베 2기가 된 거지. 젬베는 망원시장에 빨리 적응하는 데 도움이 많이 됐죠. 올해도 공연해요. 오늘도 워크샵 가서 공연 포스터 사진 찍고 왔잖아요.

후기

"저는 살아보니까 내가 말했던 거 대부분 하고 살더라고요. 큰 꿈, 부질없는 꿈을 이야기하지 않는 사람인 거, 굉장히 현실적인 것 같고, 내가 하고 싶다 하는 거는 크든 작든 그렇게 비슷비슷하게 가는 성향이 있더라고요."

맞다. 내가 만난 방보경은 현실적인 사람이었다. 그녀의 삶에는 끈덕진 에너지가 있다. 그 에너지는 주어진 현실을 외면하지 않고, 정면으로 맞서온 데서 길러진 내면의 힘이 아닐까. 가난했지만, 가난을 부끄러워하지 않았고, 현실에 단단하게 발 딛고, 꿋꿋하게 살아온 삶.

70페이지가 넘는 구술을 10페이지로 줄이는 것은 방보경의 삶에 카메라를 들고 사진을 찍는 기분이었다. 그녀가 구술해준 이야기에 또 내가 사람들에게 보여주고 싶은, 혹은 그녀의 삶에서 내가 주목하고 싶은 장면들을 골라내는 일. 나는 가난한 집에 태어나 열 살 나이에 엄마의 물초롱을 어깨에 함께 진 첫 노동의 순간부터 산후우울증이라는 현실을 딛고 마트 노동자가 되어 '새로운 세계'로 나선 30대, 그리고 족발 장사를 하는 여성상인으로 살아가는 현재의 40대까지 그녀가 겪어온 노동의 경로와 모습들에 주목했다. 그 경로에는 한국 사회에서 여성이기에 겪을 수밖에 없었던 차별의 경험이 있었다. 남아선호 사상은 방보경이 태어난 순간부터 방보경의 딸이 태어난 이후까지 그녀가 차별의 감수성을 갖게 하는 중요한 현실이었다. 장사를 시작하고 여자란 이유로 손님에게 만만하게 보였던 사건까지, 그녀의 삶 곳곳에는 여성들의 보통 경험이 있었고, 그녀는 그 경험들을 정확하게 차별로 기억하고 있었다. 그러나 방보경은 부당한 일을 외면하거나 참아 넘기기보다는 자신이 할 수 있는 선에서 맞서온 특별한 경험들을 가지고 있었다. 어린 시절엔 오빠의 밥그릇을 빼앗기도 했고, 함부로 대하는 손님에게는 똑같이 심한 욕으로 되받아쳤던 에피소드들은 방보경이란 사람의 내공을 느낄 수 있는 부분이었다.

매주 화요일 휴무를 제외하고 주 6일 남편과 장사를 하며 세 자녀를 키우고, 한편으론 부모님을 모셔야 하는 40대 후반 현재의 방보경의 삶은 그리 녹록해 보이지는 않았다. 하지만 일주일 중 하루 한 시간 젬베를 통해 얻는 활력과, 지금 당장 다른 일을 시작해도 잘할 수 있을 것 같다는 자신감이 있어 방보경은 앞으로의 남은 인생도 그녀답게 잘 살아낼 수 있을 거란 확신이 들었다. 그녀의 바람처럼, 앞으로는 삶에 여유가 조금 더 깃들기를, 그래서 자신이 하고 싶은 것들을 선택할 수 있으면 좋겠다는 바람을 조심스레 가져본다. 마지막으로 인생의 귀중한 순간들을 낯선 이에게 솔직하게 나눠준 그녀에게 진심어린 감사의 인사를 전하고 싶다.

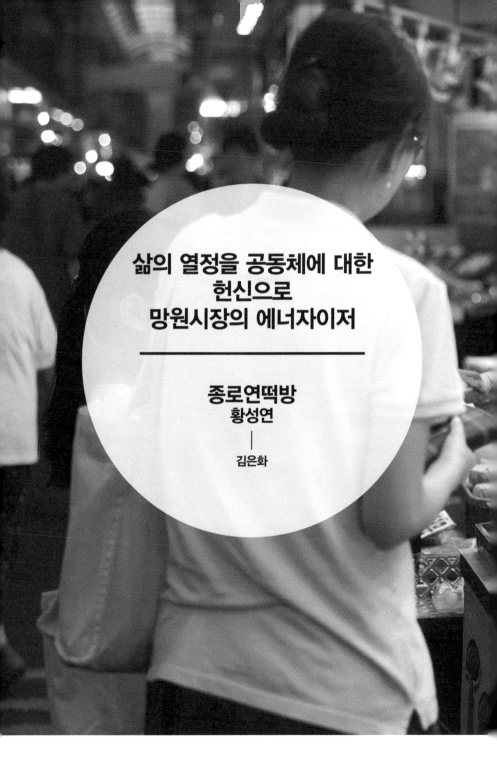

삶의 열정을 공동체에 대한
헌신으로
망원시장의 에너자이저

———————————

종로연떡방
황성연

|

김은화

새벽에 엄마 나가면
까치발 들어서 대문을 딱 닫았대요

제가 시골에서 네 살 때 서울 올라왔어요. 어머니가 충주에서 구멍가게를 했었는데, 아버지가 보증을 서서 슈퍼를 날려먹게 된 거예요. 돈 5만 원 갖고 서울로 오셔서 보문동 산골짜기에 월세방을 얻고 나니까 돈이 10원도 안 남더래요. 엄마가 하루하루 힘들게 일당벌이를 하셨는데 아는 분이 시장에서 장사하시면서 생선가게 하면 돈을 잘 번다 그래서 생선을 한 짝 떼다 팔고 두 짝 떼다 팔고 그러다 중앙시장에 가게를 내셨대요. 아버지가 한량이라 어머니가 고생을 되게 많이 하셨어요. 저는 그때부터 기억이 나죠. 생선가게 할 때, 문간방에 살았거든요. 엄마가 새벽에 장을 보러 가야 되니까 새벽에 문을 열면 대문이 '삐그덕' 소리가 나요. 문을 열어놓고 간다고 되게 혼나셨대요. 그래서 엄마가 저를 깨우는 거예요. 성연아, 성연아, 엄마 나가고 나면 문 좀 닫아. 그럼 네다섯 살짜리가 엄마가 나가면 까치발 들어서 딱 닫는대요. 엄마가 창문으로 요렇게 보면, 저랑 네 살 터울인 동생이랑 꼭 끌어안고 자더래요. 지금도 동생을 되게 예뻐하고 아들 같다는 생각이 들거든요. 기억나는 게 친구들이 "누구야 놀자~" 이러면서 우리 집으로 와요. 저는 동생을 돌봐야 되니까 데리고 가면 "넌 오지 마" 이러면서 문을 닫아요. 그게 하나도 안 슬펐어요. 저는 딱 집에 가서 놀고 그랬어요.

중학교 2학년 때 인생에 대해서 크게 고민한 적이 있어요. 제가 중학교 친구가 하나도 없거든요. '그런 애가 우리 학교에 있어?' 할 정도로 있는 듯 없는 듯한 애였거든요. 조용하고 수줍음 많고, 선생님이 책 읽어보라고 하면 덜덜 떨면서 읽고 그랬어요. 반에 약간 친하게 지내는 친구가 있는데 제 물건을 훔쳐갔어요. 너무 화가 나서 쉬는 시간에 싸웠어요. 그때 반에 공부도 좀 하고 맘도 착하고 잘사는 의사 집 딸이 있었는데 걔랑 너무 사귀고 싶었어요. 근데 걔가 딱 나서서 "이게 진짜 니 건지 어떻게 알아?" 변호사처럼 걔를 변론하는 거예요. 자기 입장에서는 걔가 약자라고 생각했던 모양이에요. 제가 충분한 변론을 못했어요. 돈을 잃어버리고도 내가 남을 의심하는 사람이 되어버린 거예요. 그 충격이 굉장히 커서 그때 당시에 왕따 같은 건 없었는데 스스로가 쟤네가 나를 왕따 시킨다고 생각했던 거예요.

이후로 사춘기를 맞이한 거 같아요. 우리 집에 못쓰는 골방 같은 게 있었어요. 짐짝처럼 쓰는 방인데 정리해놓고 중학교 3학년 방학 때 두 달 가까이 책을 읽었어요. 언니가 직장생활을 해서『누구를 위하여 종은 울리나』『젊은 베르테르의 슬픔』『데미안』『제인에어』이런 것들, 66권짜리를 몇 번에 걸쳐서 읽었어요. 그때가 비틀즈, 비지스 나올 때예요. 아버지가 사온 사자표 턴테이블에 이만한 스피커 두 개가 있는데 턴테이블만 돼서 듣다가 그것도 고장이 나서 라디오만 들었어요. 그거 틀어놓고 책을 되게 많이 읽었어요. 책에 보면 대부분 인물들이 자신을 키워나가고 드러내고 목소리를 높이고 이런 것들이잖아요. 스스로 커야 되고, 내가 내 인생을 바꾸지 않으면 아무것도 바뀌지 않는다는 것을 알게 되고 그랬죠.

중3을 그렇게 보내고 고등학교에 가서 5월이 되니까 6·25 웅변대회가 있다는 거예요. 나는 초등학교 때부터 부러웠던 게 "이 연사~" 막 이러는 거였어요. '죽기 전에 그걸 꼭 해봐야겠다' 그랬죠. '우리 반에서 해본 사람~' 하는데 아무도 안 들어. '해볼 사람~' 하는데 또 아무도 안 들어. 선생님 가시고 나서 교무실로 갔어. "선생님 제가 한 번 해보겠습니다" 이랬어요. 그게 원고를 본인이 써야 된대요. 실력 발휘를 했지. 처음 써봐서 두서가 없었는데 선생님이 약간 수정을 해줬어요. 첫 번에 올라가서 장려상을 받았어요. 그렇게 하고 나서 인기가 폭발해 친구가 너무너무 많았어요. 초등학교 6년, 중학교 3년은 내 인생에서 없는 저기고, 추억도 없어요. 동생하고 놀았던 것 정도? 근데 고등학교 때는 기억이 너무 많아요. 놀러도 많이 다니고.

여자는 진급이 없어요

졸업하고 나서 일반 회사에 들어가게 됐어요. 200~300명 중에 여 직원이 저 혼자였다가 한 1~2년 지나서 10명 정도로 늘었던 거 같아요. 입사 연도가 1983년도였던 거 같아. 그때는 여상 나오면 거의

100퍼센트 취직됐어요. 커피 타주는 건 필수고 잔심부름도 하고. 타이핑하는 게 주 업무고, 전화 받고. 그게 되게 중요해요. 예전에는 휴대전화도 없고 컴퓨터로 이메일 주고받고 이런 것도 없고, 전화로 모든 업무를 하고 모든 걸 우체국으로 보내는 시절이었어요. 공문서 도장 받아서 등기우편으로 부치고. 과세 신고도 해야 되고 세무서, 구청 가는 일도 많았고. 그런 거 내가 착착착 뽑아서 내주고 그랬어요. 스물다섯 살 때부터 꾀가 나서 일하기 싫더라고요. 회사에서도 젊고 예쁜 애들 데려다가 일 막 부리고 싶은데 이제는 나이가 있어서 그러지도 못하고, 나갔으면 하는 그런 게 있는 거죠. 워낙 눈치가 빠르니까 뻔히 알지만 나도 나가기 싫고. 여자는 진급이 없어요. 일을 잘하니까 대리 월급 이상을 주면서, 다른 사람한테도 해줘야 할까봐 남한테 말하지 마라 하는 거죠. 직장생활을 7년 했는데 돈을 벌어놓은 것도 있고 옷가게를 하든지 내 거를 해야겠다 싶어서 그만뒀어요. 막상 가게를 하려고 알아보니까 돈도 많이 들고 선뜻 안 되는 거예요. 다른 직장도 알아봤는데 나이가 있다고 안 써주더라고요. 특별한 노하우가 있거나 커리어가 있는 것도 아니고 이력서 내는 데도 한계가 있더라고요. 집에 있는데 너무 무료하고 내가 없어지는 느낌이고 내가, 내가 아닌 거 같은 거예요.

그때 진우 아빠가 나타난 거죠. 그 전에 회사 다닐 때 형부가 애기 아빠를 소개해줘서 만났어요. 헤어지고 중간에 다시 만나서 결혼하기까지 1년 정도 걸렸는데, 일 쉬고 있을 때 다시 연락이 온 거예요. 형부랑 애기 아빠랑 식사를 하는데 회사에서 미역국이 나왔대요. "황성연씨 생일이 내일인데" 기억을 하고 있더래요. 너 이런 사람 놓치면 큰일 난다고 언니가 난리 난 거예요. 저도 고맙더라고요. 다시 한

번 만나보자 하고 두세 번 만났는데, 자기 어머님이 병원에 오래 계셨대요. 어머님한테 인사나 한번 가면 어떻겠냐 해서 갔는데 고모랑 시숙이랑 전부 다 와 있는 거예요. 저를 데려간다 그래가지고·병실로 선보러 온 거죠. 아가씨가 놀란 거지. 예고도 없이 이러는 게 싫고 나랑 아무 관계도 아닌데. 그 자리에서 결혼 얘기를 하는데 그때 좀 시댁이 잘사니까 한강 유람선을 빌려서 결혼식 하자 이러더라고요. '있는 집이야?' 이런 생각도 들고. 그러면서 다들 어머니 정신 있으실 때 결혼해라 이러고, 나왔더니 이 사람이 자연스럽게 결혼으로 몰고 가는 거예요. 그때 심정이 그랬어요. 이 사람이면 괜찮겠다. 외모는 떨어지는데 사람이 진중해요. 말도 함부로 안 하고 가정 위하고. 저 위하는 거 끔찍하고 애 위하는 거 끔찍하면 결혼 잘한 거죠. 저희 결혼식 하고 나서 어머님이 3일 뒤에 돌아가셨어요. 저를 위해서 하루에 알부민 주사 몇 대를 맞으셨대요. 애네 신혼여행 다녀왔으니까 빼자, 그때 돌아가셨어요. 어머님한테 너무 감사하죠.

사람이 너무 많아서 가만 서 있었어요
난 여기서 장사해야겠다

어떻게 자영업을 시작하게 됐어요?

기술이 없는 사람들이 그래요. 특별한 기술이 없으면 쉽게 접할 수 있는 게 음식점, 치킨집 이러잖아요. 저는 장사하는 데 겁이 없어요. 엄마가 장사해서 아이 여섯을 먹여 살렸잖아요. 내가 잘하는 게 뭘까 생각해보니까 그게 음식점이었고, 먹는 걸로 시작해서 먹는 걸로 끝을 낸 거죠. 음식점으로 시작해서 떡집으로.

우리 아들 여섯 살 전까지는 주부로만 있었어요. 애가 어리니까 몇 년 키워야 되잖아요. 남편은 직원을 많이 두고 카센터를 했는데 거기서 돈을 조금 까먹었어요. 그러다가 지금 하는 납품업을 하게 된 거고 몇 년은 꽤 벌었어요. 그것도 IMF 터지고 나니까 안 되더라고요. 그래서 제가 식당을 하게 된 거죠. 회사들은 구조조정 하고 새나가는 것부터 막으니까 소모품이 줄죠. 저는 IMF 이후가 더 힘들었지, 그 당시에는 그렇게 힘든 줄은 몰랐어요. 나중에는 문 닫는 자영업자도 많아지고, 체인점이 폭발적으로 늘어났죠. 나는 음식에 자신이 있었기 때문에 굳이 체인점 할 생각은 안 했던 거 같아요.

망원시장에서 어떻게 떡집을 시작하게 됐어요?

내가 신림에서 식당을 10년 했어요. 2002년인가? 구제역 파동이 있었잖아요. 그때 갈빗집을 했는데, 한두 달 있다가 구제역이 사라지고 나니까 '돈데이' 같은 싼 집들이 생겼어요. 3900원짜리. 저는 처음부터 재료 좋은 거를 원칙으로 하기 때문에 하이포크 고기(돈육 브랜드 중 하나)만 썼거든요. 그게 장사가…… 손님이 안 찾아오는 거야. 업종을 바꿔야겠다고 생각하고 반찬을 많이 주는 밥집으로 바꿨어요. 찬모를 더 쓰게 되고 하면서 너무 힘들어져버린 거야. 좀 쉬자고 1년을 쉬었는데, 쉬어보면 알지만 백만 원을 못 벌면서 쓰는 건 백만 원이 넘잖아요. 1년을 쉬니까 애기 아빠가 돈을 버는데도 3000 이상을 까먹더라고요.

뭐라도 해야 되겠다 싶은데 내가 아는 절친 동생이 화곡동에서 떡집을 해요. 걔가 3년 만에 화곡동에 집을 사고 구리에 아파트 분양을 받았더라고. 떡집이 돈이 많이 남는다더라고요. 그 집에 가봤어요. 가게 하루 매출이 백 몇십만 원씩 되고, 주문 들어오고 하면 한 달에 돈 천만 원 이상은 벌고 이렇게 얘기를 하는 거예요. 나도 그런 장사 해보고 싶더라고요. 내가 떡을 배우겠다고 그랬더니 그 동생이 반대를 하더라고요. "누님, 너무 힘들어요. 형님이 아니고 누님이 하면 저는 반대예요. 그래도 하고 싶으면 한번 배워보세요" 하더라고요. 일주일째 되니까 그 동생이 누님 정도는 해도 되겠대. 일해본 사람이라 다른 거 같다고. 그래서 거기서 3개월을 배웠어요. 월급은 안 받았어요. 오히려 돈을 내고 배워야 되는데, 나중에 가게를 차리니까 동생이 백만 원을 주더라고요. 고맙죠. 지금도 가끔 연락하고 지내요.

그리고 나서 가게를 알아보는데, 애기 아빠가 동창을 우연히 만난 거예요. "우리 망원동에 사는데 되게 사람이 바글바글하다. 너 한번 와서 봐" 이랬어요. 그분은 영등포에서 천막 장사 그런 거를 했어요. 그러는 바람에 망원동이 어딘지도 모르고 물어물어 왔어요. 내가 그때 망원동에 처음 왔을 때 요 사거리로 들어왔거든요. 놀래서 가만서 있었어요. 사람이 너무 많아 난 여기서 장사해야겠다. 그때는 아케이드 공사가 안 되어 있었고 레인보우 천막 파라솔이 쳐져 있고 그랬어요.

아케이드 공사 하니까 비 막아줘,
눈 막아줘, 바람 막아줘, 얼마나 좋아

초반에 자리 잡기가 쉽지 않으셨을 것 같아요.

난 여기 들어올 때 돈이 없어서 빚으로 시작했거든요. 그 돈 갚느라 고생을 많이 했고, 그때는 혈기왕성한 때라 술 먹고 이런 일이 많으니까 그때 내가 체력 안배를 너무 안 한 게, 지금 와서 조금 표가 나는 거 같아. 원래는 건강 체질인데. 우리가 여기 2008년에 왔나. 내가 씩씩하잖아요. 사람을 쉽게 빨리 사귈 수 있는 좋은 방법은 술 먹는 모임에 몇 번 참석하는 거예요. 허물없이 쉽게 친구가 되거든요. 거기서 성격 활달하고 이런 거 알고 상인회 일을 맡기기 시작해서 여성 이사로 오랫동안 일을 했지. 들어온 첫해 다음 2009년부터 언제나 2014년도까지 했다. 그 와중에 홈플러스 때문에 투사로 1년을 보냈지. 우리 부부는 상인회 일을 처음부터 둘이 했어요. 남편이 1대, 2대, 3대…… 6대 회장인가봐요. 나 혼자만 잘 사는 게 아니라 다 같이 잘 살자는 사고를 가진 사장님들이 상인회 활동을 해요. 상인회 구성은 88개 점포예요. 대부분 사업자를 갖고 있는 사장님들이고 직원은 없어요.

전통시장에 들어오는 사람들한테는 여러 가지 혜택이 있어요. 여기는 지붕을 씌웠잖아요. 아케이드가 본인 부담이 아니에요. 나라에서 90퍼센트를 내주고 10퍼센트만 자기 부담이에요. 이게 2008년에 한 거예요. 우리가 들어올 때 공사를 준비하는 중이었어요. 공사를 극렬하게 반대하시는 분들도 있었어요. 그분들이 반대했던 거는 이렇게 지붕을 해놓으면 답답해서 사람들이 안 올 수도 있다, 다른 시장하고 견줘서 어떻게 운영되고 있나 봐라 하는 거였지. 모든 시장이 아케이드 공사를 한 건 아니니까. 그 전에는 바람이 날리니까 집집마다 이렇게 줄 매고, 비 오는데 빗물이 고이니까 막 쓸어내려야 하는 거야. 질척거리고 그냥 비만 오면 사람이 한 명도 안 나와. 떡이 바람에 비에 들이치고 막 그러면 큰 박스 같은 거 갖다가 덮어놓고 이래야 되고. 햇빛 들어오면 상할까봐 덮어야 되고. 아케이드 공사하니까 비 막아줘, 눈 막아줘, 바람 막아줘, 얼마나 좋아.

저는 설득하는 정도까진 아니고 그때는 이미 돈을 내라고 하는 단계였어요. 그런데 안 내는 사람이 있더라고요. 100퍼센트라는 건 없거든. 어느 사회든지. 그럴 것 같죠? 아니에요. 나중에 1년 후엔가 2년 후에 아케이드 공사 끝나고 나서 받은 경우도 있었어요. 우리는 죽었다 깨어나도 받아야 되는 거야. 그럼 낸 사람은 바보야? 반발이 생겨서 돌려줘야 돼요. 그래서 이걸 받아내요.

빚이 하나도 없는 순간,
나는 성공했다

처음에 내가 장사를 시작할 때 콘셉트를 잘못 잡은 게 뭐냐면 떡을 낱개로 포장했어요. 예쁘게 하나씩 손으로 일일이 싸는 포장을. 백설기 안 팔아, 절편 안 팔아, 콩서리 안 팔아, 기본 떡들은 안 팔아요. 유자로 만든 떡, 비트로 한 떡, 멥쌀 사이에 찹쌀이 낀 떡…… 특이하고 좋은데 너무 특이해서 안 팔리는 거야. 맨날 한 보따리씩 남고. 강남의 상점, 백화점 다니면서 좀더 세련되게 하고 싶었던 거야. 날마다 떡에 대한 공부를 하는 거죠. 그런데 망원시장하고 너무 안 맞았던 거예요. 쌀도 충주 노은에서 엄마가 농사짓는 거 갖다 쓰고. 거기가 이천에서 20분 거리밖에 안 되거든. 지금도 '오대미' 정도로 쌀을 선별해서 받지. 그래서 처음에 나는 '니네가 안 먹으면 니네가 손해야' 이런 마음으로 팔았어요. 6개월 만에 포기하고 이렇게 백설기를 크게, 콩설기도 크게 해서 내놓으니까 그때부터 하나씩 나가기 시작하더라고.

장사는 되긴 하는데 원금을 갚고 이자를 줘야 되잖아요. 그게 너무 힘든 거야. 생활하고 빚 갚고 원금 갚고 이자 갚고, 그 와중에 저축을 한 게 모아지니까 집을 샀어요. 제 동생한테 가져온 4400만 원은 4년 만에 갚았어요. 어느 순간 빚이 하나도 없는 그 순간, 나는 성공했다. 빚 다 갚고 3년 만에 집 산 거예요. 장사를 그만큼 잘한 거죠.

종로연떡방이 유명하잖아요. 왜 유명한 걸까요?

왜 그러냐면 제가 적극적인 거랑 좋은 재료를 써서 자신 있게 권할 수 있다는 거예요. 모든 재료에는 A급, B급, C급이 있어요. 백화점 가면 A급 물건만 들어오듯이 뭐 시장도 여기서 보면 똑같은 배추라도 좋은 건 한 통에 2000~3000원 더 비싸요. 그거는 속이 꽉 찼다는 얘기예요. 품질은 돈 값어치에 따라서 다르거든요. 같은 물건을 써도 좋은 걸 쓰자 하는 거죠. 서리태 같은 거는 요즘에는 한 포에 2~3만 원밖에 차이가 안 나요. 중국산 가격이 점점 올라오고 있어요. 한 포에 10만 원씩 현저하게 차이 나는 게 있어요. 희소성의 가치죠. 물량이 안 따라주는 것들. 그런 것도 A급, B급, C급 있는데 우리는 A급 써요. 콩도 햇콩이 폭신폭신하고 그런 게 있어요. 물건을 들여올 때도 우리는 한 포에 2~3만 원 비싸도 햇물건이나 좋은 걸로 골라달라고 그래요. 콩을 불려봤는데 묵은 콩이 섞인 거 같다 그러면 불린 거는 어쩔 수 없고 50킬로그램 중에 나머지 30킬로그램은 반품하고 다른 거 달라, 이런 식으로 해요.

그러면서 물건에 자신감이 생기니까 팔 때도 너무 맛있어요, 정말 좋은 거 써요, 이렇게 설득하는 거죠. 손님들은 대부분 보면 깎으려는 요량으로 비싸다고 하거든요. 그럴 때 "웃겨, 이게 뭐가 비싸요" 이렇게 응대해버리면 무안해해요. 그건 손님을 얕잡아보고 무시하는 거예요. "비싸다고 생각하실 수도 있지만 쌀도 제가 최소한도로 '오대미' 정도로 쓰고, 잣 호두도 들어가고, 입안에 넣으면 풍미도 좋아서 절대 비싼 음식이라는 생각이 안 드실 거예요. 믿을 만한 거니까 드셔보세요" 이렇게 설득을 하는 거죠.

이것이 바로 '떡랩'이다!
황 사장이 말하는 떡에 대한 모든 것

떡을 만드는 과정이 구체적으로 어떻게 되나요?

떡이라는 거는 우리가 쌀농사를 안 짓는다뿐이지, 원상태에서부터 완성품 상태까지 만들어내는 거잖아요. 쌀을 불리는 데도 두세 시간 걸려요. 전날 물을 부어놓으면 아침에 이거를 건져서 롤러에 빻아야 되잖아요. 가루 상태로 나오면 거기에 호박을 섞는 경우도 있고, 쑥을 섞는 경우도 있고, 떡을 찌거나 절구에 치거나, 아니면 제빙기에서 형태를 만들거나 꿀떡처럼 찐 상태에서 성형 틀에서 만들거나 하는 거예요. 고물이라는 거는 따로 원상태의 콩이 와요. 이걸 롤러에 갈아요. 나중에 물도 주고, 설탕도 주고, 소금도 주고, 촉촉하게 해서 곱게 체에 거르고 이렇게 해서 고물을 쓰는 거예요. 팥도 오면 삶아야 되죠, 녹두도 탈곡해온 상태에서 불려 쪄서 가루로 만들어 체에 치고 이런 과정을 거쳐야 되잖아요. 엄청나게 공이 들어가요. 일체의 원상태에서, 무에서 유를 창조하는 게 떡이라고 보면 되는 거예요.

떡이 하루에 30가지 정도 나와요. 매일 만들어내는 거예요. 레시피도 다 다르죠. 그러니까 이게 기술인 거죠. 가래떡을 만들 때 말랑말랑한 가래떡을 만들 것이냐, 떡국 떡을 만들려면 물 양을 줄여줘야 되는 거고, 절편은 또 다른 방법으로 제조해서 물 양을 다르게 주고 뽑아내야 되는 거고. 현미 가래떡, 쑥 가래떡 이것만 해도 벌써 같은 종류에서 다섯 가지가 나오는 거고. 꿀떡 같은 경우에는 피를 만들어서 안에 설탕을 넣는 거잖아요. 바람떡은 고물을 따로 만들어서 넣어야 되고. 인절미도 쑥 인절미 있고, 현미 인절미 있고, 흰 인절미 있고, 이런 식으로 만들어서 그 위에 고물을 콩가루를 묻히느냐, 녹두를 묻히느냐, 흑임자를 묻히느냐에 따라서 또 다른 거고. 백설기도 하얀 상태로 있는데 거기에 다른 제조 방법을 더해서 시루떡을 만들 것인가, 콩을 넣어서 콩설기를 만들 것인가, 모듬설기를 만들 것인가. 찰떡도 한 스무 가지 되는데 요거는 흑임자 끼임 떡이라고 해서 흑임자가 가운데 들어간 거예요. 그런 식으로 만들어내는 거죠.

그거를 몇 분이서 하세요?

넷이서. 안에서 가루를 빼주고 떡을 뽑는 사람이 있고, 중간에 떡을 엎어주고 하는 사람이 우리 사장님이랑 같이 하고, 저는 이제 떡을 가루를 내주면 이걸 안쳐서 형태를 만들어주고 원재료를 넣고 하는 레시피 관련된 걸 하고. 한 아줌마는 뜨거운 떡이 나오면 포장해주는 걸 하고. 그렇게 하는 거죠. 직원은 2명이고 지금은 중간중간 포장하러 아줌마 한 분이 알바로 와요.

그럼 떡은 몇 시에 나오나요?

보통 5시에서 5시 반에 일 시작해서 떡은 8시, 9시, 10시, 11시, 1시, 2시 차례대로 쏟아지는 거죠. 한꺼번에 쏟아질 수가 없으니까. 시루떡 나왔으면 편떡 나오고, 편떡 나왔으면 모시떡 나오고. 모시떡 나오고 나면 개떡 나오고, 개떡 나오고 나면 설기떡 나오고, 설기떡 나왔으면 찰떡 나오고. 이런 식으로 계~속 밀어내는 거죠. 9시 되면 포장이 시작돼요. 그사이에 부족하면 떡을 또 안치고. 다른 떡은 안에서 하고 있고. 11시부터는 판매만 해요. 주문 있으면 주문 넣고 이런식으로. 2시부터 정리 시간이야. 정리하면서 다음 날 쓸 콩 같은 거미리 담가놓든지 하고. 퇴근하면 4시에서 5시 되는데 오늘은 삼촌이쉬는 날이고 아줌마도 6시에 보내는 날이지만, 인터뷰 때문에 가게를보고 있는 거죠.(영업은 저녁 10시까지.) 밤샘 작업은 1년에 몇 번 있어요. 부활절, 추수감사절, 석가탄신일, 명절 같은 날. 행사 있어서 아침9시까지 500개 해날라고 하면 나와야죠. 전날 미리 만들어놓을 수는 없으니까.

떡은 언제가 가장 맛있나요?

떡은 나온 지 두 시간 안이 제일 맛있어요. 찰떡은 두 시간 이후에 먹어야지, 절대 바로 먹는 거 아니에요. 끈적끈적해서 입천장에 다 달라붙고 맛이 없어요. 세일은 6시부터. 6시 이후에는 한 팩 살 때는 똑같고 세 팩 살 때 5000원. 인절미 같은 건 냉장고에 넣어놨다가 꺼내놓으면 말랑해지거든요. 보통은 미리 사놨다가 아침에 식사 대용으로 먹으려고 사가요.

떡을 다음 날에도 맛있게 먹으려면 어떻게 보관해야 하나요?

떡을 쟁반이나 이런 데 쭈욱 펼쳐서 칸칸이 넣어서 얼려요. 꽝꽝 얼면 딱 묶어놓으면 되니까. 해동할 때는 밖에 내다놓으면 말랑해지죠. 영양찰떡이나 호박찰떡, 이런 찰떡 종류는 냉동실에서 얼렸다가 꺼내면 말랑해져요. 인절미 같은 거. 전자렌지에 돌리면 말랑해지기는 하는데 수분을 뺏겨서 더 딱딱해져요. 형태가 허물어지고 단단해지고 맛이 없어요. 메떡은 절구에 찧는 떡이라서 얼면 안 녹아요. 가래떡이나 절편 같은 건 녹지 않아요. 백설기 같은 건 약간 말랑해지기는 하는데 절구에 찧는 떡은 안 돼요. 바로 먹어야 돼요. 백설기, 콩설기 같은 건 찜통에 찌면 맛있어요. 보리떡, 설기떡, 시루떡 요런 거는 쪄도 되고. 절편 같은 거는 기름을 약간만 둘러서 구우면 겉이 누룽지처럼 바삭해지고 안에는 말랑해져요. 인절미 같은 고물 떡은 고

물을 털고 프라이팬에 바삭하게 구우면 맛있어요. 기름 두르지 않고 약하게 구우면 열기에 의해 익으면서 더 맛있어요. 최대한 불을 약하게 하는 게 관건이에요.

이제는 장사하면서
사람이 보이기 시작하는 거야

기억에 남는 단골 분들은?

결혼해서 우리 집에서 답례떡을 한 손님이 있어. 결혼했으니까 회사에 떡 돌린다고. 그러고 1년 있다가 돌떡 했어. 그다음에 애기 수수팥떡을 해. "애기 열 살까지는 해줘야 돼요" 그러는 게 지금까지 왔어. 지금도 오면 "어머, 너무 예쁘다! 나이 안 먹어~" 이러면 "아휴 사장님, 사장님 요즘 살 빠지셨죠!" 이러고. 같이 늙어가는 거지.

일주일에 한 번 떡을 사가는 분이 있는데 1년 됐거든. 아버지랑 딸이 와서 꼭 떡을 사가는데 너무 바빠. 떡을 차분히 보는 것도 아니고 빨리 달라고 재촉하고. 나중에 그러시는 거야. 아버지가 요양원에 계시는데 우리 집에서 원하는 떡이 없어서 다른 집 떡을 사갔더니, 떡을 탁 내버리더라는 거야. 그 집 떡 아니면 사오지 말라 그랬대. 다섯 팩씩 사가는데 꼭 사가는 떡이 있거든. 약식, 인절미, 찰시루, 이렇게 기본 떡은 꼭 사가야 돼. 그 떡이 없으면 한탄을 하시는 거야, 이분이. 냉동실에 넣어놓고 꺼내서 쪄달라고 하고 그런대. 감사하다고 내가 떡을 한 팩 더 드렸어. 그런 손님 보면 보람 있는 거지.

작년에 보이던 할머니, 할아버지가 안 보여서, 돌아가셨나 하고 보니 못 나오시는 거야. 할머니가 어느 날은 지팡이 짚고 나오시다가 어느 날은 휠체어 타고 나오셔. 작년까지만 해도 쌩쌩하게 소리 지르면서 "이거 왜 떡이 이렇게 작아! 점점 작아져!" 이러던 양반이 손을 흔들면서 "아휴, 내가 기운이 없어" 이러는 걸 보면 안타깝고. 이제는 장사하면서 사람이 보이기 시작하는 거야. 단순히 떡을 파는 게 아니라 그 사람들 인생이 같이 가는 거잖아.

재래시장이니까 가능한 얘기 같아요. 혹시 손님들 중에 진상이다 싶은 분도 있어요?

많아요. 떡이라는 게 매일 만들어내는 거고 우리도 사람인지라, 어떤 때는 상태가 질 때가 있고 어떤 때는 약간 단단할 때가 있고. 그런데 오셔서 "지난번에는 떡이 좀 질었어요" 이러면 참 고마운 손님인데, 막 못 먹어서 버렸다고 그러는 거야. 사실 못 먹을 떡은 아니거든요. 본인 입맛에 안 맞아서 그렇지. "매번 잘하려고 하는데 그때는 실수가 있었나 봐요" 그럴 때도 있고. 어떤 손님들은 얼려서 먹으려고 가져가. 그럼 "우리가 얼려드릴게요" 이러면 못 믿는 거야. 자기 떡을 빼돌리려고 하나 의심이 있는 거지. 요즘은 냉장고에 보관을 너무 많이 하잖아. 냉동이라는 거는 쫙 펼쳐서 얼리면 다 잘 얼려지는데, 같이 포개서 얼리면 가운데는 굳는 거거든. 냉기가 잘 나가는 곳에나 잘 얼지, 문짝 같은 데 놓으면 한참 굳어져서 언단 말이야. 손님들한테 처음에 "잘 얼리셔야 돼요" 설명해도 냉장고가 여유롭지 않으니까 그렇게 못 얼리는 거야. 그러면 뭐 굳었네, 다른 집에서 해줄 때는 잘

녹았는데 여기는 왜 이러냐고 그러거든. "손님, 어떻게 얼리셨어요" 물어보면 "냉장고에 잘 얼렸지!" 이래. 우리가 실수할 수도 있지만 본인들이 실수할 수 있다는 걸 인정 안 하는 거지.

아침부터 와가지고 왜 여기는 세일 안 하느냐고 하는 경우도 있고. 그래도 원칙이기 때문에 안 해. 원칙은 약속이니까 지키려고 하는 거지. 그래야 나 자신하고 한 약속도 지킬 거 아냐. '아휴, 그래 세일하는데 한 포에 단돈 몇천 원이라도 싸게 파는 거 쓰자, 그러면 쌀은 몇십만 원 절약되고, 1년이면 몇백만 원이야.' 그런 식으로 생각하면 저렴한 거 쓸 수밖에 없잖아.

대기업만이 아니라,
국민도 먹고살게 열어줘야 하는 게 국가 아니에요?

'종로연떡방'의 연은 사장님 이름 '황성연'의 연을 딴 거예요?

이 못 연(蓮) 자가 황씨 집안 돌림인데 이름에 쓰는 데가 별로 없어요. 큰 의미는 없지만 예뻐서 상호에 넣고 싶다는 생각을 했어요. 연떡방이라고 부르는 사람이 많아요. 연이 언니라고 사람들이 많이 부르니까.

종로라는 의미는 제가 떡 배운 동생네 집이 '종로 떡집'이었어요. 낙원동 그 종로 일대가 떡집이 옛날부터 많이 있어요. 궁이 경복궁하고 비원 쪽에 있었잖아요. 부호가 많이 살았어요. 옛날에 잘사는 집 잔치하면 일단 떡부터 하잖아요. 쌀이 귀한 문화라서. 전쟁 후에도 아무리 쌀이 없어도 떡은 해 먹었어요. 제사 문화가 있잖아요. 그쪽으로 떡집이 밀집되어 있다보니까 떡 배우는 기술자가 많이 생긴 거예요. 어디 지역이 유명하면 그 이름을 따서 나오잖아요. 종로 떡집, 낙원 떡집이 그래서 많이 나왔거든요. 예전에는 종로 떡집을 아무나 붙일 수 없었던 게, 거기서 배웠던 사람이 연결돼서 계속 종로란 이름을 써 왔대요. 지금은 좋은 거 섭외해서, 떡 계보에 다 접목시켜요. 우리 떡집도 종로 떡집만의 특별한 퀄리티를 갖고 있는 건 아니고. 그래도 종로라는 이름을 넣으면 한번 먹고 들어가니까 종로라는 이름을 쓰게 된 거고.

그럼 등록은?

대표이사가 내 이름으로 되어 있는데, 우리 사장님이 사실 다른 일을 해요. 갈빗집하기 전부터 회사에 소모품 납품하는 일을 했어요. 꽤 오래했죠. 1997년에 시작했나봐요. 그때는 그것만 해서도 먹고살았는데, 회사들이 점점 커지고 자기네 계열사를 늘리면서 비투비Business To Business, 기업과 기업 간의 전자상거래 사업 많이 하니까, 거기서 못하는 거 있잖아요. 아주 자질구레하고 귀찮은 것들만 진우 아빠한테 주기 시작한 거예요. 옛날에는 아예 가게를 차려서 내놓고 했었는데 이제는 접으려고 해요. 1년 전까지만 해도 한 달에 150만 원은 벌었는데 지금은 몇십만 원 못 번다고 하더라고요.

대기업이 사장님네 가게에 계속 치고 들어오네요.

무한 경쟁에서 우리 같은 사람들은 살아남기 어려운 거죠. 소비자 입장에서는 좋죠. 경쟁하는 입장에서는 보면 돈이 있는 사람들한테 돈이 없는 사람들은 밀려날 수밖에 없는 구조잖아요, 구조 자체가. 그러면 누구를 위한 정책이냐는 거죠. 대기업만 먹고살 게 아니라 국민도 먹고살게 열어줘야 하는 게 국가 아니에요? 다 대기업이 뺏어 가버리면 서민들은 뭘 먹고 살라는 거야. 대기업 기생충처럼 막 그렇게 살아야 되는 거잖아요. 우리도 우리 나름의 살 수 있는 길을 터줘야 되는 거잖아요. 국가 차원에서, 그런 의미에서 얘기를 하는 거예요.

이게 대안을 마련하기 어려운 게, 없는 사람들은 또 없는 사람끼리 연대하는 게 어렵더라고요.

어렵죠. 특별한 이해관계를 가지고 우리처럼 목표를 갖고 하면 가능하지만, 넓은 틀에서 먹고살 길을 마련해주라고 한다면 당장 어디서부터 어떻게 시작해야 하는 건지 어려운 거야. 우리는 당장 생업이 걸려 있고 큰 마트가 들어오면 문제가 되니까 거기서부터 피터지게 싸우는 거죠. 집행부가 자기 생업을 버리다시피 하면서 워낙에 열심히 하고 있었고. 우리 부부는 새벽에 일어나서 작업하고 떡 다 만들고 저녁 10시에 문 닫고 또 만나서 새벽 2~3시까지 회의하고 기획하고. 또 술 한잔 하면 새벽 4시다. 그럼 또 두세 시간 자고 나와서 일을 하는 거야. 다섯 번이나 철시를 했는데, 왜 문 닫느냐는 얘기는 나오죠. 사람이 많으니까 그런 말은 나와도 닫자고 하면 닫고. 여의도 가자고 하면 가고, 본사에도 가고, 마포구청도 가서 데모하고 엄청났죠.

여기서부터 뚫고 마포대교 앞까지 걸어가고 막 그랬죠.

우리는 입점 철회하고 홈플러스 들어오지 말라는 게 조건이었는데 중소기업청 이런 데서 중재를 한 거야. 어쨌든 마포구청에서 이미 허가 났고 안 들어오는 거 아니니까 품목의 제한을 두자는 거야. 근데 고기도 한우로 된 어디 부위 하나, 마른 대추, 뭐 이런 것들이야. 마른 호박? 이런 거 누가 그렇게 먹는다고 품목 제한을 해.(홈플러스 합정점에서 오징어, 국거리용 쇠고기, 순대, 떡볶이, 알타리무 등 16개 품목 팔지 않기로 합의함.) 시장 상인이나 집행부에서는 돈을 목적으로 하는 게 아니었어요. 중재하는 사람도 이거라도 받자는 게 아니라 받아서 좋은 일에 쓰자, 주민들하고 나누고 하자. 이렇게 해서 길게 싸웠지. 홈플러스에서도 뭐 그러면…… 언제까지 데모를 할 거예요. 13억을 받았잖아요. 이거를 받아서 우리는 바로 이 건물 사서 상인회 사무실로 쓰고 있어요. 그 전에는 임대를 해서 썼으니까. 시민단체랑 같이 했기 때문에 시민단체도 돕는 차원에서 1층은 임대한 거죠. 우리가 인테리어랑 다 해준 거예요. 커피 머신까지 다. 주민들이 쓴다고 하면 공간 대여도 해주고 그래요. 보기도 좋고 남한테 말하기도 좋고 지금 그런 상태예요. 시장에 대한 자부심이 크죠, 우리가.

우리 시장은 돈을 모으지 않고 발전을 위해서 다 쓰는 편이에요. 배송 때문에 3명의 직원이 있어요. 배송센터에 남자 직원 하나, 여자 직원 하나, 전화 받는 직원 있고. 5킬로미터 넘으면 2000원 받고 배송을 해주고. 전화로 주문하는 사람 많아요. 돼지고기 한 근, 계란 한 판, 두부 한 모, 전화로 해요. 월급 받는 콜직원이 있어요. 상인회에서 100퍼센트 내는 건 아니고 지금은 국가에서 50퍼센트 지원 받아요. 그런 사업들 하기 위해서 돈도 많이 모아져야 되고 그래요.

시장에 처음 들어갈 때 이미 있던 사람들이 텃세 부리면 어떻게 하지 하는 두려움이 있을 거 같아요.

이 시장이 좋은 게 뭐냐면 경쟁의식은 있지만 그렇게 심하지 않아요. 들어오면 반겨주고 하는 시장이었어요. 지금은 젊은 세대가 들어오면서 나이 차이가 나니까 잘 안 어울리려고 하지만. 어차피 시장이 젊어져야 하고 바뀌어야 하는 건 맞으니까. 처음 들어올 때 겁은 냈어요. 이미 이 사람들은 마음의 문이 많이 열려 있어서 술 몇 번 먹고 그러니까 언니 동생 하고 형제자매처럼 지내고. 십자매는 한 달에 한 번 꼭 모이고 여행도 가요. 오늘은 '해당화' 모임 있고. 내일은 '시크릿' 모임이에요. 애기 아빠는 '좋은 사람 모임'이라고 또 따로 있어요. 남자들 모임인데 아케이드 사업할 때 고생한 사람끼리 많이 가까워진 거죠. '육룡이 나르샤' 모임도 있어요. 남자들만 모인 용띠 모임. 모임이 열 몇 개 되니까 둘이서 한 달 회비만 백만 원 좀 넘어요. 우리 나중에 장사 안 하면 회비 없어서 모임 못한다 그래요. 하하.

옛날에 무슨 무슨 난,
지금 따져보면 그게 다 개혁이잖아요

디엠씨 쪽에 롯데몰 생기는 거 있잖아요. 대기업에서 다양한 형태로 파고들어오는데 여전히 결속하지 못하는 시장도 많은 것 같아요.

우리도 몇몇 사람의 의지와 설득이 없었다면 걱정만 하고 있었을 것 같아요. 몇 사람이 당차게 나서서 우리가 해야겠다고 해서 같이 나선 거거든요. 나도 그래서 필요성을 느끼고 열심히 한 건데 거기도 그런 게 있다면 싸우겠죠. 옛날에 무슨 무슨 난, 이런 거 나쁜 거 아니잖아요. 지금 따져보면 그게 다 개혁이잖아요. 내 몫을 주장하고 내 목소리를 높이는 것의 중요성을 잘 모르는 거죠. 우리는 그 중요성을 알았기 때문에 이렇게 한 거고.

혹시 다른 시장 상인이랑 연대할 기회는 있어요?

서울시에서 시장 소개할 때는 망원시장을 1번으로 추천을 해요. 전국 시장에서 견학을 오고요. 정책적으로 개발을 많이 하고 그걸 또 이행하고 끝까지 결실을 보는 시장이에요. 결연까지는 아니더라도 사장님(상인회 회장을 맡고 있는 남편)이 모임에 많이 나가죠. 전국상인 시장협회에서 이사 이런 거 맡고 있어요. 전국시장협회에서는 지방의 멸치, 다시마, 고구마 이런 거 올려보내요. 그럼 전국 각 시장에서 그 물건을 팔아요. 수익이 남는 걸 갖다가 또 좋은 일에 쓰거든요. 그런 게 다 연대죠.

또 이 시장이 경제민주화의 산실이에요. 상인들이 전국에 많은데 그걸 대표하는 사람이 하나 있으면 좋겠다고 해서, 우리 시장에서 시의원 비례대표로 갔어요.

가족 같은 분위기네요.

사람들과의 관계를 소중하게 생각하고, 사람들 집으로 불러서 밥

맥이고 놀고 이런 거 좋아해요. 시장에 들어온 거 너무 행복하고 주변에 좋은 사람이 많아요. 여기에 있는 동생들, 언니들이 더 친언니 같고 친동생 같고 그래요. 망원시장 튀김집 언니, 족발집 언니, 건어물가게 동생, 야채가게 하는 동생…… 건어물가게 동생네하고는 거의 형제자매 같아요. 저는 아들이 하나, 그 집은 딸 하나 아들 하나인데, 거기 딸내미가 되게 살가워요. 오빠 오빠 하고, 우리 여행 가 있을 동안 지들끼리 만나서 밥도 먹고. 영화 보여줘 이러기도 하고.

망원시장에서
여성 상인으로 산다는 것

시장 아줌마들은 새벽부터 밤늦게까지 일하거든요. 전에 마포구에서 여성건강 사업 한다고 설문지를 돌리는데 질문에 '당신은 아픈데도 참고 일한 적이 있습니까?' 하는데 나 거기서 볼펜을 멈추고 있었잖아요. 이걸 내가 어떻게 써야 되나. 나는 늘 아프거든요. 365일 다 아파요. 어깨가 아프지 않으면 허리가 아프고, 허리가 아프지 않으면 머리가 아프고, 지금처럼 감기 걸려 있을 때도 있고. 며칠 전에 내가 많이 울었는데 운 이유가 뭐냐면, 떡집은 새벽에 일을 하잖아요. 일하는데 드러눕고 싶은 거예요. 몸이 아프니까. 그 시간이 아침 7시 반인데 누울 수가 없는 거예요. 일을 빨리 처줘야 뒷사람이 일을 하거든요. 참고 하다가 눈물이 확 쏟아진 거예요.

근데 이게 다 슬프지는 않거든. 왜냐하면 남한테 손 안 내밀고 내가 돈을 벌어서 내 가족이랑 여유 있게 쓰거든요. 돈을 버는 이유는 그런 거잖아요. 잘 먹고 잘 살라고 그러는 거잖아. 그 목적이 단지 내 집을 사고 뭘 사는 그 문제가 아니라, 내가 좋아하는 걸 할 수 있는 거잖아요. 여행은 1년에 딱 두 번 가는데 추석하고 구정하고 명절에 딱 그때만 쉬어요. 추석날 아침에 느지막이 일어나서 준비해서 한 3박4일 외국 여행을 가요. 그걸 위해서 내년 추석을 기다리고, 돌아오는 구정을 기다리고 하거든요.

예전에는 주변에 모이면 다 같이 술 먹었어요. 부어라 마셔라 재미있다 노래방 가자, 우리 이렇게 힘든데 술 한잔 마시고 이런 재미도 없으면 어떻게 살아 이랬는데 나이 드니까 모이면 순 아픈 얘기만 해요. 내가 여기 마흔 중반에 왔거든요. 10년 전이니까 지금 생각해보면 마흔넷은 지금 나한텐 너무 젊은 나이인 거야. 지금 내가 쉰넷이란 말이야. 이 나이에 돌아보면 나는 너무 많이 바뀐 거죠. 그래도 지금 여기서 내 인생에서 가장 행복한 시간을 보내고 있는 거 같아요. 아들 건강하고 자기 앞일 다 알아서 하고, 애기 아빠 인정받고 잘하고 있고, 저도 이제 특별하게 더 나이 들어서 어디 아프지 않으면 지금이 가장 행복한 시기인 거 같아요. 취미생활도 하고 이런 대화도 하고.

앞으로는 그림 한번 해보고 싶어요. 예전부터 로망이 그런 거였어요. 야외 나가서 밀짚모자 하나 쓰고 그림 그리고. 책을 많이 읽어서 이상은 많아요. 우린 행복한 사람들이지. 시장 안에서 열심히 일하고 신나게 할 수 있다는 게. 남편은 중앙대 상인대학 1기 원우회 회장인데, 오늘 '성공한 CEO'라고 대학생들 앞에서 강의하고 왔어요.

사장님도 가서 강연 하셔도 잘하실 거 같은데요?

'시장에서 떡집 아줌마로 성공하는 법' 이런 걸로. 하하. 아마 이 시장에서 상인대학을 할 거예요. 그때는 저도 해야죠.(2017년 6월부터 중앙대 상인대학 4기에 참여.)

저의 모든 원천은 자신감에서 나오는 거 같아요. 나는 할 수 있다. 한 번도 안 된다고 생각해본 적이 없어요. 신앙을 갖고 있는 것도 도움이 되지만, 책을 많이 읽으면서 긍정적인 요소가 많아졌어요. 물론 빚져서 막막할 때가 있었어요. 오늘은 누구네 돈을 갚아야 되는데. 힘들 때도 있지만 그건 순간이야. 제가 술을 좋아하는 게 뭐냐면, 술을 먹으면 긍정적이 돼. 사람이. 그거 다 할 수 있어, 아무것도 아니야. 별거 아니야. 그게 입버릇처럼 됐어요.

"드러눕고 싶을 만큼 힘들지만, 빚을 다 갚은 순간 성공했다 싶었죠."

후기

황성연은 열정으로 가득 찬 작은 탱크 같았다. "있는 듯 없는 듯했다" 던 중학생 시절을 상상할 수 없을 만큼, 그녀는 거침없고 결단력 있는 사람이었다. 남편의 사업이 어려워지자 자신의 음식 솜씨를 살려 칼국수 집을 냈고, 망원시장에 왔을 때도 "난 여기서 장사해야겠다" 단숨에 맘먹고 빚을 내서 떡집을 계약했다. 새벽 5시에 시작해 저녁 10시에 끝내는 떡집 일이 분명 고단했을 텐데, 그녀의 입에서 우수수 쏟아지는 떡 이름과 버무려지면 고된 노동도 타령처럼, 가락처럼 들린다. 낙천적인 성격 덕이다. 여기에 사람 좋아해, 술 좋아해, 그녀가 십자매·해당화를 비롯해 각종 상인들 모임의 마당발로 통하는 데는 다 이유가 있다. 시장에 처음 왔을 때부터 상인회의 아케이드 사업에 적극 참여하며 맺은 인연을 바탕으로, 황성연은 2013년 홈플러스 투쟁 때도 상인들과 활발하게 소통하며 '다섯 번의 철시'를 이끌어내는 데 한몫했다. 자기 삶에 대한 열정을 공동체로 확장시킨 그녀 같은 이들이 있었기에, 망원시장이 거대 자본에 맞서 살아남을 수 있었으리라.

동시대를 살아가는 인생 후배로서, 세상을 바꾸는 그 커다란 열정에 박수를 보낸다. 황성연은 첫 인터뷰에서 말했다. "그러게, 진짜 내가 상인회고 시의원이고 나가면 잘할 텐데." 여성에게 주어진 위치를 넘어, 언젠가 연단 위에 서는 모습을 기대한다면 지나친 바람일까. 부디 건강 잘 챙기시기를, 그리하여 그 열정이 더 큰 빛을 볼 수 있기를.

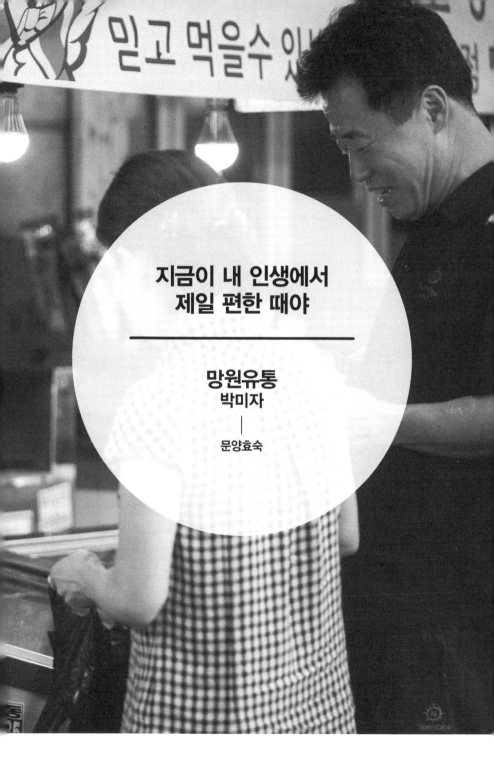

지금이 내 인생에서
제일 편한 때야

망원유통
박미자

|

문양효숙

장사의 역사

장사를 하게 된 건 언제부터인가요?

처음부터 망원시장에서 장사를 한 건 아니고, 이대입구에서 시작했어. 안 해본 게 없지. 노점도 하고 가게도 하고. 이대 앞에서 작은 식품가게를 했어. 슈퍼마켓 같은 거. 여기 온 지는 올해 22년째인 거 같아. 30대에 망원시장에 들어왔는데 벌써 50대 중반이 됐네. 그때는 여기가 시장은 아니었어. 시장이 슬슬 활성화되려고 했지. 장사를 하는 사람들이 약간 모여 있었어. 지금은 뭐, 시장이 어마어마하게 커졌어. 라인은 있었는데 장사가 막 잘되지는 않았고 거의 다 주택가였지. 빌라 짓고 그러면서 이렇게 된 거야.

이대에서는 무슨 장사 하셨어요?

신랑은 노점에서 옷 장사를 했고, 나는 작은 식품가게를 했지. 행거 30~40개씩 놓고 했는데 일주일에 한 번은 여기서(망원시장) 했어. 일요일이면 사거리 약국이 문을 닫았거든. 그때 구청에서 노점 철거를 했어. 이대 앞 노점을 한 곳도 안 남기고 싹 치워버리던 시기가 있었어. 견디지 못해 떠난 사람도 있고, 싸워서 장사 자리를 얻은 사람도 있었지. 우리는 그때 이쪽으로 옮겼어.

망원동에 처음 왔을 땐, 이런 정상적인 자리가 아니었어. 주택가 담벼락에 네 집이 붙어서 세를 주고 장사를 했어. 생선가게, 야채가게는 한 평씩 쓰고 우리만 옷가게니까 넓게 썼지. 그런데 여기도 구청에서 단속 나오면 허구한 날 천막도 찢고 옷도 다 가져가는 거야. 그쪽 입장에서 보면 우리가 도로에 물건을 펴놓은 것밖에 안 되니까. 이 시장에 그런 일이 엄청 많았어. 이런 일이 반복되니까 안정감이 없었어. 단속만 뜬다고 하면 신경이 날카로워지고 그랬지. 당시 일주일에 한두 번은 기본으로 단속이 떴어. 심했지.

담벼락에 붙어서 장사할 때 거기 창고식 반지하 가게가 있었는데 옷가게였어. 그 자리를 권리금을 주고 들어왔어. 당시로는 꽤 줬어. 들어올 때 주변 사람들이 다 멍청하다고 했다니까. 그런 데를 권리금 주고 들어 가냐고. 그런데 나는 일단 이대에서 장사를 해봤으니 권리금이 없을 수는 없고, 장사를 하게 되면 앞으로 어느 정도 키울 수 있겠구나 예상도 됐어. 그런데 또 우리가 장사하던 건물이 팔린 거야. 그래도 권리금 줬다는 이유로 우선순위권이 있었어. 지금 자리에 들어올 수 있었지. 코너 자리에. 옆을 쓸 수 있으니까 좋거든. 건물을 산 사람이 망원시장에서 장사를 했어서 장사하는 사람 마음을 알았어. 우리 가게는 8평이고 다른 가게는 10평이야. 대신 코너였어. 가운데 콕 박히는 거보단 좋았지.

건물을 새로 짓는 동안 쉬었어. 네 달인가 다섯 달을. 한 달 지출 나가는 건 똑같으니까 그땐 그냥 돈이 나갔지. 그래도 기다렸다가 가게를 얻어야 하는 입장이었으니까. 공사 끝나고 옷가게 시작한 게 30대 중반 넘어서인데 장사는 잘됐어. 그런데 IMF가 와버렸잖아. 사람들이 옷을 안 사는 거야. 먹는 건 먹는데, 옷에는 돈을 안 쓰는 거지. 그래서 생전 해보지 못한 닭을 해봐야겠다고 했어. 생닭. 여기 닭이 두 집이 있었는데 잘됐어. 근데 그때 두 집이 갑자기 없어진 거야. 주위에서는 옷만 만지던 사람이 그걸 할 수 있겠냐고 그랬지. 근데 나는 웬지 할 수 있을 거 같았어.

너무 서글픈 마음도 있었지. 자신 있기도 하지만 과연 될까란 불안감도 동시에 있고, 안 해본 일이기도 하고 옷이랑 닭은 느낌이 좀 다르잖아. 그렇게 서글프더라고. 그런데 내가 남들한테 힘든 내색하는 걸 제일 싫어하거든. 표현을 안 해. 그런다고 남들이 대신 해줄 수 있는 것도 아니잖아. 어차피 내가 헤쳐나가야 하니까. 하도 서글퍼하니까 우리 신랑이 닭 자르는 기계를 맞춰줬어. 당시 50만 원인가 60만 원 줬지. 갈비 자르는 식으로 닭을 자르는 거야. 근데 한번 무섭다는 생각이 드니까 그 기계를 못 쓰겠는 거야. 결국 한 번도 못 쓰고 고물로 팔았어. 내가 손으로 다 자르고 다듬고 했지. 닭 장사 하고 3일 되었을 때인가. 본사에서 나와서 몇 년 한 사람 같다는 거야. 칼 잡는 게 어렵진 않았어.

몇 년간은 정말 잘됐어. 하루에 몇백 마리 팔았으니까. 여름 복날 가까울 땐 하루에 몇천 마리도 팔았지. 그런데 그때 AI가 오기 시작했어. 처음에 왔을 땐 하루에 한 마리도 안 나갔어. 진짜 무서울 정도였지. 근데 그게 매년 오는 거야. 요새야 방송에서 끓여 먹으면 된다고 하니까 손님이 뚝 끊어지진 않지만, 그땐 정말 뚝 끊겼어. 그게 누구 잘못도 아니고, 어딜 탓할 수도 없었지. 사연이 참 많은데 남들한텐 어떻게 표현할 수가 없어.

그래서 다시 고민을 했어. AI가 아니라도 닭은 여름 장사야. 겨울엔 주춤해. 계절을 타지. 또 여기 사는 사람이 차츰 젊은 사람들로 변하고, 외식 문화가 되면서 집에서 뭔가 해 먹는 게 일반적이지 않게 된 거야. 그때 신랑이 전통과자를 해보라고 했어. 내가 전통과자를 누가 먹느냐고 그랬지. 한 2년을 망설였고 신랑도 내가 너무 싫다고 하니까 뭐라고 세게 말은 못했지. 나는 손을 안 대본 거라 자신도 없고, 전통과자란 게 과연 팔릴까 불안했어. 그런데 망리단길이 생기고 망원시장이 달라졌어. 3~4년 전부터 젊은 사람들 데이트 코스가 됐거든. 장을 보려는 주부들은 너무 붐비니까 잘 안 나와. 사람들한테 치인다고. 그러니까 닭도 덜 팔리는 거야. 옷가게, 양말가게 하는 사람들이 이제 다 먹는 걸로 업종을 바꾸지. 새로 들어와도 다 먹는 거야. 사실 시장으로서는 가게가 다양하게 있는 게 좋아. 먹거리만 있으면 길게 가지를 못해. 먹거리는 흐름이 있거든. 이것도 있고 저것도 있고 그런 게 좋지 너무 먹는 것만 있으면 좀 그래.

망원시장 처음 오셨을 때랑 비교하면 월세도 많이 올랐죠?

한 4배 오른 거 같아. 2년에 한 번 계약하는데 할 때마다 오르니까. 여기는 앞으로 더 오를 거야. 사람이 이렇게 많은데 내리기야 하겠어? 오르겠지. 엄청 부담이지. 일주일이 네 번 지나가면 내야 하니까. 장난 아니야. 장사가 되건 안 되건 그 돈이 나가는 거잖아. 우리가 160만 원이었는데, 며칠 전에 재계약하면서 200만 원으로 올랐어. 이 동네 작은 가게만 나와도 권리금이 1억이야. 망원시장에서 이 월세는 중간으로 봐야 해. 더 센 사람도 많아.

과자는 (장사가) 좀 괜찮은가요?

젊은 사람들이 많이 찾아오면서 괜찮았지. 그런데 또 과자는 여름엔 못 팔아. 누져져가지고(눅눅해져서). 그래서 5월 되면 닭을 다시 팔까 해. 겨울에는 과자가 낫고. 여름엔 닭이 낫지. 나도 살아야 하니까, 안 되는 걸 붙잡고 있을 순 없잖아. 반짝하더라도 과자를 하고. 올해는 과자를 많이 깔았는데 젊은 사람이 돌면서 딱 맞아떨어진 거지. 또 약간 옛날 걸 찾는 그런 분위기가 있잖아. 복고. 그러니까 많이 괜찮았지.

아유, 고민이 엄청 많아. 남들이 보면 장사가 굉장히 편할 것 같지만 신경 쓸 게 엄청 많아. 업종을 철따라 바꾸려고 하면 더 그렇지. 판매량도 보고 시장이나 문화가 어떻게 변하는지도 봐야 해. 시장에 있는 다른 닭집도 위기가 많았어. 다양하게 시도했는데 잘 안 됐고 지금 국밥을 해서 그나마 자리가 좀 잡힌 데도 있고, 닭강정을 하기도 하고. 닭강정은 나도 생각을 안 해본 건 아닌데, 하루 종일 기름솥에 붙어 있는 것도, 뒷정리도 보통 일이 아니야. 손목은 점점 아파오지. 그건 안 되겠더라고. 일을 줄이려고 과자를 선택했는데, 과자도 손이 많이 가. 그래서 나도 오후엔 알바를 한 명 쓰기 시작했어.

가게에서의 하루,
밥 한 끼 먹는 것도 화장실 가는 것도 편치가 않아

혼자 계실 땐 가게를 비울 수가 없잖아요. 식사는 어떻게 하세요?

나 혼자 먹자고 밥하고 반찬을 하게는 안 되니까, 시켜 먹기도 하는데 주로 대충 먹지. 아침 10시쯤 나오는데, 점심은 1시 정도에 먹고 간식 좀 먹었으면 저녁은 6시 반 정도에 먹어. 저녁엔 알바 언니가 있으니까 빵이나 분식 같은 거 같이 먹지. 내 가게라고 언니한테 지키라고 하고 나만 밥 먹으러 갈 수는 없잖아. 문 닫고 같이 가면 모를까. 그런데 그렇게는 못하니끼 분식 주문해서 먹고 그래. 혼자 있을 때 그냥 대충 먹지. 라면 끓여서 반 먹고 반은 버리고 할 때도 많고. 가게 하면 밥 먹는 게 정말 쉽지 않은 게 배고플 때 라면을 하나 끓이잖아. 그런데 한 젓가락 먹으려고 하면 손님이 와. 두 번 세 번 손님이 왔다 가면 딱 먹기 싫어. 그리고 손님 오기 전에 얼른 먹어야겠단 생각에 너무 빨리 먹는 거야. 맛을 느끼는 게 아니라 그냥 배만 채우는 거지. 간단히 때우지 뭐. 혼자니까. 나 먹자고 도시락 싸서 나오기도 좀 그래. 혼자 먹자고 뭔가 움직인다는 거 자체가 안 돼. 내 몸 생각하면 가게에 불도 있고 물이 있으니까 해 먹으면 되는데 그렇게 하기가 싫어. 혼자 먹자고.

화장실 가는 것도 힘들어. 가게를 비울 수가 없으니까. 엄청 급하

"닭은 여름 장사야, 계절을 타지."

게 달려갔다가 오는 거지. 처음에 여기 담벼락에서 장사할 땐 화장실을 못 가서 너무 힘들었어. 계속 참았지. 어느 날 새벽에 방광이 터질 거 같아서 화장실 갔는데 오줌이 안 나오는 거야. 남한테 치사한 소리 하는 거 정말 싫어하거든. 남의 화장실이지만 간다고 말을 하면 되는데, 미련하게 참았던 거야. 그렇게 아프고 나서는 말하고 화장실 쓰고 그랬어. 내가 힘들어봐서 그런가, 나는 지금도 누가 화장실 물어보면 무조건 쓰라고 해.

보통 아침 10시에 나온다고 하셨죠?

10시에 와서 과자 밖으로 다 내놓는 게 한 시간 정도 걸려. 그럼 11시. 본격적인 장사는 11시 정도. 저녁엔 9시에 정리 시작하면 10시에 문 닫지. 요즘은 늦게까지 사람이 많아.

닭 할 땐 몸이 힘들어서 편하자고 과자를 선택한 면도 있지. 근데 반제품 하면서 이게 더 심해졌어. 명절 땐 손님이 어마어마해. 그러니까 손끝이 저리고 너무 아프더라고. 병원을 다녀봐도 뾰족한 수는 없고 수술해야 한다는데, 하고 난 다음 쉬어야 하니까. 가게 맡아서 할 사람도 없고. 몸 아플 땐 가게 여는 게 너무 힘들어. 일단 가게 문을 열고 그냥 아픈 거야. 문을 닫고 있음 옆 가게도 피해야. 사람이 흘러가니까. 같이 열어놔야 좋지. 몇 년 전부터는 한 달에 두 번은 쉬는데 중간에 무슨 일이 있어서 쉬면 그 주는 못 쉬는 거야. 쉰다고 해도 이런저런 일이 많고. 쉬는 게 아니야. 다행히 건강 체질이라 내가 막 아픈 적은 없는데 올해는 힘들었어. 1월 1일부터 아팠거든. 그 와중에 엄마가 갑자기 아프셔서 병원 들어갔는데 돌아가셨지. 장사하면서 병원 다녀와서 울고 1월 내내 그랬어. 2월까지도. 장사를 하면서 그런 적이 없는데 한 달 가까이 화장을 못했어. 앉아서 찍어 바를 힘도 없더라고. 하루 열고 하루 닫고를 며칠 해봤어. 못 견뎌서. 집에 있으면 가게를 할 수 있을 거 같아. 그래서 열어. 도저히 못하겠어. 그래서 다시 닫아. 평생을 장사하면서 처음 그래본 거야. 병원 가서 링거 맞고. 1~2월 두 달은 너무너무 아프고 힘들었어. 평생 아플 걸 다 아픈 거 같았어. 거기다 엄마 장례도 있었고. 몇 달 동안 정신 못 차리게 아팠어. 병원에서 영양주사를 그렇게 많이 맞아본 것도 처음이고. 뭘 먹지를 못했어. 지금도 일을 조금 하면 바로 힘들어. 완전히 회복된 건 아니야.

바쁘니까 나이를 잊고 살았는데, 어느 순간 문득 '아, 내가 그런 나이가 됐구나' 확 느껴지면서 '얼마 안 있으면 60인데 60 넘어서도 장사를 해야 하나?' '언제 관둘까?' 이런 궁금함이 생겨. 사람이 살아가면서 이런 고민이 계속 반복되는 거야. 돈이 없어서가 아니라 이 나이에 장사를 그만두고 노는 것도 어중간하고. 나이 먹으면서 몸도 그렇게 가는 거야. 나는 생전 내가 이렇게 아플 거라고 생각 못했어. 건강한 편이었거든. 잔병치레도 없었고. 생리도 작년까지 했어. 그런데 생리가 없어지면서 몸의 변화가 확 오는 거야. 갑자기 아프더라고. (생리) 있는 거랑 없는 거랑 몸 상태가 하늘과 땅 차이더라고. 여자는 그렇더라고. 난 아직 갱년기나 우울증은 없는데 만약 그게 훅 와버리면 견디기 어렵겠구나 이런 생각이 들어. 그 전엔 나이 신경 하나도 안 쓰고 살았는데.

아들 둘 낳고 키우면서
장사를 하는데

아드님이 둘 있다고 하셨죠?

응. 큰아이가 스물여덟, 작은애가 스물여섯. 큰애는 그래도 회사를 잘 들어갔어. 학교 졸업하고 한 번에 취직을 잘했어. 너무 감사하지. 걔는 한시름 놨고. 홍대 캠퍼스랑 서울에 있는 전문대에 붙었는데 서울에 있는 학교 갔어. 서울에 있는 전문대도 세더라고. 큰아들이랑 가끔 술을 한잔 하는데 그때 선택을 참 잘했다는 생각이 들어. 집에서 다니면서 제대하고 졸업하자마자 삼성에 면접을 봤는데 한 번에 돼서 너무 잘 다녀. 직장생활을 잘해서 3년 만에 진급이 됐어. 작은아이는 회사 스타일은 아니라서 옷 장사 한다고 나름대로 열심히 하고. 애들 때문에 속 썩은 적은 없어.

아들 둘 키우면서 그러기 쉽지 않은데요.

그러니까. 내가 너무 엄격하게 키운 거야. 내 성질대로 키운 거지. 애들이 어렸을 때 과자를 안 먹여서 지금도 과자를 안 먹어. 과자를 먹으려면 쓰레기통을 가져다놓고 먹어야 했어. 가루 떨어지니까. 지금도 나는 집에 가면 덧신을 신어야 해. 발에 뭐 붙는 게 너무 싫거든. 애들 대여섯 살 때 해수욕장에 갔는데 모래를 안 밟는 거야. 모래 묻는 게 싫어서 한 3일을 속을 썩이면서 텐트 밖에 안 나오더라고. 그때 알았지. "애들은 이렇게 기르면 안 되는구나" 하고. 엄마가 해주는 음식이 아니면 잘 안 먹고 배달 음식 잘 안 먹어. 나는 지금도 내가 늦게 집에 들어갈 걸 생각해서 완벽하게 준비해놓고 나오거든.

내가 완벽하게 해서 그런지 우리 애들은 사춘기 때 말대꾸 한번 안 했어. 내가 언성을 높인 적은 있지만. 나한테 토를 다는 걸 용납을 안 했어. 엄마가 화가 나서 야단을 치면, 그땐 넘어가야지. 내가 한풀 누그러진 다음에 말하는 건 괜찮아. 손 갈 일이 없더라고. 중학교 때까진 매도 들었지. 큰애는 그런 일 없었고 작은애였어. 학원을 안 가고 놀러 간 거야. 완전히 혼났지. 그 이후로는 둘째도 큰 소리 나게 한 적이 없어. 엄마 아빠 성격을 알아서이기도 하고, 또 엄마 아빠가 열심히 사는 걸 보고 자라서 그런 것도 있겠지. 아침에 나가서 쉬지도 않고 성실하게 사는 걸 보니까. 일찍 철든 거 같아. 난 엄마 아빠 장사하니까 애들이 저러지, 그런 소리 듣는 게 싫었어. 완벽한 엄마가 된 거지. 애들한테도 엄하게 하고.

지들 먹을 걸 해놓으면 챙겨 먹고 뒤처리는 어떻게 하는지도 어려서부터 엄청나게 가르쳤지. 어떻게 데워놓고, 어떻게 가스 밸브를 잠그고, 먹은 건 어떻게 치우고, 생선을 먹으면 가시는 어떻게 해서 버려야 벌레가 안 생기고 그런 거. 지금도 닭이나 생선 먹으면 옆에 비닐을 놓고 먹자마자 딱 처리해. 안 그러면 난리 나. 청소나 빨래 같은 건 안 해도 돼. 그런 건 하나도 안 시켰어. 그런데 음식을 먹고 식탁 위에 정리를 안 한다거나 하는 꼴은 못 봐. 자기가 먹은 거에 대해선 책임을 져야지. 나는 싱크대는 완벽하게 정리하고 나와야 하거든. 그런데 1년에 한두 번은 힘들어서 손이 안 가는 거야. 술 엄청 마시고 그런 날. 그럼 저녁에 가보면 지들이 다 정리해놔.

어렸을 때도 절대 용돈 그냥 주는 법 없었어. 우리는 고등학생 때부터 알바를 안 하면 용돈을 안 줬어. 요즘에도 둘째는 일주일에 두세 번 아빠 가게 가서 일을 도와. 어렸을 땐 다른 데서도 했어. 아빠 가게 힘들다고 하더니 다른 데 일해보고 오더니 아빠 가게 일이 그렇게 편한 줄 몰랐다고 하더라고. 애들은 바깥으로 나가서 경험해보고 와야 해. 나는 엄마 아빠가 좀 가진 게 있다고 해서 애들한테 대충 살아도 되고 나중에 뭘 해줄 거고 그런 거 너무 싫어.

그럼 집안일은 혼자 다 하셔요?

난 남자들에게 뭘 시켜보질 않았어. 집이 5층이어서 가끔 애들한테 무거운 거 내려다놓는 거 정도 시켰어. 이제 다 컸으니까 자기 방 청소는 시키는데 맘에 안 드니까 애들 없을 때 완벽하게 해주지. 설거지도 빨래도 안 시켜. 습관이야. 그냥 왠지 남자애들이라. 우리 세대는 아마도 도와주는 남자 많지 않을 거야. 습관이 안 들었어. 주변에서 너 아들 결혼하면 며느리한테 욕 엄청 먹는다고 그러대. 아들이 "우리 엄마는 그렇게 안 했는데" 그런 말 하면 큰일이라고.

애들 키우면서 일하기 힘들지 않으셨어요?

우리가 막내 고모(시누이)를 데리고 살았거든. 내가 아이 낳았을 때 도와줬지, 학교 졸업하고 이러면서. 우리 막내 고모는 내가 중신해서 시집보냈어. 우리 고모가 4명이거든, 위로 둘, 아래로 둘. 막내 고모는 지금 쉰이 넘었지. 어제 같이 술 마시는데 "언니 나도 오십 넘었어" 그러더라. 나랑 6~7살 차이 나지. 지금도 오빠를 부모라고 생각해.

장사를 하면서 모유를 먹였어. 아주 갓난쟁이 때에는 애 보는 아줌마를 뒀는데, 아침에 데리러 왔다가 데려다주는 동네 이웃집 아줌마가 있었어. 때 되면 그분이 가게로 우유 먹이러 오는 거야. 내가 딱 그거 하나만 원했어. 그땐 가게도 집도 이대 쪽이었거든. 그걸 세 살 때까지 했지. 이유식 시작하고 유모차에 타고 있을 정도 되었을 땐 내가 데리고 다녔어. 지지고 볶아도 내가 하는 게 편하니까. 옆 가게 이웃들이 같이 봐줬지. 참 바빠 살았던 거 같아. 그때는 눈코뜰새도 없었어. 놀러 가고 그런 건 생각도 못했고, 오로지 내 식구 밥해주고 일하러 나가고 그런 거지. 애들이 어렸을 땐 뭔가, 그냥 거기 젖어서 살았던 거 같아.

육아에 집안일에 가게까지, 진짜 정신이 없었겠어요.

내가 어떻게 살았냐면…… 우리 집이 1년에 제사가 열 번이야. 시부모님에서 시증조할아버지 할머니까지 지냈거든. 1년에 여덟 번에 추석이랑 설 명절 두 번. 요새 사람들은 간편하게 지내기도 하던데, 우리는 그렇게 안 해. 기제사(돌아가신 날 지내는 제사) 때는 고모들이 시댁에 안 가니까 우리 집에 오잖아. 그럼 꼭 11시 50분이 되어야 시작해. 12시가 넘어야 해. 고모나 고모부들은 다음 날 출근도 해야 하잖아. 그러니까 좀 빨리 지내자고도 하는데, 우리는 그게 안 돼. 제사 끝나는 시간이 12시가 넘었어. 제사 지내고 먹고 나면 보통 새벽 2시, 나는 치우고 나면 3시.

명절엔 또 시장이 엄청 바빠. 밤 늦게 일이 끝나잖아. 그러면 나는 그때부터 제사 음식을 장만하기 시작해. 그리고 새벽에 제사를 지내. 어느 날은 제사상을 물려놓고 식구가 다 곯아떨어져. 지금까지 그랬어. 진짜 일 많이 했어, 나. 처음 결혼해서는 둘이 지냈어. 고모들도 명절엔 시댁에 가니까. 그런데 둘이 한다고 해도 할 걸 안 할 수는 없잖아. 기본은 다 해야지. 친구들이 제사 음식은 사다가 쓰라고도 하는데 내가 싫어. 사버릇을 안 해서 그런가, 평생 버릇이 들어서 그런가. 사서 제사를 하는 게 마음이 불편해. 지금까지 나물 하나 사서 쓴 적이 없어. 다 했어. 조상한테 올리는 건데 그렇게 하면 굉장히 미안해. 나 자신이 용납이 안 됐어. 큰고모가 올케 이렇게 힘들게 몇십 년을 했는데 이제 어머니 아버지 제사랑 추석 설 명절만 하자고 해서 안 지낸 지 3년째야. 나는 고모들이 부엌에 왔다 갔다 하는 걸 싫어해. 설거지 하는 것도 싫고. 그래서 절대 안 시켜. 내가 할 일이다 싶어. 그냥 와서 먹고 가는 게 좋지. 진짜 완벽주의야. 내 몸을 내가 혹사시키는 기지.

내가 시장(상인회) 일을 10년 한 거 같아. 시장에 큰일이 있으면, 예를 들어 야유회 같은 게 있으면, 그 전날까지 굉장히 긴장돼. 백인 분 넘는 음식을 다 해야 하니까. 먹어도 자꾸 체하고. 나는 뭘 하든 확실하게 하고 싶고 그런 게 있어. 집안일도 완벽해야 하고, 가게 일도 완벽해야 하고, 상인회 일도 완벽해야 하고. 친구관계에서도 욕 먹는 게 싫고. 그러니까 내가 힘들지. 아는데도 그게 안 되더라고. 생각해보면, 내가 나를 들들 볶았구나 싶은데, 여유가 없기도 했어. 나는 몸에 뭐가 배어 있냐면, 이렇게 가만히 앉아 있으면 불안해. 몸을 계속 움직여야 맘이 편해. 이렇게 앉아 있는 자체가 불안해. 일하는 게 훨씬 즐거웠다니까. 근데 이제 나이를 먹어서 몸이 좀 아프니까, 아차 싶은 생각이 드는 거지. 나이 먹는다는 게, 아프면 나만 손해잖아.

우리 부부
평생 정말 열심히 살았어

결혼은 언제 하셨어요?

우린 살다가 결혼했어. 스물네 살엔가에 살기 시작했어. 신랑을 만날 때에는 어머님이 계셨는데 인사를 못 드리고 돌아가셨지. 시누이가 4명이었어. 위로 둘, 나랑 동갑 하나, 아래로 하나. 신랑이 5대 독자야, 하하하. 당시 막내 시누이가 고등학생이었는데, 내가 도시락을 싸서 학교를 보냈어. 어느 시기가 되니까 고모들이 결혼을 해야 하는 거야. 그러니까 오빠가 먼저 해야 하잖아. 우리가 3월에 하고 우리 셋째를 11월인가 12월에 시집보낸 거 같아. 결혼식은…… 정확하게는 잘 모르겠는데…… 한 2년 살았으니까 26~27살 때 아니었나. 스물아홉 살인가 서른 살까지 아이가 없었어. 안 생긴 건 아니고 아이를 2명 잃었지. 이대 앞에서 장사할 때 힘들어서. 그땐 몸이 가냘팠거든. 첫 아이를 엄청 어렵게 낳은 거지. 좋다는 건 다 먹고 좋다는 데 다 쫓아다니고. 독자 집안이 그렇잖아. 부모는 안 계셨어도 그쪽으로 외삼촌, 시이모님들 계시니까 명절에 가면 한 소리씩들 하시는 거야.

아휴, 엄청 싫었겠어요.

너무 싫은 거야. "너는 5대 독자 집에 시집을 와서는……" 막 이런 말. 그런데 또 우리 신랑 있을 때는 안 하고 부엌에서 일할 때 그러지. "넌 애 언제 갖니?" 말하는 거 자체가 너무 싫었어. 어른들이라 어떻게 내색도 못했지.

그런데 두 분 어떻게 만나셨어요?

첫 직장생활 할 때. 공장 다닐 때 만났지. 중학교 졸업하고 집에 잠깐 있다가 열여덟 살에 친구랑 서울에 왔어. 동네에 아는 이웃 아저씨가 있었는데, 자기 매형이 서울에서 칫솔 만드는 공장을 한다고 우리보고 거기서 일해보라는 거야. 그래서 같이 올라왔어. 20~30명 정도 되는 규모였는데 언니들이 대부분이었어. 우리보다 어린 애들도 있었고. 한 14살쯤 되는 애들도 있었어. 언니랑 같이 일했지. 처음 한 열흘은 집에 간다면서 매일 울었어. 우리를 데리고 온 동네 아저씨가 부모처럼 챙겨줬어. 야근이 많았지. 엄청났어. 야근 시키고 맨날 국수만 끓여줬던 기억이 나. 회사는 고척동에 있었는데 괜찮았어. 잘해줬고. 다들 오래 일했어. 10년 넘게 일한 언니들도 있었어. 한집안 식구처럼 해줬지. 직장생활 하면서 우리 집 전자 제품은 내가 다 사준 거같아. 쿠커, TV…… '맏이'라는 게 분명히 있어. 또 나는 맏이라서 좀그런 게 있지. 맏이는 맏이야. 죽을 때까지 맏이는 맏이야. 아무리 아니라고 해도 변명의 여지가 없어. 거기 오래 있었어. 한 5년. 나는 성격상 어디 옮기는 걸 안 해. 난 사람도 개가 나쁜 짓을 안 하면 끝까지 가. 나는 남 일을 많이 안 해봤어. 객지생활을 세 군데에서 했는데, 가는 곳마다 사람들이 다 좋았어. 인복이 있는 편이었지. 우리 신랑도 그 공장 기사였어. 기계 고장 나면 고쳐주는 기사. 내가 그 회사에 한 5년 있다가 나와서 가리봉에도 잠깐 있었는데 신랑이 자기가 공장을 차렸다고, 와서 일을 좀 도와달라고 했어. 거기도 칫솔 만드는 데였지. 거기 가서 일하면서 사귀게 된 거야.

열심히 했는데, 수금이 잘 안 됐어. 일하는 사람들 월급은 나가야 하는데, 어려운 거지. 그때 우리 신랑 둘째 고모가 신촌 기차역 쪽에서 슈퍼를 하고 있었는데 이대 정문 앞에 자리 좋은 게 있으니까 공장 정리하고 와라 그랬지. 그래서 스물다섯 살 때쯤엔가, 거기로 같이 가면서 자연스럽게 같이 살기 시작했어. 그때 정리하면서 수금을 하나도 못했어. 공장을 계속해야 돈을 받는데, 털고 나왔으니까. 내가 그 수금 못한 두꺼운 장부를 한 10년을 가지고 있었네. 우리가 일을 진짜 열심히 했거든. 그런데 하나도 못 받았지. 다 털고 나왔으니까 우리가 돈이 없잖아. 그래서 우리를 부른 둘째 고모가 돈을 좀 해줬어. "열심히 일해서 갚아라" 하면서.

그런데 워낙 아무 기반도 없이 시작해서 쉽지 않았어. 이대 앞에서 장사할 때, 평생 처음 일수를 다 써봤네. 슈퍼에 물건을 채워야 하는데 당장 돈이 없으면 안 되잖아. 백만 원짜리를 세 번 써봤어. 백만 원을 빌리면 하루에 1만2000원을 찍는 거야. 원금 1만 원에 이자 2000원. 그럼 100일이면 120만 원이니까 이율이 한 20퍼센트 되는 거지. 지금은 어떤지 모르겠는데 아마 비슷할걸. 당시에 일수 쓰는 사람이 꽤 많았어. 지금도 생각보다 많아. 그러고는 남의 돈을 써본 적이 없어. 할부도 안 해. 우리는 지금도 뭘 살 때 할부를 몰라. 할

부로 사면 큰일 나는 줄 알아. 남 줄 돈이 남아 있으면 맘이 불편하고 불안해.

집 마련한 게 10년 전이야. 마흔일곱 살 때. 그때 내 인생 처음으로 대출을 받았지. 곗돈이 터졌거든. 돈을 못 받았어. 내 인생 처음이자 마지막 대출을 받았지. 엄청 고민했어. 그런데 가게 바로 옆 빌라라 위치도 너무 맘에 들었어. 이대에서 망원동까지 왔다 갔다 하는 것도 힘들고 해서 샀어. 대출 다 갚는 데 4년 정도 걸린 거 같아. 우리는 둘이 놀지도 않고 진짜 열심히 살았는데 공장 수금도 그렇고 돈 날린 게 너무 많은 거야. 완전히 제로에서 시작해서 집을 산 거라 기분이 좋았어.

사람들이 보통 자기 집이 생기면 비로소 어떤 안정감을 느낀다고 하잖아요. 그런데 하기 싫은 대출을 받으셔서 그렇진 않았겠어요.

그렇지. 나는 '틀'이 없어서 그 틀을 만드느라고 애쓴 거 같아. 그 틀이 생겼다고 느낀 건 집이 생겼을 때가 아니었던 거 같아. 언제였냐면, 제사를 처음엔 신랑이랑 나랑 둘이 지냈거든. 고모들도 시댁에 가고 없을 때. 나는 술 따르고 신랑은 제사를 지내고. 둘이 지내는데 그래도 할 건 다 했지. 그러다가 아이들이 좀 자라서 어느 순간 술 따르는 걸 배웠어. 신랑이랑 애들이랑 3명이 제사 지내고 나는 밖에 있고 그랬는데, 그때 '아, 우리도 틀이 생겼구나' 느꼈지. 또 독자 집안에서 아들을 낳았다는 게 나도 든든하잖아. 돈이 없어서 그렇지 어느 정도 틀은 만들어진 거 같았어.

장사는 계속 따로 하신 거예요?

아니야. 우리가 여기(망원동) 이사 왔을 땐 같이 했지. 닭을 하고 있었어. 신랑이 아침에 문을 열고 내가 1시쯤 나왔지. 그런데 우리 둘다 그게 안 맞는 거야. 신랑이 아무리 잘해놔도 디스플레이도 맘에 안 들고. 아니다 싶어서 장사를 따로 해야겠다고 생각했지. 그때 신랑도 그랬는지, 용문시장에 기가 막힌 가게가 나왔다면서 나한테 허락을 받으려고 엄청 그랬어. 한 달 반을 맥주 사서 한강에 갔다니까. 자기가 거기엘 가야겠다고. 같이 가봤더니 약국 자리야. 자리는 좋아. 두부랑 참기름, 반찬을 팔았는데 다행히 가게가 잘됐어. 빚도 금방 다 갚고. 신랑 꿈이 할리 데이비슨, 그거 타는 거였어. 총각 때부터 오토바이를 탔거든. 내가 남 줄 돈이 10원도 없으면 사준다고 했지. 집 대출금이랑 가게 빚 싹 갚고 4000에 그걸 샀어. 나도 그거 타고 강원도 놀러 가고 그랬어.

우린 뭐 살 때 절반씩 내거든. 집안 생활비는 내가 전부 하지만, 차 같이 큰 거 살 때. 우린 서로 얼마를 버는지도 몰라. 내 통장은 내 통장, 신랑 통장은 신랑 통장. 저녁에 술을 마셔도 어제 내가 샀으면 오늘은 신랑이 사야 해. 신랑은 자기 수입을 자기가 관리해. 나는 묻지 않아서 몰라. 근데 그쪽 가게 시작할 때 들어간 돈이 있으니까, 그건 얼만지 알거든. 큰 규모 들어가고 나가는 건 알지. 오늘 얼마를 팔았니 이런 건 안 물어. 주변 사람들은 이해를 못하지. 근데 장사를 하면 신경 쓸 시간도 없어. 그리고 돈을 막 허투루 쓰고 다니는 사람이 아니야. 그런 사람이면 신경이 쓰일 텐데 아니니까, 알아서 하겠거니 하지.

안정적이고 신뢰가 깊은 관계인 것 같아요. 힘든 일 많았을 텐데, 그래도 결혼 잘했다고 생각하셔요?

사람으로 보면 참 잘한 거 같은데, 현실적으로 생각하면 '뭐라도 좀 있는 사람이랑 시작했으면 지금 훨씬 안정적일 텐데' 하는 아쉬움은 있지. 예전에는 돈 없어도 맘이 편한 사람이 좋을 거라고 생각했거든. 물론 내가 장사를 했으니 돈 때문에 많이 아쉽진 않았는데…… 그래도 부모가 조금만 밑바탕을 도와줬으면 지금보다는 훨씬 낫게 살 거라는 생각은 해. 2000 정도만 있으면 이대에서 가게를 얻을 수 있었거든.

사람은 말할 수 없이 맘에 들어. 큰일에 끊고 맺는 게 확실해. 내가 지갑을 잘 잃어버리거든. 망원에서 옷 장사 할 때, 현금이 들어 있는 가방을 잃어버린 적이 있거든. 없어졌어. 누가 가져간 거지. 당시 내가 동네 곗돈을 매일 받고 있어서 많이 들어 있었거든. 신랑한테는 400~500이라고 했는데 700~800 됐어. 내가 얼굴이 흙빛이 되어 있으니까 신랑이 왜 그러냐고 해서 지갑 잃어버렸다고 했더니, "어차피 잃어버린 거니까 잊어버리고 소주 한잔 하러 가자"고 했어. 고모들 생일이나 모임 있을 때, 내가 못 갈 때도 있잖아. 신랑이 중간에서 "오늘 나만 갈 거고, 승준 엄마는 장사를 해서 못 가니까 기대하지마라" 이렇게 딱 잘라. 워낙 말이 많은 사람이 아니야. 내가 좋아하는 가수가 죽던 날, 소주 한잔 하러 가자고 한 사람이야. 처제들도 형부 멋지다고 말해.

우리 엄마 아빠가
효부상을 받았어

어렸을 때 얘기 좀 해주세요. 고향은 어디에요?

남편은 고향이 충청도 제천, 나는 충북 음성 맹동면. 시골이었어. 엄마는 계속 거기 사셨지. 나는 중학교 졸업할 때까지 살았고. 내가 2남2녀에 장녀야. 우리 할머니랑 살았는데, 연거푸 딸을 낳아놓으니까, 무슨 속옷을 입으면 아들 낳는다더라, 닭 뭐를 먹으면 낳는다더라, 이랬던 기억은 있어. 그땐 당연한 걸로 받아들였는데, 내가 결혼해서 아이가 잘 안 생기니까 그런 생각 들더라고. 엄마도 우리 둘 낳아놓고 서러웠겠다. 우리 집이 종갓집이었거든. 제사가 1년에 열 번이 넘었어. 증조할머니 할아버지까지 다 지냈지. 그걸 보고 자라서 그런지 결혼하고 나서도 제사가 많다는 생각 안 들었어. 우리 엄마는 힘든 내색을 하는 사람이 아니었거든. 그런데 내가 신랑 데리고 갔을 때 엄마가 "가진 거 없는 사람은 괜찮은데 제사가 그렇게 많아서 어떻게 하려고 하나?"고 싫어하더라고. 친구들한테 시댁 제사 말하면 다들 환장을 하더라고. 나는 제사 때 거의 밤을 새웠는데. 그냥 내 할 도리라고 생각했어. 내가 도리라는 거에 신경을 많이 쓰는 사람이고.

깔끔 떠는 건 고모한테도 많이 배운 거 같아. 어렸을 적 방학 때마다 고모한테 놀러 가고 그랬는데 고모가 지금 나처럼 그랬어. 정확해야 하고, 반찬을 놔도 여자들끼리 있을 땐 대충 하지만 남자들 있고 손님들 있으면 예쁘게 놓고. 다만 열흘을 가서 있어도 엄청 가르쳤어. 시골에서 중학교 졸업하고 있을 때, 나는 이불도 뜯어서 빨고 그랬어. 가마솥도 엄청 씻어야 빛이 났거든. 당시에도 집을 깔끔하게 하는 게 좋았어.

엄마 아빠한테 배운 것도 크지. 객지생활 하면서 참 대단한 거구나 느끼는 게, 우리 엄마 아빠가 군에서 주는 효부상을 탔었어. 우리 할머니가 다리 한쪽이 없으셨는데, 저녁이면 엄마가 할머니를 업고 마실을 다녀오게 하셨어. 지팡이로도 다니시는데 겨울이면 넘어지니까 어디 가신다고 하면 업고 갔어. 시골에 휠체어가 없었으니까. 내가 엄마 아빠 때문에 행동을 막 하기 어려운 면이 있었어. 시골에서 욕먹을 짓을 하면 엄마 아빠 욕을 먹인다고 생각했어. 동생들도 좀 그랬지. 나는 사람의 도리를 제일 중요하게 생각해. 윗사람 아랫사람 챙길 줄 알아야 해. 돈보다 그게 우선이야. 우리 엄마 아빠가 그걸 가르쳐주셨지. 엄마는 화를 잘 내지 않지만 한번 내면 무서웠어. 우리 아빠는 한도 끝도 없이 순하고 착하고 그런 사람이었어. 우리 학교 가려고 이불 속에 있으면 동네 사람들이 아침부터 모여서 술 마셨어. 엄마는 더 웃긴 게 전날 저녁에 술 많이 마셨다고 막 싸워. 근데 다음 날 보면 화롯불에 안주가 놓여 있고 술이 있어. 사람 좋아했지. 엄마가 나랑 똑같아. 정확하고, 남 퍼주는 거 좋아하고. 노인네들 그냥 못 보내고 그랬어. 아버지도 그랬어. 우리가 농사를 많이 짓지 않았거든. 벼를 찌러 가면 몇 가마 나온다는 거 알잖아. 그런데 몇 말이 안 와. 아버지가 동네 어려운 사람들 가져다준 거야. 나도 남들 퍼주고 이런 거 좋아하니 진짜 태생이란 게 있는 거 같아. 우리 형제들 다 그래. 사람 만나는 거 좋아하고.

생각해보면, 사랑을 많이 받고 자랐어. 시골에서 집이 부자는 아니었어도 한 번도 밥을 굶거나 그런 적은 없고. 대신 엄마 아빠가 일을 많이 하셨지. 남 일을 엄청 다녔어, 엄마가. 손이 가만있으면 안 되는 사람이었지. 일을 잘하기도 하고. 그래서 우리가 배 곯고 살진 않은 것 같아. 동생들도 속 한번 썩인 적이 없어. 내가 일찍 집에서 나와 살았고 애들은 거기서 고등학교까지 나왔어.

뭔가를 부지런히 해야
마음이 편해

나는 뭘 만들어서 맛없으면 아무도 안 줘. 하지만 맛있으면 다 나눠 줘. 일주일에 한두 번은 꼭 김치를 담가. 평생 그렇게 살았어. 그렇게 해야 내가 맘이 편해. 주변 동생들이 "저 언니는 손을 가만히 놔두면 불안하다"고 그래. 아무 생각 없이 이렇게 가만히 있잖아? 그럼 뭔가 불안해. 왔다 갔다 하고 움직여야 불안하질 않지. 너무 편안하면 불안해. 지금까지 자꾸 뭔가를 찾아서 하려고 해. 나이 먹으니까 장사를 몇 살까지 할까 생각하잖아. 그런데 일 안 하면 갑자기 막 아플 거 같아. 지금도 불안감이 있어. 아무것도 안 하면 병이 올 것 같아.

물론 확 그만둬버릴까 싶을 때도 가끔 있어. 요즘은 해외여행 많이 가잖아. 그럼 열흘씩 빼야 하는데, 가게를 어떻게 열흘씩 닫겠어. 그럴 때 그만둘까 싶지. 해외여행을 가본 적이 없어. 그 아쉬움이 약간 있어. 지금 친구들 보면, 몇 나라는 다녀오는 게 기본이거든. 그런데 우리는 우리 신랑이랑 나랑 두 가게가 동시에 닫아야 하잖아. 엄청나게 깨지거든. 또 시장이란 데가 옆집도 영향을 받으니까 내 맘대로 닫기가 좀 그래. 되도록 안 닫으려고 하지. 해외여행을 올해 4월에 처

음 다녀왔어. 4일이나 닫고. 시장에서 한 달에 5만 원씩 곗돈을 부었
거든. 9명이 갔는데 재미있었어. 진짜 큰맘 먹고 나흘 닫은 거지.

장사하면 사람을 계속 대해야 하잖아요. 성격에 잘 맞아요?

잘 안 맞아. 내가 사람들 퍼주는 걸 좋아하긴 하지만 경우에 맞지
않는 행동은 진짜 싫어하거든. 그런데 이게 먹는 거잖아. 그냥 집어
서 가는 사람이 있어. 내가 안 보면 그냥 막 집어넣고. 너무 싫어. 나
는 바로 얘기해. 그걸 참아야 하는데 나는 안 그래. "그건 파는 거고
먹는 건 여기 따로 있잖아요" 이렇게. 지금은 성격이 죽은 건데도 경
우에 안 맞는 일은 참을 수가 없어. 성질 낼 일이 많지는 않아. 도리
에만 맞게 행동하면. 요즘은 웬만하면 안 그러는데 옛날엔 손님들하
고도 많이 부딪쳤어.

나는 장사하면서 참는 걸 배운 거 같아. 내 성격대로 다 할 순 없잖
아. 내공이 많이 생겼지. 처음에 장사하면서 정말 힘들었어. 왜냐하면
내가 해본 일도 아니고, 사람한테 맞춰줘야 하니까. 이젠 사람들도
파악되고 내 나이도 이 정도 되고, 뭔가 편안해. 나는 내 현실에 맞춰
서 살아가는 사람이지. 없으면 안 쓰고 있으면 맛있는 거 해 먹고 남
한테도 베풀고 그런 사람이지. 나한테 있는 만큼만 생각하니까 편한
거지. 넘치게 뭘 해야지 하면 머리 아프잖아. 난 있는 만큼만 생각하
고 살아.

신랑이 집 대출 다 갚고 오토바이 살 때도, 나는 특별히 사고 싶은
게 없었어. 뭘 원했으면 그걸 샀겠지. 그런데 그런 게 없어. 저 사람이
뭘 샀으니까 나도 뭘 하나 사야지 그런 게 아니라. 남편이고, 열심히

살았으니까, 저 정도는 해줘도 되지 않겠나 싶었어. 신랑의 만족을 내가 더 편안하게 생각하는 거 같아. 나는 그냥 이렇게 평범하게 가는 게 좋아.

생각해보면 나는 지금이 최고로 편해. 내가 뭘 안 했다고 뭐라고 하는 사람도 없고. 지금이 내 생애 최고 편안한 때인 거 같아. 안정화된 게 느껴져. 돈은 없지만, 밥 먹을 정도는 되고. 한 7년 전부터는 내 나이에 밥 먹으면 나갈 데 있다는 게 그렇게 좋았어. 내 친구들이 나이 먹으면서 "내가 지금 나가서 뭐하겠어?" 그랬거든. 내 가게가 있고, 놀고 싶으면 놀고, 이런 공간이 있다는 게 좋은 거 같아. 40대에는 "내가 장사는 왜 하나. 여기서 뭐하는 건가?" 그런 생각으로 한참 힘든 적도 있었어. 애들이 다 크고 집안이 편안해지니까, '아, 지금이 참 좋다' 이런 생각을 많이 해.

후기

동네에서 작은 책방을 연 지 1년이 조금 넘었다. 비록 다른 일을 더 많이 하고 일주일에 많아야 4일을 열지만, 고작해야 하루 5시간 정도 의 짧은 시간이더라도 '장사하는 삶'에 대한 생각이 많아졌다. 공간 을 지켜야 하고 내가 알지 못하는 익명의 사람들에게 그 공간이 오픈 되어 있는 것, 재화를 팔아 이윤을 남기는 것, 모든 것이 참으로 쉽지 않다는 걸 온몸으로 깨달았다. 내가 어떤 사람이며 내 한계가 무엇인 지 깊이 깨닫는 시간이었다.

"성실하고 부지런하다."

박미자 사장뿐 아니라 시장에서 상인들의 삶을 볼 때, 이 말이 현 실에 실체화되어 있는 듯했다. 하루 10시간 넘는, 삶의 대부분의 시 간 동안 한 공간을 지키고, 손님들을 기다리고 맞이하며 물건을 파는 모든 일이 몸의 부지런함과 근원적인 성실함 없이는 불가능하니 말 이다.

박미자 사장과의 인터뷰 장소는 가게였다. 오전에 장사 준비를 마 친 뒤 조금 여유가 있는 12시에서 3시 사이에 만났다. 가게에서의 인 터뷰가 혹시 산만해지지 않을까 염려했지만, 워낙에 이야기를 산만 하게 하는 스타일이 아니었다. 사장님이 과자를 진열한 가게 바깥을 향해서 앉고 나는 사장님을 보고 앉았다. 집중해서 이야기를 하다가 도 손님이 오면 바로 일어났다. 그러면 나는 가게 안에서 사장님이 장사하는 모습을 지켜봤다. 젊은 사람이 많았고 달달한 추억의 간식 거리를 찾는 동네 할머니들도 계셨다. 젊은 남자 손님이 "많이 주시 면 두 종류 사고 아니면 그냥 한 종류만 살게요"라고 살짝 에누리를 할라치면, "나 그런 거 싫어해요"라며 단칼에 잘랐다.

　꼿꼿하고 당당하고 빈틈이 없는 사람이었다. 자신이 '도리'를 지키는 만큼, 다른 이들도 그 선을 잘 지키기를 바랐다. 원칙적이기는 하지만, 부드럽고 품이 넓어서 '여장부'라는 말이 잘 어울렸다. 박미장 사장은 자신에게 주어진 삶에 대해 누굴 탓하는 법이 별로 없었다. 기꺼이 수용하고, 충실하게 그것을 헤쳐나갔다. 굳건한 나무 같은 사람이었다. 1년에 제사 열 번, 시누이 4명, 그리고 아들 둘과 가게 일까지. 객관적으로 나열하면 "아이고" 소리가 나올 법하지만, 정작 본인은 "그렇게 힘들지 않았다"고 말했다. "내가 그렇게 살았다니까"라고 하는 목소리마저 담담했다.

　올해, 친정어머니를 보내드렸고 몸이 많이 아팠다 했다. 아마도 전환점을 돌아 후반부 인생으로 들어가는 생의 중요한 주기를 맞이한 것이리라. 새로운 주기는 맏딸로, 며느리로, 아내로, 엄마로 '해야만 했던 것들'에서 조금 자유로워지고 자신을 돌보는 시간일지도 모르겠다. 이 변화의 시간도 그는 기꺼이 소화할 수 있을 듯했다. "지금이 최고로 편안하다"고 했다.

　"40대엔 내가 여기서 뭐 하고 있나 이런 생각도 많이 했어. 그런데 지금은 좋아. 내가 뭘 안 했다고 뭐라고 할 사람도 없고. 아주 편안해."

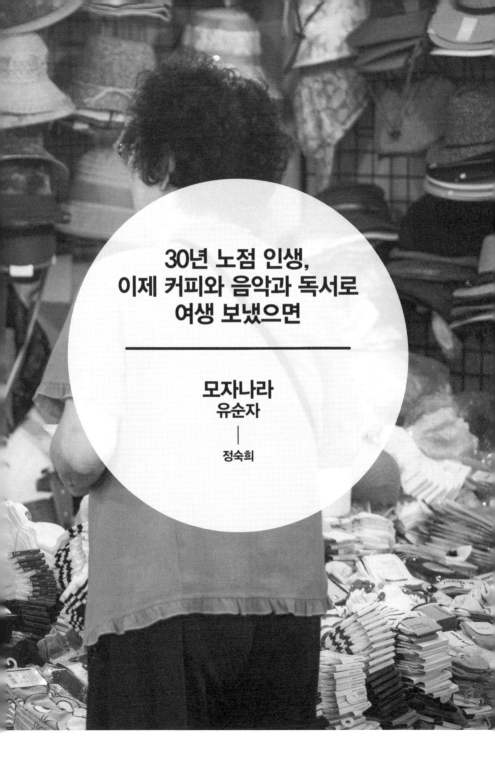

30년 노점 인생,
이제 커피와 음악과 독서로
여생 보냈으면

_____

모자나라
유순자

—

정숙희

신도시 개발에서 '밀려난'
일산 원주민

나는 태어나기는 1950년, 전쟁 막 끝났을 때고, 호랑이띠야. 주민등록으로는 1951년 토끼띠. 원래 나이로 예순여덟. 그때는 호적상으로는 한 살 늦춰서 하잖아. 전쟁통이라 출생신고를 늦게 했겠지. 6남매였어. 나는 끝에서 두 번째. 위로 전부 오빠고 딸로는 내가 제일 크고, 밑에 여동생, 큰오빠가 부모님 모시고 살았고. 원래는 한 10명인가 11명인가 낳았다는데 새(중간중간)에 죽고 6남매가 남았대. 그때는 낳기도 많이 낳고, 죽기도 많이 죽고 그랬지. 나는 아래이기 때문에 우리 할머니 할아버지도 몰라. 나 태어나기 전에 돌아가셨나 잘 모르겠어.

고향은 일산이야. 경기도 일산. 지금 백석동 백석마을. 열병합 발전소 있던 자리. 나 태어날 때는 거기가 다 벌판이었지. 논도 있고 밭도 있고 그랬어. 우리 집도 농사지었고. 아버지, 큰오빠, 둘째 오빠 다 농사지었어. 벼농사, 밭농사. 힘들었지. 밭 매고 옛날엔 타작도 손으로 했잖아. 발틀로. 지금은 논바닥에서 그냥 기계로 하지만 옛날에는 베어서 싣고 집에 갖고 와서 털고 그랬어. 오빠들이 많이 힘들었지. 거기(일산)가 신도시 되면서 타향 사람들이 많이 왔어. 진짜 있던 사람은 떠나고. 내가 초등학교 때까지 거기서 살았는데 신도시 들어오면서(1989년경) 떠났지. 나는 시집오고 친정 식구들은 다 근처로 이동했어.* 우리 집은 곡산역이라고 거기서 내려서 더 들어갔어. 거기(곡산) 다음이 백마. 우리 떠나고 거기가 난리 났지. 결혼해서 살기 바빠서 가보지는 못했어. 인제는 엄마 아빠 안 계시니까 더 그렇지. 친정 엄마는 아흔여덟에 돌아가셨어. 고향이 없어진 거야. 그 자리는 아파트가 들어섰어. 흰돌마을. 거기 바로 밑이 바로 우리 친정집이었지. 그때 당시 보상금은 뭐 얼마 나왔나. 친정 오빠들이 받았지. 그때 4억인가? 그때야 그것도 컸지만 나야 뭐 있나. 우리(딸들)한테 돌아온 거는 없지. 여자야 뭘 줘. 나는 내가 벌어서 시집갔지.

*

일산 신도시 원주민의 이동: 구술자의 고향은 지금의 대곡역에서 조금 안쪽으로 들어간 동네. 영화 〈초록물고기〉의 배경이다. 주인공 막동이의 고향집이 있는 곳이다. 1989년 당시 고향집에서 밀려나면서 받은 농지 보상가는 평당 8만9000원이었다. 그 자리에 지어질 신도시 아파트에 입주하려면 평당 600만 원을 내야 했다. 터무니없는 차이다. 원주민들은 절대로 재입주기 불가한 현실이었다. 자족도시를 만든다는 목적으로 각종 공공시설과 기관을 배치한다는 계획이었으나 그곳을 떠날 수밖에 없었던 원주민에게는 해당되지 않았다. 일산신도시 개발 결과로 주변 지역 화정, 능곡, 본일산은 상대적으로 쇠퇴했다. 그곳은 원주민들이 일산을 떠나 정착하게 된 가장 가까운 곳이었다. 신도시 건설을 위해 고향집을 내놓고 옮겨온 곳이, 신도시 때문에 더욱 쇠락하게 된 것이다. 개발에 반대해 원주민 4명이 목숨을 끊었던 가슴 아픈 역사도 있다. 원주민을 몰아내는 비참한 개발, 이 땅을 지키며 살아왔던 이들을 고려하지 않은 뿌리 없는 개발이라는 수식어도 붙었다. 원주민을 내쫓고 허허벌판이던 일산은 1992년에 완공, 입주를 시작해 2017년 현재 인구 100만에 59층 주상복합건물이 들어선 도시가 되었다.

이대 앞 양장점 시다 해서
결혼 자금

난 양재를 했어. 이대입구에서. 그거 해서 돈 좀 벌다가 시집갔지. 그러니까 중학교 졸업하고 양재 배우려고 동네 친구랑 같이 올라왔어. 그땐 서대문에 '노라노 양재학원'이 유명했어. 거기서 기초적인 거 다 배웠지. 나는 시다만 했어. 미싱을 해도 되는데 "이거 하다가 시집가지 뭐 그것까지 배워?" 하고 안 배웠지. 시다는 미싱 뒤에서 뒷바라지하는 거야. 실밥 떼어주고 꿰매주고 미싱하고 난 다음에 마무리 같은 거지. 그때는 양장, 투피스, 그런 맞춤이 많았잖아. 우리가 옷을 만들어주면 이대 가게(양장점)에서 받아서 팔지. 걔네가 치수 잰 거랑 천을 선택해서 우리한테 주면 만들어서 다시 주는 거야. 거기는 점원이 따로 있고 우리는 만드는 사람이야. 재단사, 재봉질 하는 사람 따로 있고 시다 하는 사람 따로 있고 그래. 재단사가 재단을 해주면 시다가 시침 떠주고 그걸 미싱이 꿰매서 마무리를 해주는 거지. 미싱은 박음질만 하고 우리는 단 같은 거 꿰매주는 거야. 안감 손바느질도 시다가 하고 다림질까지 해서 나가. 기장 같은 거를 듬성듬성 해주면 가봉하는 거지. 겉옷은 박지, 뽕 넣는 것도 했고. 사실 미싱사보다 시다들이 일이 많아. 한두 명이 아니야. 웃시다 있고 중시다 있고 그래. 웃시다는 미싱 바로 밑에 고참이야. 제일 중요하지. 재단사는 보통 가게 하나에 한 명이야. 가게가 잘되는 집은 두셋 있지. 미싱사 하나에 시다가 두셋 딸려 있어. 양장점 점원은 손님 받고 디자인 빼고 그래. 걔네가 샘플 딱 찍어주면 재단사가 만들었지. 하루에 몇 벌인지는 모르겠고 맞춤이니까 언제까지 해준다 약속한 게 있으니까 그

것 때문에 바빴겠지? 9시 출근해서 야근도 많이 했어. 늦게 끝나니까 방 얻어서 근처에서 친구랑 자취했어. 아침에 9시까지 가면 저녁에 10시까지 하고. 급한 거 있으면 밤도 새웠는데 뭐. 내가 미싱만 안 했지 웃시다까지 올라갔나? 그때 미싱사 월급이 괜찮았는데 나는 그냥 시집가지 하고 안 했어. 1970년쯤이었을 거야. 1976년에 결혼했으니까. 나는 그렇게 양재를 해가지고 내가 벌어서 시집가는 데 썼지. 돈이 뭐 들었나? 혼수가 어디 있어? 우리는 시어머니 사는 데로 들어갔기 때문에 냉장고 같은 건 있었어. 그러니까 장롱하고 이부자리만 해가는 거지.

살림이 재미있던 결혼생활
IMF로 직장에서 밀려난 남편

결혼하고는 일을 안 했어. 집에서 애들 키우고 살림하느라 바깥출입을 어떻게 해. 스물여섯에 결혼을 했는데, 우리 아저씨(남편)는 스물아홉이었고 나하고는 3년 차이야. 중매했어. 옛날엔 다 중매지 뭐. 작은엄마가 해줬어. 그때는 보통 스물다섯 여섯에 갔으니까 나도 늦게 간다고는 했는데 딱 맞게 간 거지. 우리 아저씨(남편)는 1947년생. 오리지널 서울 공덕동 출신. 나기도 거기서 나고 거기서 자라고, 거기서 학교도 다 다니고, 결혼도 거기서 하고. 학교는 덕수상고. 그래갖고 방직회사 들어갔잖아. 상고 나와가지고. 그 전에는 고등학교만 나와도 취직이 잘됐어. 요즘이야 고등학교 나오면 어디 취직이 돼? 그때는 졸업하고 나오면 다 취직이 됐지. 상고 나오면 은행에도 가고 공무원도 하고 조금만 애쓰면 다 됐어. 회사는 전방주식회사. 본사 총무과에서 오십까지 있었지. 본사가 종로에 있었어. 공장은 전라도에 있었고.* 그때만 해도 그만한 직장에 다니면 안정적이었어. 돈을 뭐 넉넉하게 쓰고 모으고 그렇게는 못해도 애들 키우고 고만고만하게 살았지. 우리 아저씨가 관두고부터 내가 명동에 나왔어. 경비 좀 하다가 몸도 약하고 해서 들어앉고 내가 나왔지. 그게 한 20년이지. 애들이 대학교 다닐 때야.

*

전남방직주식회사: 1935년 가네보 방적으로 광주공장 설립한 것을 1953년 전남방직주식회사로 법인 전환한 섬유제조 전문 기업이다. 1997년 본사를 서울 충정타워빌딩으로 이전하면서 남편이 근무하던 종로지사가 폐지되었고 이어 IMF를 맞았다. 50세인 남편이 이때 퇴직했다.

결혼하고는 아무래도 신혼 때가 제일 좋았지. 월급 또박또박 들어오고 퇴근도 일찍 하고 술도 조금만 하고. 나는 애들 치다꺼리하고 살림하는 게 재미있었어. 놀러 가고 그런 게 어디 있어? 애들 학교에서 오면 고구마 삶아주고 옥수수도 삶아주고, 옛날에는 빵도 만들어주고 피자도 만들어줬지. 그때 피자가 그렇게 흔했나? 지금은 다 잊어버렸어. 그때는 돈까스도 튀겨주고 그랬는데. 도시락도 쌌지. 그때는 급식이 없었잖아. 끝나고 늦게까지 하니까 점심하고 저녁까지 두 개씩 싸줬어. 그때는 딸기도 처음 나오면 싸주고 그랬지. 그땐 학교 버스가 있었어. 저녁 11시면 와. 큰길이 아파트 들어오기 전에 골목길이었어. 꼭 마중 나갔지. 어떤 땐 귀찮기도 했어. 자다가 나가니까.

월급 또박또박 갖다주고 그러니까 뭐 힘들 것도 없었는데, 남편이 그만둬서 명동에 나가서 일하게 되니까 그게 힘들었지. 그때가 뭐 IMF였다고 하데. 쉰 살이면 정년퇴직할 때도 아닌데 그렇게 나오더라고. 퇴직하고 나서는 그 나이에 경비밖에 더 해. 그래서 아파트 경비 일 조금 했는데 그게 또 부녀회가 마음에 맞아야지 눈에 나면 바로 모가지야. 그걸 잘 받아들여야 하는데 성격상 그것도 못하고 안 되니까 그만뒀지. 그리고 어머니 계시니까 돌봐드려야 했어. 나중에 눈이 어두워지시니까 사람 하나가 있어야겠더라고. 누가 옆에 있어야 하는 거야. 그러니 애들 아빠가 들어앉아서 시어머니를 돌보고 그때부터 내가 돈 벌러 나온 거지. 어머니가 돌아가시고는 또 2년 반인가 경비 일 하더니 힘드니까 못하더라고. 그러고는 주저앉았지. 할머니(시어머니)는 그러고 언제더라…… 돌아가신 지 꽤 오래됐지. 내가 명동에서 떡볶이 장사 하고 얼마 안 돼서 돌아가셨어. 그럭저럭 10년쯤 됐을 거야. 아흔세 살에 돌아가셨어. 지병 아니고 노환이었지. 그것도 명命이야. 나는 이렇게 나와서 일해야 했는데, 힘들어도 내 장사니까 하지 남의 장사 같으면 못하지. 이 품목 가지고는 소일거리로는 좋지만, 저금을 할 수 있나, 먹고사는 것만 했어. 요즘 애들이 시부모하고 안 살려고 하는 게 이유가 있는 거야. 넉넉하지 못하면 그런 거 아니겠어? 나도 뭐 모시려고 해서 모셨나, 어떻게 하다보니 그랬지. 둘짼데 큰아들이 외국 가게 돼서 모셨어.

물려받은 아파트 팔아
카드 빚 갚고

우리가 원래는 공덕동에서 살았잖아. 신혼을 공덕동 아파트에서 부모님 모시고 시작했는데 거기서 한 16년 살았나? 삼성아파트 1차(1999년 10월 입주), 롯데캐슬 뒤쪽이야. 원래 우리 시어머니 살던 집을 내가 시집오기 전에 이미 애들 아빠 명의로 해줬더라고. 큰아빠가 욕심이 있으면 그것도 안 되는데, 시어머니가 옛날에 현명했어. 똑똑하고 착했어. 큰아빠한테 그걸 해주자 하신 거지. 착해서.

　그러다가 우리 아저씨가 퇴직을 한 거야. 월급을 못 받아오니까 생활은 해야 하는데 아들딸 대학 다니지…… 거기다 여기 가게 옮기면서 권리금 주고 뭐하고 그랬는데 장사도 안 되고 뭐 어떻게 하다보니 내가 카드를 좀 썼어.* 현금 서비스를 좀 많이 빼고, 그거 둘러치기 하다보니까 좀 많아졌더라고. 카드 빚 1000~2000 있었나, 그거하고 은행에 마이너스가 8000이 있었어. 그 마이너스가 애들 아빠 이름으로 되어 있었던 거야. 그때 당시 회사 다니는 사람들은 은행에서 마이너스 통장을 만들어줘서 다 그랬어. 마이너스는 쓰는 대로 이자가 나오잖아. 자꾸 둘러쓰다보면 그렇게 되더라고. 내 앞으로도 2000 정도 되고 그래서 집 전세 놓고 용산 쪽으로 줄여서 이사

2002년 신용카드 대란: 1998년 들어선 김대중 정부는 1997년 IMF 이후 경제위기에서 탈출하려면 우선 얼어붙은 소비를 살려야 하고 그러기 위해서 신용카드 활성화 정책을 펼쳤다. 카드 발급은 3~4년 사이 1억 장을 넘겼다. 신용카드 사용액도 10배로 급증했다. 서민들이 수입은 없고 생활은 해야 하니 카드 사용을 자제하지 못했다. 쓰기는 하되 갚지를 못하니 또 다른 카드가 필요했다. 카드 발급이 쉬워 여러 개의 카드를 발급받아 이른바 '돌려막기'를 했고, 그마저도 할 수 없게 되어 연체가 늘어났다. 신용불량자가 급증했다. 스스로 목숨을 끊는 사람도 나올 정도로 문제가 심각했다. 구술자도 남편이 해직으로 생활비를 끌어 쓰다보니 몇 년 새 카드 빚이 늘어났고, 돌려막기를 할 수도 없는 상황이 되자 부모님께 물려받은 아파트를 팔아 해결하기에 이르렀다.

가면서 마이너스를 갚았지. 거기서 2년 정도 살았는데, 우리 애들이 지네들 있는 돈 모아가지고 1억 정도 채워주고 공덕동 아파트로 다시 들어갔지. 내년엔 일산 쪽으로 가. 하나 사놨어. 돈은 없는데 서울에서 살 수가 있어야지. 서울에서 살려면 오래된 거 25평짜리밖에 못

사는데, (여)동생이 간다고 그래서 나도 같이 하나씩 해놨지. 요즘은 또 얼마나 올라갔나, 가보는 게 재미지. 한 27층 올라갔더구먼.

명동 떡볶이 포장마차에서 시작한 상인 인생
내 가게의 꿈을 안고 망원시장으로

내가 장사는 떡볶이부터 시작했어. 옛날에 명동에서 떡볶이 유명했 잖아. 지금도 있지. 친구가 코스모스 앞에서 하는데, 거기는 돈을 세 게 받잖아, 떡볶이고 오뎅이고. 그러니까 그 사람은 3년인가 해서 아 파트 하나 사더라고. 내가 거기서 직원으로 있으면서 배웠지. 소스 랑 그런 걸. 나도 그거 배워서 어떻게 가게 하나 해야겠다 싶었지. 애 들 아빠 그만두기 직전이야. 처음에는 친구네 봐준다고 생전 처음 떡 볶이 하다가 친구네 잘돼서 아파트 시는 거 보고 나도 하다보면 가 게 하겠지 그랬어. 그때 월급도 셌어. 150만 원 줬지. 더 지나서는 한 200만 원 줬어. 세게 줬지. 얼마나 고생했게. 거기는 리어카를 놓고 했는데, 포장도 못 쳐. 그냥 한데야. 겨울 그 추운데 말도 못하고, 발 시리고 다리는 막 얼고…… 여기 와서도 힘들었지만 그때도 많이 힘 들었어. 그렇게 고생을 했어, 한 2년. 그러고 나서 내가 자립한 거 지. 떡볶이 소스 배워가지고. 튀김도 있고 핫도그도 있고 해도 나는 떡볶이 담당이었거든. 다대기 만드는 방법을 아니까 '아, 나도 나가 서 해야겠다' 그랬지. 처음부터 내가 배워서 자립하려고 했지만 애 들 아빠 회사 그만두고는 월급 올려줘서 계속 그걸로 먹고살았어. 한 2년 했나? 2~3년 했지, 아마? 그때가 마흔다섯이고 여기 올 때가 마흔여덟이니까.

그러다가 친구가 여기에 자리가 있다는 거야. 그 친구 말이 어떤 언니가 리어카 하나 놓고 하는데 같이 해보지 않겠냐고. 그래서 가게 인 줄 알고 와보니까 노점에 리어카 하나가 나온 거야. 그때는 여기 가 활성화가 안 됐었어. 앞이 이렇지 않았어. 이것도 안 지었을 때야. 양옥집이었고. 그 아줌마가 반찬 하면서 포장마차를 하는 거야. 나는 포장마차는 안 한다, 나는 떡볶이 장사 한다. 그랬는데 뭐 어떡해. 일 단 나온 게 그거니까 그러면 경험상 해보자, 이걸 계기로 나중에 돈 벌어서 가게 하나 얻어서 떡볶이 장사 제대로 해야지, 한 거야. 20년 전 얘기야. 그때 권리금도 줬어. 리어카 값이지. 27만 원인데 15만 원 줬나? 지금으로 치면 150은 되지. 20년 전이니까. 하여간 깎았어. 조 그만 리어카 하난데 뭐 그렇게 비싸게 받느냐고 하면서. 그땐 자릿 값이지 뭐. 그렇게 나는 포장마차를 하고, 그 아줌마는 떠나지 않고 옆에서 반찬을 해다가 팔았어. 한 3년 했어. 그게 왜 힘들었냐면 물 이 안 나오잖아. 그걸 일일이 받아다 써야 하는 거야. 얼마나 힘들었 게. 거기다가 저기(시장 밖) 떡볶이 장사가 하나 있었어. 그러니 내가 잘 안 되더라고. 여기가 시장 가니까 또 안 되고. 5000원씩 받아야 하 루 매상 돈 10만 원 올리기 바쁠 정도로 박했어. 워낙에 손님이 없으 니까 매상은 없지 단속은 나오지, 그럴 땐 진짜 힘들었어. 누가 신고 하면 보따리 싸갖고 도망갔다가 돌아오고, 피했다가 오면 다시 나오 고. 물도 받아다 써야 하고 전기도 끌어다 쓰느라고 눈치 보고. 하여 간 고생이 많더라고. 천막 하나 달랑 쳐놨으니 덥지 춥지 비 오지. 바 로 이 자리에서. 그러니까 연속극 갑순이처럼 피눈물 나는 역사였지. 나 그래 노점들은. 다 그렇게들 살았어. 그렇게 한 3년 하다가 이 자리

(지금 모자나라)가 난 거야. 안 그래도 물 한번 쓰는 거 원 없이 쓰면 좋겠다, 돈도 안 되고, 먹고사는 것도 안 되던 차에 잘됐다 그리고 권리금 주고 이거 시작했지. 이게 더 낫더라고. 그래서 계기가 된 거야. 이게 훨씬 낫지. 이건 깨끗하잖아. 지금은 나이도 먹고 하니까 이걸로 만족하고 사는 거지. 바꾼 거 잘했지 뭐. 지금 아픈 건 없잖아. 그거 계속했으면 손이 마디마디 아프고 다리가 아프고 그렇다고 하더라고.

노점으로 시작한 '나의 가게', 모자나라

여기 모자나라 자리도 권리금을 17만 원인가 줬어. 처음에는 떡볶이 장사를 계속하려고 위에다가 집을 지었지. 그랬더니 바로 신고가 들어간 거야. 이미 하던 포장마차는 사촌동생이 자기도 그거 해본다고 가져갔어. 그래서 그냥 다 허물고 그럼 뭘 할까 하는데, 정육점 누나가 그 앞에서 모자랑 양말을 하고 있었어. 친하게 지냈거든. 그걸 하라고 그러더라고. 그래서 같이 동대문도 가고 배워서 하게 됐지. 여기는 양쪽에 버티는 거 하고 포장을 치고 다이(매대) 깔고. 처음에는 애먹었지. 종류가 많은데 뭘를 갖다놓고 팔아야 하나 걱정이 많았지. 어떤 게 잘 팔리는지 알게 뭐야. 그러니 업종 변경이 어려운 거야. 한 달 정도 하니까 좀 나아지더라고. 처음에는 기본만 깔고 하다가 물건 나가는 거 봐서 조금씩 늘렸지. 다이를 웬만큼은 깔아야(채워야) 하니까. 지금도 그래. 나가는 대로 사다놓는 거지. 그때는 저녁에 물건을 사러 갔어. 처음에는 가서 물건을 선택해야 하는데 모르니까 장을 얼마나 오래 봤는지 몰라. 나는 모자도 잘 안 쓰는데. 가격도 처음할 때는 양말이 500원짜리, 1000원짜리가 있는데 그때는 그랬거든. 그리고 모자보다 양말이 많이 나갔어. 그때는 양말 종류가 이렇게 많지도 않았어. 그런데 하루에 60만 원도 팔았어. 그러니 500원, 1000원짜리 무시할 게 아니더라고. 그렇게 매상이 올라가더라고. 그러더니 깔세*가 오고…… 그때 여기 씌우기(리노베이션) 전에는 가게들이 장사가 끝나면 저녁에 문 앞에다가 깔세를 놓는데 그 사람들이 와서 양말을 파는 거야. 쉬운 게 이런 물건인 거야. 하루 (장사)하고 가니까 이동이 쉬운 게 이런 건 거야. 먹는 건 깔세가 힘들잖아. 우리 매상이 뚝 떨어지더라고. 애먹었어. 그리고

깔세: 건물이나 토지 소유주가 임대 시 월세를 계약 단위로 한꺼번에 받을 때 일상적으로 사용하는 속어다. 상가에서 가게 주인이 영업을 끝낸 저녁 시간에 가게 앞 난전에서 물건을 팔 수 있도록 일정 기간 계약하고 세를 받는 경우도 깔세라는 용어를 쓴다.

여기 씌우고 나서는 깔세를 못 들어오게 하니까 우리 매상도 조금 나아지더라고. 지금도 저기 바깥(망원역 입구 쪽 상가)에는 난리잖아. 문 닫고 나면 깔세들이 하는데 거기는 보름이면 보름, 한 달이면 한 달씩 계약하고 오잖아. 그러니까 물건이 또 다르지.

시설 현대화로 15년 노점에서 '밀려날' 위기
도로점유세 내고 합법적 노점 되다

이거 권리금 내고 시작했어도 천막 쳐놓고 노점으로 들어오다보니

까 말하자면 불법이지. 그러니까 떡볶이나 마찬가지로 굉장히 고통스러운 게 많았어. 여러 가지로. 늘 불안하기도 하고. 언제든지 그만 둬라 하면 그만둬야 하는 거니까. 그리고 전쟁도 했었지. 아무도 없었던 자리니까 우리가 주인 역할을 좀 하려고 했는데 그게 안 되더라고. 2008년엔가 시설 현대화한다고 저쪽 원래 시장 쪽을 월드컵시장으로 새로 하고 여기 시장은 위를 다 씌우는 거야. 여기가 원래는 그냥 시장 들어가는 시장가였거든. 그거 씌우면서 시장이 정식으로 된 건데. 그러면서 우리 이쪽 천막 친 데를 전부 치우고 공원을 하려고 한다는 거야. 그러면 우리는 어떡해. 장사 못하면, 하던 걸 그걸 어떡해. 그래서 우리가 권리 행사를 하려고 했어. 그때가 열 집이었나? 상인회에 자리를, 권리를 달라고 했는데 안 된다는 거야. 한 4개월을 싸웠는데 결국 우리가 졌어. 안 통했어. 뭐 난리 났지. 그중에 또 더 심하게 난리치는 사람도 있었고. 골치 아프니까 아예 다들 장사 못하게 했어. 장사만 했다 하면 단속반 나와서 난리를 치고 그랬지. 구청 쫓아가고 막 그랬는데 결국 두 집이 나가고 여기 여덟 집이 남았어. 우리가 피눈물 나는 역사를 썼다는 게 그거야. 한 4개월 동안 장사 하나도 못하고 식당에 알바 다녔는데 아침에 나와서, 옛날에 여기가 공원이었는데, 앉아서 바라보는 거지. 답만 기다리는 거지. 국회의원도 와서 말 들어보고 그랬는데, 최종적으로 상인회하고 얘기를 잘 해서 장사를 하게 해주겠다, 그렇게 된 거지. 이거(지붕) 씌우고는 상인회가 뭐 아무래도 신경 쓰는 게 있으니까 그걸 우리도 맞춰가야 하는 거야. 전기도 쓰고 위에 냉각기 나오는 거 그런 것도 쓰는 거니까. 우리야 장사하게 해주는 것만도 고맙지. 상인회에서 많이 협조해주고 그래서 이제 자리가 잡혔지. 얼마나 다행이야.

그래도 민원이 들어가면 자진해서 헐어라 할 테니까 구청에서 아예 도로점유세를 매긴 거야. 그래야 누구도 뭐라 할 수 없으니까. 구청에서 나와서 측정을 하더라고. 가게 요거 길이 재가지고 칸 보고 하는 거지. 한 5년 동안 장사한 거를 도로점유세 최저로 계산해서 그때 300만 원인가 냈어. 그거 최저로 해줬다는데 뭐. 할부로 3개월 나눠서 해 줘서 그거 분할 납부 다 끝나고 그다음부터는 구청에 1년에 두 번 그렇게 내. 한 번에 40 얼마씩 두 번 80만 원 돈 내지. 사업등록이 안 되어 있으니까 세금은 안 내는데 그런 것도 안 내고 하면 또 항상 불안한 거야. 세금 안 받을 테니 그만둬라 하면 그만둬야 하는 건데 고맙지. 그때는 젊었으니까 그렇게 했지 지금 같으면 못해. 그것도 내가 복이 좀 있긴 있나봐. 우리가 들어오면서부터 단속이 심하지 않았대. 그 전에는 단속이 심했다는데.

이런 거를 이면점포라고 하는데 정식 가게가 아니라도 그런 방법이 있더라고. 어제도 수산시장 갔는데 들어가는 지하 입구에 큰 야채가게가 있더구먼. 어느 시장에 가도 이런 가게가 있더라고. 얼마나 인정해주냐 안 해주냐 그런 차이지. 그런 역사가 있었지. 그때는 많이 힘들었어. 이제는 주위에서 누가 뭐라 하면 상인회에서 나서서 해결해주고. 누가 못하게 한다거나 하면 상인회에서 얘길 해줘. 상인회에서 관리해주니까 장사하기가 좋아졌어. 별달리 돈을 내는 건 없고 그러니까 우리가 이 가게를 팔아먹고 그런 건 못하는 거지. 권리 받고 그런 걸 못하는 거야. 구청에 도로점유세 내고는 단속 나오고 그런 건 없잖아. 그래도 못하게 하면 못하는 거야. 그런 게 늘 불안하긴 하지.

활성화된
망원시장

그렇게 이거 씌우고는 여기가 많이 달라졌지. 여기 앞이 주택이었는데 완전 상가로 변하고 우리도 노점, 포장마차였는데 씌우면서 집이되고. 여기가 원래 시장은 아니었어. 월드컵(시장) 쪽이 원래 시장이고 여긴 길목이었는데 활성화가 된 거야. 지금은 거기보다 여기가 더잘돼. 싼 것도 많이 팔고 먹는 게 많다보니 망원동이 뜨잖아. 그리고여긴 물건이 달라. 싱싱하고 싸고. 여기는 사람들이 집으로 가는 길목이야. 망원역에서 내려서 (왼쪽 월드컵시장 쪽을 가리키며) 이렇게 가거나, 아파트를 가도 이쪽으로 들러서 시장 봐가지고 (돌아)가는 거지. 그러니까 항상 사람이 많아. 대목이야, 대목. 주말에 보면 메져가지고 다닐 수가 없어. 망원동이 발전했다니까. 많이 발전했어. 상인회가 노력이 많았지.

　여기 온 거는 잘한 거 같아. 그러니까 여기서 20년 있었네. 처음에는 고생 좀 했지만 지금은 좋아. 여름에도 그닥 안 덥게 해놨지, 여기도 이렇게 씌워줘서 좋아. 다만 흠은 임대료가 비싸다는 거야. 상인들이 서로 들어오려고 하고 또 잘 팔리니까 건물 주인들이 세를 올려. 나도 처음에는 떡볶이 하려고 했는데 조건이 안 돼서 이렇게 됐지만 그렇다고 점포 자리가 난다고 내가 옮길 수 있나? 능력이 안돼서 못 들어가. 세가 비싸니까. 세가 요 앞집에는 150, 보통 싸야 250이지, 저 집은 350. 장사 잘하는 집은 그것도 내지만 그걸 어떻게내. 요기는 지가 주인이지. 저 앞에가 보통 500, 550. 나는 뭐 550 내고 장사 안 해. 그러느니 놀고먹지 뭐 하러 해. 남 좋은 일을. 그렇게 하다보면 까먹고 나가는 거지 뭐. 내 적성에, 내 수준에, 내 능력에 딱 요거지.

자리 잡고 20년
규모는 작아도 모자 양말 전문가

이제는 이것도 한 20년 해서 우리도 단골이 많아. 뜨내기보다 젊은 애들이 사러 주말에 많이 와. 여기 물건이 홍대 거리나 비슷하다고 하거든. 내가 양말을 특이한 걸 빼다놔. 걔네들이 알지. 많이 오면 나도 좋은 거지. 물건을 잘만 갖다놓으면 괜찮아. 요즘은 인터넷 때문에 장사하기도 어려워. 인터넷에서 많이들 사잖아. 그 대신 반품도 많다는데 여긴 그런 거 없어. 우리는 반품은 없어. 모자는 그 전에 반품이 많았는데 요즘은 팔리는 게 많지 않고, 그 대신 물건을 조금 가져오지. 반품 없어. 안 해. 양말은 아예 안 되고, 열 개를 가져갔다가 혹시 마음에 안 들면 열 개를 다 가져오면 교환이 되는데 하나라도 빠지면 안 돼. 하나를 팔아도 반품 안 돼. 모자도 요즘은 (재고) 많아지면 아예 싸게 팔아버려. 그 모자가 맘에 든다고 그러면 임자다 하고 원하는 대로 맞춰줘. 모자는 자기가 원해야 가져가. 이게 다 노하우야. 장사라는 건 오래해야 노하우가 생기는 거야. 양말이 가격이 싼 물건이라도, 다른 장사나 마찬가진데, 어떻게 물건을 맞추느냐가 중요해. 오래하다보면 뭐가 잘 나가냐 답이 나오잖아. 그런 거는 빠지지 않게 사오지. 잘될 때는 일주일에 두 번도 나가고, 열흘에 한 번 나가고 2주에 한 번 나가기도 하고. 장사가 잘되면 빨리 빠지고 물건 빠진 거는 채워놔야 하니까. 목돈 내고 푼돈 버는 거야. 물건이 안 팔린다 싶으면 가끔 세일도 하고. 보통 여름에 많이 해. 요즘은 요령이 생겨서 될 수 있으면 물건을 많이 안 가져오고 빠지는 대로 갖다놓지. 안 그러면 자꾸 밑에서 쌓이니까. 도매도 많이 산다고 싸게 주진 않아. 똑같아. 거기서 받는 도매금으로 주지 더 싸게 안 줘. 누구는 공장 가서 사온다는데, 그것도 썩 좋은 건 아니야. 동대문은 여러 칼라를 만들어서 팔잖아. 골고루 빼올 수 있지만, 공장 물건은 걔네가 만드는 것밖에 없거든. 종류가 몇 개밖에 없고 양말이 다양하지가 못하지. 요거(가게 규모) 이렇게 보여도 꽤 높아 가격이. 한 500~600에서 1000만 원? 이거 물건 빠진 거 좀 채우려고 시장 가면 돈 100이 우스워. 그것도 현금으로. 거긴 카드도 안 돼. 한군데서 몰아서 사가지고 택시 타고 오지. 그래서 물건 해올 때 '아, 나도 꽤 (규모가) 되는구나' 하지. 이거 따지고 저거 따지고 어떻게 팔아. 있는 거에서 팔아야지. 이쪽은 다 1000원이야. 1000원이면 싸게 파는 거지. 여기서 더 받으면 팔리겠어? 1200원이면 안 팔리는데. 1000원에 많이 파는 게 낫지. 90컬레 파는데 25000원이야. (이웃 상인 할머니가 양말 사러 오셔서 잠시 일상적인 대화도 하신다.)

바빠 요즘에. 지금도 하루 중에 제일 바쁠 때야. 4시부터 한 7시까지 '장시간'에 손님이 많아. 여긴 길목이라 아무래도 사러 오는 사람이 직장인들이야. 퇴근 시간에 역에서부터 이리로 많이 걸어가지. 낮에는 엄마들이 애들 거, 학생들 거 사가.

(양말을 더 꺼내서 진열한다.) 이게 중국산인데 싸니까 이것만 팔리네. 벌써 네 번째 갖다 파는 거야. 싸도 전체가 실리콘이 있어서 괜찮아. 싸거나 비싸거나 나가는 건 별 차이가 없어. 500원 차인데

2500원짜리보다 2000원짜리가 잘 나간단 말이야. 가격이 그렇게 무서운 거야. 이거는 중국산이고 저거는 국산이거든. 마진은 똑같아. 근데 500원 차이가 그렇게 달라. 나 같으면 이거(중국산) 안 사고 이거(국산) 사지. 근데 이걸 많이 사네. 내가 파는 건 거의 다 국산이야. 패션 좋지, 품질은 끝내주지, 좋고 싸게 팔지. 얼마나 좋아. 이쪽은 전부 3000원. 가끔 긴 거는 한 켤레에 300원 띠기야. 긴 거는 500원 띠기를 해야 조금 남는데 1000원 넘으면 안 팔리니까 그러느니 싸게 팔면서 개수 많이 팔자, 박리다매하자 그러지. 최고 많이 팔았을 때는 뭐 하루 40~50만 원어치도 팔지. 명절에. 저기 가게가 하나가 없어져서 매상이 좀 나와.

오늘 같은 날은 오후에 사람이 많고, 일주일 중에는 주말에 아무래도 사람 많고, 명절에 바빠. 명절 때 우리는 전날에 바빠. 한 이틀 앞두고. 명절 임박해서는 사람들이 먹는 거를 사거든. 양말 이 품목이 옛날이야 명절에 안 나가고 그랬어도 요즘은 그래도 좀 나아졌어. 요즘같이 평소에도 사람이 많으면 명절이나 비슷해. 여기 시장이 많이 좋아졌다니까. 명절같이 매상이 많이 오르면 그때는 이거 하기 잘했구나 하고 보람을 느끼지. 또 단골손님이 와서 인정해줄 때, 물건이 괜찮다고 할 때, '내가 진짜 오래한 보람이 있구나' 그래. 뜨내기들은 몰라. 와서 물건을 만져보고 '얼마예요?' 물어보고 비싸다고 그냥 가. 양말을 1000원씩 팔아도 가격이 사실 비싼 거 아니거든. 이문을 30퍼센트밖에 안 보는데, 사실 1200원 받아야 한 500원 남거든. 근데도 만져보기만 하고. 1000원이 비싸다고 가면 할 수 없지 뭐. 그래서 내가 그러지. 신어봐야 안다고. 안 신어보면 몰라. 음식도 마찬가지잖아. 고기도 먹어봐야 맛있는지 알지. 뜨내기들도 한번 사가지고 가면 또 와요, 좋으니까. 그래서 내가 '신어보시고 좋으면 오세요' 그러지. 우리 물건 좋아서 오는 사람들 보면 나도 좋아. 처음엔 먹는 장사 부러웠는데 이젠 괜찮아. 단골손님 그럴 때마다 보람 있어. 이 장사도 괜찮아. 좋아.

상인회와
함께 행동하다

2012년엔가 합정에 홈플러스가 들어선다는 거야. 그때 상인회에서 그걸 막아야 한다고 그러는 거야. 여기서 몇 정거장 안 되는 데니까 손님들이 다 거기로 간다는 거지. 다 같이 뭘 하자고 해서 대책위원회인가 그런 걸 하는데 우리도 장사를 할 수 있게 해줬으니까 같이 참석했지. 홈플러스 상품하고 여기랑 많이 상관이 없다 해도 상인회에서 많이 돌봐주니까 당연히 같이 해야지. 서로 돕고 그러는 거잖아. 지금 생각해보면 여기가 더 잘되어 있으니까 그거랑 우리는 아무 상관이 없는 거야. 그리고 요즘에는 한 달에 두 번 대형 마트가 놀잖아. 그럴 땐 손님들이 여기 많이 오지. 그런 거는 마포구청이 잘하는 거 같아. 우린 뭐 더 바랄 거 없지. 여기 상인회도 그렇고. 우리 장사만 더 잘하게 해주면 좋지 뭐.

그때 그렇게 상인회 사람들하고 같이 행동하고 나서는 상인들이랑 많이 친해지고 인제는 상인회 멤버로 인정해주는 거 같아. 여기 C지구 사람들끼리 친목계를 했어. 요기가 C지구야(맞은편 가게를 가리키며). 생선가게부터 요기까지. 다 하는 건 아니고 하는 사람만. 15명

쯤? 오래했어. 우리 어머니 돌아가실 때도 했으니까 한 7, 8년 됐나
봐. 멤버들은 아주 많이는 아니라도 서로 좀 알아. 그냥 모여서 밥이
나 먹는 거지 뭐.

여기 시장은 쉬는 건 주인 마음대로야. 정해진 정기휴일이 없어.
내가 놀고 싶을 때 주말이고 평일이고 상관없이 그렇게들 놀아. 보통
일주일에 한 번씩 쉬는데 토요일에도 쉬기도 하고 일요일에도 쉬기
도 하고 일 있을 때는 평일에도 쉬어. 아침에는 살림 다 해놓고 11시
까지 나와. 우리는 집에서 살림을 해야 되니까 시간 정해놓고는 못
다녀. 일 있으면 늦게 나오는 거고 볼일 없으면 일찍도 나올 수 있는
거고 그렇지.

이젠 건강 챙길 나이

글쎄 이 나이 되면 이제 건강도 신경 써야 한다고들 하는데 정기검
진도 한번 안 했다니까. 여기 차가 와서 한 거밖에는 없었어. 아직은
안 아프니까. 그것도 쉰다섯에 했으니까 10년이 넘었네. 시간이 없기
도 하고 그거 안 하게 되더라고. 손님 오는데 내가 검사받겠다고 일
찍 문 닫고 갈 수가 없겠더라고. 하루하루 그렇게 가고. 어쩌다 할 일
이 있어서 하루 쉬면 시간 내서 병원 가볼까 해도 요즘 병원은 미리
예약해놔야 하는데 그게 쉬운가? 당뇨는 그때는 없었는데 몇 년이
흘러서 어떨지 모르겠네. 살이 좀 찐 거는 예순이 넘어서야. 내가 호
르몬제를 먹거든. 그게 밥맛이 좋아지는 거 같아. 그걸 먹어서 그런
지 늙는 것도 덜 늙고 팔다리 벌어지고 그런 게 없어. 그게 약 때문

인 거 같아. 우리 엄마도 다리는 안 아팠던 거 같고 휘어지거나 그런 것도 없었던 거 같아. 하여간에 여기 나와서 저녁 늦게까지 일하니까 운동을 할 수가 있나 그런 거야. 우리는 취미도 따로 없어. 우리는 장사 취미밖에 없어. 시간도 없고, 시간이 있어도 걷는 거밖에 없어. 운동이란 건 나이 들어서는 못해. 다치기나 하지. 산에도 그 전에는 많이 다녔는데 요즘에는 안 다니다보니 현기증도 나고 아예 못하네. 어젠 친구끼리 갔는데 산 밑에서 놀고 왔지 뭐. 즐거우면 됐지. 그게 정신 건강에 좋은 거야, 안 그래?

(애기 안고 지나가는 부부에게) 어~ 색시야? / 네. / 얘는 둘째? / 네. 어떻게 아세요? / 지난번에 애 아빠가 수면양말 사러 왔었잖아. 누가 여름에 수면양말을 찾아. 내가 딱 알았지. 애기 낳았구나. / 아, 맞다. 그랬죠. 예쁘죠? / 똑 닮았네. 아들이야? / 네.

이제는 내가
인생의 주인

저 옆에 생선가게에서 꽃게 싱싱한 게 싸더라고. 사서 거기 냉동실에 맡겨놨어. 이따 집에 가면서 찾아가서 반찬 해야지. 근데 저녁에 일 끝나고 가면 하기가 싫어서 아침에 해. 우리 딸이 새벽에 나가니까. 아침에 주로 6시나 6시 반이면 일어나. 그러면 밥해서 먹여 보내고 반찬 만드는 거야. 놀거나 주말 같은 때 청소기 한 번씩 돌리고. 그래도 집안일을 내 손으로 다 해. 얼마 전에 우리 아들이 둘째 낳았는데 딸이었으면 했는데 또 아들이래. 하나만 가질 줄 알았는데 또 낳네. 며느리가 예쁘고 자주 오는 편이야. 또 우리 딸은 약사야. 마흔이 넘었는데 결혼은 안 했어. 난 애들 간섭 안 해. 결혼도 지가 알아서 하는 거지, 지네들보다 똑똑해야 간섭도 하지. 잘난 게 없는데 아무래도 배운 애들이 나을 거 아냐? 딸이라 그 나이에 같이 사는 것도 편해. 우리 아저씨는 내가 해놓으면 잘 챙겨 먹어. 아침 먹은 설거지도 해놓고. 옛날에 다쳐서 무릎 수술을 해서 그런가, 한번 넘어져서 쇠 박고 나서부터는 아파트 근처라도 걸으면 좋은데 힘이 드나봐. 그나마 건강하니까 얼마나 다행이야. 일단 식구들이 다 건강하니까 행복한 거야. 나도 그런 걸 느껴. 아직까지 그동안 큰 병 안 앓고, 큰 수술 그런 거 한 번도 안 했으니까, 그래서 돈 안 들어가고 이나마 행복하게 사는 것 같아. 다행이지. 고맙지. 단지 우리 아들이 졸업하고도 직장이 시원치 않은 게 걱정이지 달리 걱정이 뭐가 있어. 하여간에 이만하면 다들 각자 잘 사는 것 같아. 요즘은 행복해. 어떤 땐 힘들어 그만둘까 했는데, 나이 먹다보니 더 애착이 가고 좋은 거야. 내 나이에 어디 가서 벌겠어.

그리고 내가 이렇게 주축이 돼서 사는 게 어떻게 보면 띠값을 하는 거 같아. 내가 호랑이띠잖아. 안 그러면 그냥도 먹고살았을 텐데 내가 이렇게 중심이 돼서 살아가잖아. 지금도 생각하면 내가 일할 수 있으니까 나오는 거고, 우리 아저씨는 아저씨대로 신경 안 쓰게 살아주고. 그게 고맙지. 행복한 거야. 나는 그렇게 생각해. 남자든 여자든, 남편이든 아내든 누구든지 일할 수 있는 사람이 일하면 된다고. 능력 있는 사람이 일하는 거지, 안 그래?

커피와 음악과 독서로
여생 보냈으면

처음에 장사 시작할 때 그냥 경험해봐야겠다고 한 게 벌써 20년 넘게 했네. 나는 일 이거 그만하게 되면 그때부터 책 읽고 싶어. 커피 한 잔 딱 하면서. 지금은 책 읽을 시간이 어디 있어. 살림해야지, 여기서 손님 봐야지, 책 들여다볼 시간이 없어. 손 놓고 늙어서 소일거리 없으면 그때는 좀 벗을 할까. 우리는 음악 좋아하고 책 좋아하고 그랬어. 옛날에 책을 참 좋아했어. 책읽기를 많이 했어, 옛날에는. 에세이 많이 읽었지. 애들 학교 가면 커피 한 잔 놓고 음악 들으면서 책 보면 참 좋았는데. 우리는 철학이 좋아. 철학적인 걸 많이 봤어. 김동길씨 이런 사람들. 안창운씬가 옛날에 그분 많이 봤지. 그리고 이어령씨. 에세이는 한 사람이 쓴 것도 있고 여러 사람이 쓴 것도 있고 그거는 재미있데. 딱딱하지가 않잖아. 전집이나 소설보다는 그걸 많이 봤지. 일이야 다 베테랑이 되었지만 내가 언제 손을 놓을까 몰라. 백세시대 그래봐야 10년이야. 그렇게 되기만 하면 좋겠고 그래.

"요즘 많이 바빠. 틈나면 병원도 가보고 책도 좀 읽어야지."

후기

유순자는 한평생 여성 노동자로, 노점 상인으로 일했다. 베이비붐 세대가 한국 현대사와 함께 노정을 걸어왔다면, 유순자는 그중에서도 중심에서 밀려난 약자 신분의 노정이었다. 어린 유순자는 수도권 변두리 구일산에서 농사를 생업으로 하던 오빠와 올케들 밑에서 농사일을 거들며 학교를 다녔다. 중학교를 졸업하던 해, 농사일에서 도망치다시피 상경해 봉제산업에 뛰어들었다. 박정희 정권이 한참 경제 부흥을 외치며 기술과 수출, 생산성 등을 내세우던 때였다. 어린 유순자는 작은 옷 공장에서 봉제시다(보조)로 일했다. 야근을 밥 먹듯 해도 밀려오는 일감에 납기를 지키기 위한 스스로의 선택이라 믿었다. 방 하나 얻어 동료와 자취하며 고추장에 밥 비벼 먹는 게 어린 유순자가 해결할 수 있는 식사 방법이었다. 고향 일산에서는 신도시 건설로 농사짓던 오빠들이 집을 떠나야 했다. 얼마간 받은 보상금마저 아들이 아닌 유순자에게는 차례가 오지 않았다. 스물여섯에 친척 소개로 얼떨결에 결혼했다. 당연한 수순이라 생각했다. 남편이 또박또박 월급을 가져오고 열심히 아이들을 키웠다. 그녀는 행복했다고 한다. 부부의 성역할이 분명하게 각인되던 시절이었으니 무리가 아니다.

  수동적이던 개인의 삶은 국가 경제 위기로 전환점을 맞는다. IMF로 전남방직에서 실직한 남편을 대신해 가장이 되었다. 명동거리 포장마차에서 떡볶이 소스를 만들며 삶의 목표가 분명해졌다. '긴 세대' 인 유순자의 삶은 부양의 연속이면서 그녀는 스스로의 삶을 책임진다. 시어머니가 아흔이 넘어 돌아가실 때까지 부양했고, 몸이 불편한 남편의 식사와 건강을 챙기며, 가사에서 벗어나지 못하고 경제적 책임까지 다한다. 칠순을 바라보는 지금도 출가하지 않은 중년 딸의 옷을 다림질해준다. 삶이란 그런 것이다. 도울 수 있는 사람이 돕고 일할 수 있는 사람이 일한다고 했다. 당연히 유순자는 매 순간 행복하다. 또 역사의 흐름에 떠밀리고, 국가의 폭력에 휘둘리며 살아왔으면서도 그러한 순간들을 스스로의 선택이었다고 생각한다. 지금도 큰 욕심 내지 않고 현재의 삶에 만족하고 역할에 충실하며, 상인들과도 화합하고 연대한다. 이러한 긍정의 힘은 어디에서 오는 걸까. 심리적 방어였다고 보기에는 그녀가 참 해맑다. 그녀의 내면에는 어쩔 수 없었던 매 순간을 능동적으로 대처하는 현명함이 있는 듯하다. 한마디로 그녀는 현명하다. 이제 와서 그녀의 삶이 불이익을 받았고 계급의 불평등이었다고 우긴들 무슨 소용일까. 행복했다 생각하는 긍정의 힘 앞에 계급적 논리가 무슨 소용일까. 단지 지금까지는 몸을 무기로 하루하루 버텨왔지만 더 나이 들어 그나마 노점도 하지 못하게 된다면 남은 생을 어떻게 살아갈지 걱정이 앞선다. 노점 상인은 공적 연금의 사각지대에 놓여 있기 때문이다. 국가의 한 구성원이면서도 중심에서 소외된 채 스스로 가족을 보호해온 유순자. 이제 국가가 보호해줄 차례다.

마당쇠방앗간
가족 구술생애사[*]

마당쇠방앗간
최윤영(최갑순, 고종순)

—

민정례

고우균, 최갑순 어르신은 52년 전 망원동으로 이사 와 망원동 57-100번지, 57-300번지를 거쳐 1988년 건물을 지어 지금의 망원시장에 터를 잡았다. 마당쇠 방앗간의 전신인 '망원상회'는 시장이 형성되기 전 몇 개의 노점과 상점이 점점 늘어나 망원시장으로 발전해나가는 과정을 지켜본 시장의 터줏대감이다. 그리고 지금은 아들 고종순 사장이 대를 이어 방앗간을 운영하고 있다. 원래 인터뷰를 약속한 사람은 고종순 사장의 부인 최윤영씨다. 이야기를 나누면서 대를 넘어 장사가 이어진 이 가게의 역사가 궁금해졌다. 이야기를 나누다보니 고종순 사장, 그리고 그 어머니 최갑순 어르신도 만나게 됐다. 그들이 살아온 지난 세월이 망원시장의 역사였다. 이에 이곳은 개인 구술사보다 가족사로 진행하게 됐다. 1은 최윤영씨, 2는 최갑순 어르신, 3은 고종순 사장의 구술이다.

1

이러다 마포에서 관 짜서 나갈 것 같아
마포 토박이 최윤영의 망원동 살이

스물다섯 살에 남편을 만났어요. 1990년 7월 7일 중매로요. 5개월의 열애를 하고 12월 15일 결혼을 했는데 중매라는 게 결혼을 하겠다는 의사가 있으니까 금방 되더라고요. 어르신들이 밀어붙이는 것도 있고. 그때 애기 아빠가 KT(당시 한국통신)를 다녔어요. 스물일곱, 저랑 두 살 차이였어요. 결혼해서 2년 동안 시댁에서 어르신들 모시고 살았고요. 여기가 시댁이에요. 2층에서 살림하고 시어른 두 분이 1층에서 장사했어요.

　1991년 10월 16일 큰애를 낳고 1992년 3월 가까운 곳으로 세간을 나갔어요. 애기 아빠는 직장생활을 하면서도 한가할 때 방앗간에 와서 시부모님 도와주고 했어요. 그러다 남편이 직장생활 한 지 10년 정도 됐을 때 어머님이 환갑쯤 되니 몸도 안 좋아지셨고 갱년기도 오고, 남편이 명퇴 대상은 아닌데 아예 사표를 내고 여기를 전수받았어요. 저는 애들 중학교 가면서부터 10년 넘게 애기 아빠 돕고 가게를 봐주고 있고요.

6남매의 막내

6남매의 막내라 필요한 건 오빠나 언니들이 해결해줬어요. 지금도 감사하게 생각하죠. 위로 오빠 2명과 언니 3명이 있어요. 언니가 많으니 주말이면 집에서 먹을 거 많이 해줬어요. 막내로 살면 좋아요. 일단은 시키는 대로 하면 되니까요. 보통 위에서 이야기 다 된 다음에 어떻게 했으면 좋겠다고 권해와요. 이상한 거 아니면 대부분 오케이하죠. 언니들은 일을 딱딱 나눠줘서 편해요.

또 가까이에 사촌들이 살았어요. 고모네 집이니 고종사촌들이죠. 지금도 양쪽 집들이 만나면서 잘 지내고 있어요. 사촌동생들과 에피소드도 있었어요. 세 살, 여섯 살 어린 동생들하고 효창공원 놀이터를 갔다가 집에 올 때 공덕시장을 지나서 와야 했는데 갑자기 소나기가 쏟아진 거예요. 안 되겠다 싶어서 시장 처마 밑에 애들을 놓고 우산 가져올 테니 좀 기다리라 하고 다녀왔는데 애들이 없어졌어요. 어른들도 난리 나고 저도 죄인이 돼서 조마조마했는데 3일 만에 미아보호소에서 찾았어요. 누가 데려간 건 아니고 애들이 울고 있으니까 보호소로 데려다줬대요. 지금도 만나면 언니가 그때 그랬다고 농담하면서 웃곤 해요. 지금은 농담처럼 얘기하지만 그때는 양쪽 집안에 난리가 났었죠.

사람 좋은 아버지와
가정적인 어머니

아버지 고향은 경기도 고양시 덕양구 원당동이에요. 올해 초에 돌아가셨어요. 1927년생이었어요. 엄마는 아버지보다 세 살 어려 1930년생. 엄마는 경기도 파주시 금촌에서 태어나셨어요. 아버지는 철공 일을 하셔서 지방을 많이 다니셨죠. 포항제철 쪽에서 일하시기도 했고요. 엄마는 가정적이셨어요. 엄마가 맏며느리다보니 집안 대소사를 다 챙겼어요. 손님이 많이 오니까 먹는 거 챙기고 하는 게 많이 힘드셨죠. 딸들이 도와주고 하다보니 언니들이 지금도 요리 솜씨가 좋아요. 아버지는 철공 일 하시다가 자기 사업도 하시고. 제가 볼 때는 사업 쪽으로 대성할 성정은 아닌 것 같았어요. 아버지 성격이 사람을 너무 좋아해서요. 술은 전혀 못하시는데 사람을 너무 좋아해서요. 주위에 따르시는 분도 많았고 친척 분들도 와서 저희 집에서 기거하면서 일도 하고 그랬어요. 가뜩이나 식구가 많은데 객식구도 얹혀살고 하면서 엄마한테 일이 많았어요.

친정집이 좀 큰 편이었고 방이 많았어요. 방이 10개 정도 되는 것 같은데 옛날 집이라 단칸방이었죠. 그래서 우리는 방 3개 정도 쓰고 나머지는 방 하나씩 쭉 세를 놨어요. 옛날 한옥집이라 생각하면 되요. 월세가 많은 집이었어요. 거기서 이사 한 번 안 나가고 쭉 자랐어요. 시집오면서 제가 여기로 오고 조금 있다 엄마가 이제 집도 늙고 해서 팔고 간단하게 빌라로 이사를 가셨어요. 그 집이 마포구 대흥동에 있었어요. 큰오빠부터 거기서 태어났다고 하니까. 아버지가 태어나기는 고양에서 태어났어도 어느 순간 서울로 이사를 오신 것 같아요. 그러니까 아버지의 아버지, 할아버지께서 마포에서 못해도 1940년대부터 살지 않았을까요. 그 집에서 저 시집올 때까지도 사셨으니까. 그 집은 지금은 재개발됐을 거예요.

마포에서 살다 전쟁이 나서 피란 갔다가 다시 마포로 왔다고 하시더라고요. 그때 엄마는 과부 되는지 알았대요. 전쟁이 끝났는데도 아버지가 안 오셔서요. 원래 저희 형제들 위로 오빠가 한 명 더 있었대요. 그런데 전쟁이 나면서 애들한테 도는 병이 있어 죽었다고 하더라고요. 그래서 그때 엄마는 아들도 죽고 신랑도 죽었나보다 그랬대요. 그러고 있는데 어느 날 밤에 아버지가 오셨다더라고요. 아버지는 전쟁 중에 다리를 다쳤는데 그거 치료받고 오느라고 그랬대요. 그때는 연락이 잘 되는 시절이 아니었잖아요.

아들 낳고 딸을 쭉 셋을 낳고 더는 아들 낳고 안 낳으려고 했대요. 바로 위에 오빠를 낳고. 이제 안 낳으려고 했다더라고요. 딸 셋에 아들 둘이면 됐잖아요. 근데 엄마가 몸이 조금 안 좋았나봐요. 할머니가 애기 하나 더 낳고 몸조리를 확실히 하면 좋다고. 그러니까 제가 지금 몸조리용인 거예요.

마포 토박이

태어나서 지금까지 쭉 마포에서 살았어요. 그래서 제가 나중에 마포구에서 관 짜서 나갈 것 같다고 했어요. 망원동으로 시집왔을 때 처음에는 낯설었어요. 같은 마포구라도, 처음에는 동네가 좀 후지다 생각했는데 지금은 여기가 살기 더 편한 것 같아요. 활기찬 게 시장에서 자꾸 장사해서 그런지 시끄러운 게 사람 사는 것 같고.

　재미있었던 거는 소풍 갔을 때예요. 그때는 여의도 밑이 공원 식으로 있었어요. 한강 쪽에 개발이 안 됐을 때. 거기서 공놀이 한다든가, 야구 아닌 야구를 한다든가, 친구들이랑 소풍 가서 하고. 운동회 때 남자애들이 청군백군 차전놀이 하잖아요. 남자애들 밑에서 잡고. 그거 보는 거 재미있었던 것 같아요. 고등학교 졸업하고는 바로 취업했어요. 대학 갈 생각은 없었어요. 공부하기가 싫었거든요. 빨리 책상에서 벗어나고 싶었어요. 고등학교 졸업하고 직장생활 하다가 결혼했죠. 직장은 신도림 쪽에 있는 한국철강이라는 회사였어요. 경리직이었고요.

맞선, 결혼, 합가생활

맞선 볼 때 합정동 쪽에서 만났어요. 친정 엄마하고 언니하고 올케언니하고 저하고 나가고, 애기 아빠 쪽은 어머니 아버님 나오시고. 그때만 해도 그렇게 했어요. 어르신들도 다 보셨어요. 지금은 소개팅이라고 해서 본인들만 하잖아요. 그때는 중매하시는 분들도 나오고 인원이 10명 정도였어요. 커피숍에서 만나 차 한잔 마시고 어르신들은 옆에서 말씀들 나누고 계셨어요. 어느 정도 시간 되니까 어른들은 두 사람만 남겨두고 가셨어요.

　커피숍에서 나와 한강 고수부지로 갔어요. 주말이었고 선착장 안 음식점에서 음식을 먹고 나왔는데 신랑이 돈이 없대요. 많이도 아니고 2000원만 꿔달래요. 음식 값이 부족하다고. 뭐 이런 사람이 다 있어? 하면서 만 원을 줬어요. 밤에는 둘이서 호프도 한잔 했고요. 원래는 시아버님이 찻값을 내기로 했는데 아버님이 가시면서 찻값을 계산 안 하고 가셨더래요. 그때는 카드가 있지도 않았고. 찻값을 10명 걸 내고 가서 밥을 먹으려니 돈이 좀 부족했던 거죠. 첫인상이 나쁘진 않았어요. 처음에 볼 때는 훤해 보이던데요. 콩깍지가 씌어서 결혼한다고 하지만. 아버님이 큰며느리고 처음으로 남의 식구를 들이니까 잠깐이라도 데리고 살고 싶어했어요. 물건 어디 있는지도 알아야 하고 풍습도 좀 익혀야 하지 않느냐고요. 그래서 1년 살다가 이사 나갔죠. 여기 2층에 살았어요. 그때는 어르신들이 여기서 장사를 하고 저는 말하자면 살림만 했죠. 어르신들이 가게를 하셔도 가게가 멀면 아침 드시고 저녁에 오실 거잖아요. 아침 드시고 내려갔다 점심 드시러 오시고. 식구들이 어디 갔다가 저녁에 오면 낮에 뭐라도 할 수가 있는데 어딜 나갈라 해도 이쪽으로 나가야 하니까 어머니 아버님이 제가 어디로 나가는지 다 알잖아요. 시집살이가 되더라고요. 그때 힘들었어요, 약간.

처음엔 나와서 장사하는 게 싫었는데
지금은 오히려 좋은 것 같아요

2013년? 아이들 중학교 들어가고부터 나왔으니까. 보통 12시 반쯤 나왔다가 6시 좀 넘으면 집에 들어가요. 어르신들도 그렇고 신랑도 그렇고 가게에 너무 매이지 말래요. 애들이 다 크긴 했지만 아직은 할 일이 있고 애들 챙기는 걸 우선으로 생각하니까. 이제는 커서 챙겨줄 게 없는데 어르신들은 아직도 챙길 게 있다고 생각하셔요. 손주들 맛있는 거 해주라고. 일찍 가서 밥해주라고. 처음에는 나와서 일

하는 게 많이 싫었어요. 애기 아빠가 월급쟁이였으니까. 계속 그렇게 살기 원했어요. 장사를 시작하니까 혼자만 해서 운영이 안 되고 바쁘니까. 처음에는 이런저런 게 있었는데 애들이 커가고 하니까 금전적인 거보다 제 친구들도 집에 있는 애들이 없더라고요. 집에 있으면 우울증이 오기도 하고, 나와서 일하다보니 저녁에 잠도 잘 자고, 경제적인 면도 편하고, 낮 시간 활용해서 나오니 적적한 것도 없고. 신랑도 와이프가 열심히 도와주니 고마워하고 그래요.

아이들을 잘 키우기보다
건강하게 키우려고 노력했죠

중학교는 서너 시 되면 하교를 해요. 우리는 현관에 번호키 안 하고 가게 와서 열쇠를 받아가게 했어요. 얼굴이라도 보고 가라고. 번호키면 애들이 그냥 집으로 가잖아요. 오면 간식을 해서 먹일 때도 있고. 고등학교 가고 나서부터 번호키 달아서 자유롭게 왔다 가게 했어요. 고등학생은 아침에 나가면 학원 가고 야자 하고 밤늦게 들어오잖아요. 큰애는 졸업을 했는데 시각디자인과 나와서 일을 받아서 하고 있어요. 프리랜서예요. 올해 졸업했는데 취업은 유보하고 있어요. 작은애는 대학교 3학년이고.

　애들을 아주 잘 키웠다기보다 건강하게는 키웠어요. 어제께 우리 아들이 삼계탕을 먹자고 하더라고요. 둘이서 반주 했어요. 가끔씩 지가 시간 나면 미리 문자를 해요. 엄마 뭐 먹자라고 하든가. 어제는 자기가 사준다고 하더라고요. 어디서 돈이 생겼다고. 아빠랑 셋이 있을 때 사쥐야지 하다가, 아니야 니가 돈 있을 때 얻어먹겠다고 그랬어요. 저쪽에서 걸어오면서 "오늘 엄마가 너희 키울 때 인터뷰하는데 너는 클 때 엄마가 어땠냐?" 그러니까 엄하면서도 너그럽고 뭐 하자는 거는 엄마가 다 들어줘서 고마웠다고 그러더라고요. 뭔 일이 있으면 와서 상의를 잘 해요. 어저께 이모가 사다놓은 자전거가 있다며 작은아들보고 타래서 가지러 갔는데 가는 길에 자기가 수박이랑 오렌지를 사가지고 갔대요. 거기 시어머님이 계셔요. 우리 언니가 "너 아들 잘 키웠더라" 그래요. 할머니한테 인사도 잘하고, 할머니가 침대에 있었는데 손을 잡아주면서 자기는 누구누구라고 그러더래요. 자전거 먼지 닦으라고 그러고 나중에 보니까 걸레를 싹 빨아놓고 갔더래요. 오다가 그 근처에서 한 10만 원 정도 들어서 수리를 했나봐요. 와서 저랑 삼계탕 먹으러 갔는데 이모한테 카톡을 했더라고요. "잘 고치고 와서 지금 밥 먹고 있습니다" 그랬다고.

2

"작은 장사로 시작해 이만큼 성공한 집도 없어"
망원시장의 역사의 산증인 최갑순 어르신

결혼이 몇 년도인가 알간? 사는 데도 정신없었어. 우리 처음에 결혼할 때는 아무것도 없었어. 우리 영감이 열네 살에 이북서 나와서 부모도 없잖아. 살길도 없고, 처음에 나와서는 머슴을 살았어, 우리 아저씨가. 머슴 살면서 그 돈으로 작은할머니 할아버지 전세를 구해주고. 우리 아저씨가 작은할머니, 할아버지를 섬에서 만났댜.* 우리 아저씨의 아버지의 작은아버지인 거지. 애들한테는 증조할머니 증조할아버지고. 할머니 할아버지가

최갑순 어르신 남편 고우균 어르신은 고향이 황해도 연백이다. 1·4 후퇴 때 강화도 교동으로 피란 왔다. 증조부모님은 피란 이후 강화도 교동에서 만났다고 한다. 이 부분은 나중에 아들 고종순씨의 구술에도 나온다.

교편 잡다 나오셨어. 우리가 모셨지. 나도 은근히 시집살이했어. 교편 잡던 양반이 와서 뭐를 해? 그 양반은 나와서 할 게 없응께 충청도에 와가지고 애들 사랑방에서 한문을 무료로 가르치고. 생활비는 이 양반 머슴 살은 거로 댔지. 머슴 산 돈으로 방 얻어주고 그냥 군인 갔어. 군인 가서는 지금 연천 사는 작은아버지도 만났고. 군인 갔다 와서 바로 결혼했는데 이 양반이 머슴 살 때 우리 아버지가 알아가지고 착하다고 나를 준 거여. 나 만나기 전에 딴 데 선을 봤는데 혼자 몸뚱이라고 색시를 안 줬댜. 우리 결혼한 거는 볼 것도 없어. 근데 이렇게 성공을 했네.

우리 아버지가 영감님하고 먼 사돈 간이야. 우리 친정아버지가 일을 댕기며 같이 해보니께네 머슴 살 때 애가 아주 착하드랴. 아주 싹이 있고. 그래서 중매가 들어왔는데 나도 딴 데 혼인이 다 돼가는데 너무 착하고 애가 괜찮다고. 그래서 그냥 아무것도 없는 사람 팔았지 뭐. 약혼도 뭐 한번 보러 오는 사람이 저고리도 갖고 오고 반지도 서 돈 해오고, 그때 처음 양복 한 벌 해 입었댜. 봄에 그래서 결혼도 바로 했지. 만난 지 1년도 안 돼서 한 7개월 만인가? 1년도 안 돼서 결혼했어. 혼자니께. 저쪽에는 고모부가 나오셨어. 고모부가 나오셨는데 우리 양반이 거기 다락에서 자면서 장사를 배웠어. 아주 다락에 요만한 데서 혼자 그냥. 비는 얼마나 와, 우리 결혼할 때.

우리 집도 가난해서 결혼식은 우리 큰댁에서 했어. 충청도 서산. 친정집은 태안인데 버스 타고 가서 결혼했어. 결혼식을 집 안에서 모여서 해줬어. 우리 친정이 너무 어려워갖고. 아휴 말도 못해. 우리 결혼은. 결혼을 산성리서 했어. 염술 서산. 아니여. 염술.* 당진이라고 봐야 돼. 당진서 결혼해갖고, 날짜가 3일 있다 와야 된댜. 집이서 사진도 못 찍었어. 결혼 때 아는 사람에게 부탁을 했더니 야외에 간댜. 사진사가 없댜. 멀리서 데려오면 돈이 많이 들어서. 결혼할 때 족두리는 썼는데 사진 같은 건 못 찍었어. 주례 같은 것도 없고. 집안끼리 모여서 족두리 쓰고 결혼했지.

충청남도 당진시 정미면 산성리라는 지명은 있으나 염술은 찾기 어려움.

나 스무 살에 결혼했어. 몇 년도인가 알간? 내가 44년생. 몇 년도인지도 몰라. 사는 것도 정신없이 살았어. 결혼하고 노고산동서 살았어. 신촌 노고산동. 거기가 옛날에 대영극장 앞이여. 지금도 대영극장 있나? 노고산동. 할머니네는 저기고 나는 여기고 그냥 한집이나 다름없이 살았어. 나 잘못될까봐. 나 시집살이 시키느라고 작은할머니 바로 앞에다가 방을 얻었더라고. 나는 은근히 시집살이 했지. 스무 살 넘어서도 할머니 할아버지 바지저고리 다 꿰매주고. 저기 살림도 다 해주고. 말도 못해 그 고상. 그분들은 손이 없었어. 나중에는 인천 구월동으로 이사 갔어. 우리는 망원동으로 오고.

하루는 결혼하고 나 첫 생일이 돌아왔는데 우리 아저씨가 돈 2만 원을 주더라고. 첫해에. 그때 큰돈이지. 2만 원인지 1500원*인지. 그

1965년과 2016년 물가 비교 36,690배. 그 당시 2만 원은 현재 733,800원. 1500원은 현재 55,035원. 구술자는 인터뷰하면서 옛날 물가를 많이 헷갈려하셨다.

거를 하나도 안 먹고 그릇 사고 고기 사고 프라이팬 사고 접시 사고 그랬는데. 우리 영감이 저녁에 와서 막 울데. 시어머니가 살았으면 첫 생일은 해주는 건데 나를 만나서 당신이 이렇게 고상한다고. 자기가 밥 말아놓고 하나도 안 먹어. 나 먹으라고. 돼지고기 15만 원어치 사서 찌개를 했는데. 하나도 안 먹고 그거를. 우리 엉망진창으로 살았어. 그때는 나라도 어렵고. 쌀 한 말 갖고 한 달 먹었어. 처음에는 무상배급 하는 거 줄 서고. 내가 시골서 와서 착실했어. 줄 서서 그거 타다 먹고. 우리 아저씨는 한 끼만 먹어. 저녁 한 끼. 12시나 돼야 들어와. 동업 장사를 하니께. 리어카 끌고 마늘도 팔고 굴비 같은 것도 팔고. 신촌로터리에서 아주 크게 하는 데서 동업을 했어.

내가 어수룩해 보여서
집값이를 잘 받았나봐

우리가 세를 1년밖에 안 살았어. 한 1년 살고는 노고산동에 산꼭대기 방 하나 있는 거를 샀어. 그거를 헐어서 방 두 개 만들어 하나는 세 주고, 하나는 우리 아저씨하고 나하고 쓰고. 그렇게 살다가 어떻게 해서 집을 고비 넘게 받고 팔았어. 얼마 안 살다가 아주 비싸게 받았어. 우리 집 양반 없는디 내가 그걸 팔았어. 시골로 장사 나간 사이에. 내가 어수룩해도 그런 건 또 알아갖고 돈을 많이 받고 팔았어. 우리 아들 걸어다닐 때. 내가 몇 배 받았으니께. 내가 어수룩하게 보이니께 집값이를 잘 받았나봐. 그러고 나서 인제 우리가 며칠 있으면 이사를 가야 하는데 큰 걱정이여. 얼마나 가슴이 두근두근한지. 방도 얻어놨어 내가. 그 밑이여. 방도 얻어놨는데, 이사는 내일모레 하는데 이거 큰일났데. 그걸 팔아갖고 세를 얻어놨는데 남편이 얼마나 반가 워. 그러다 연희동에 철길 옆에 집을 또 샀어. 철길 옆에가 집이 싸잖 아. 집이 싼데 물도 수돗물 나오고 발도 씻칠 데가 있고 내 집인께 얼 마나 좋아. 방 두 갠데 하나는 세 주고. 연희동 철길 밑에. 그때는 우 리 아저씨가 사장이 됐어. 동업을 하다가 우리 아저씨가 사장이 돼서 대여섯 명이 우리 물건을 갖다 팔았어. 마늘 한 차 가져오면 금방 한 이틀이면 다 팔아. 한 접에 얼마큼씩 넘겨주고. 장사 잘되고 인제 좀 재미나게 살 만한데. 우리 큰아들이 기차에 치일 뻔했어. 기차가 지 나갈 때 가게 있는 이가 우리 아들을 잡자마자 차가 지나갔어.

그때 둘째 아들을 임신해 있어서 배가 불러서 곧 낳을 때 됐어. 아도 치일 뻔했는데, 지가 자꾸 돌아다니는데 계속 어떻게 살아. 살 수가 없 지. 큰아들이 어렸을 적 얼마나 인물이 예뻤었다고. 세 살 먹어서 그랬 어. 아장아장 걸어다니는데. 그 뒤로는 내가 밤을 새고 집을 내놨어 바 로. 우리 영감이 나갔다 오더니 그래. "여보 여보, 이거 집을 팔아야지 어떻게 살겠어. 팝시다" 하더라고. 세라도 가야지 어떻게 하겠어. 그 돈 갖고는 세값도 안 돼. 철길 밑이라. 철길 밑에 집이 싸잖아. 그러고 한 달쯤 있었는데 누가 집을 사러 왔어. 우리 아저씨 없는데 또 팔았어 집을. 돈을 잔뜩 받고. 일자무식인데도 집을 잘 팔았어. 값도 많이 받 고. 그런데 인제 갈 데가 없잖아. "여보 여보, 어디서 피란 나온 사람들이 사는 덴데 물이 차서 집값이 싸디야." 철길에 올라가니 지붕만 남았어, 여 기 망원동이가. 57번지여. 그래서 인제 거기 가서 집을 산 거여.

망원동 57번지

망원동 여기 집을 보러 오니께 물도 걸러 먹어야 돼. 수도가 없고 흙 바닥이고 피란처 살던 데라 방 하나 부엌 하나 있었고. 펌프에다가 숯 넣어서 물을 걸러 먹었어. 여기 다 시금치 밭이었고. 우리가 제2한강교* 다리 놓기 전에 온 사람들이야. 여기 버스도 없었어. 합정동 나가야 버스 들어왔어. 그런데 집을 이거를 15만 원인가 주고 샀어. 57번지. 15만 원인가 주고 샀

*

제2한강교는 서울의 서부 관문으로서 한강 위의 세 번째 교량이다. 강북의 마포구 합정동과 강남의 영등포구 당산동을 연결하는 이 다리는 1962년 6월 20일 착공하여 1965년 1월 25일에 준공했다. 다리가 가설된 후 제2한강교라 부르다가 한강종합개발계획과 더불어 양화대교로 이름을 바꾸었다.

는데 그때 20만 원만 주면 집이 클 텐데 15만 원인지 10만 원인지 주고 사니까 발도 씻칠 데도 없고 빨래도 못해, 물이 드러워서. 폼푸 물이라 흙물이야. 숯 넣고 자갈 넣고 걸러서 먹었지. 끓여서 먹고. 그래도 공터가 넓어서 장사하기는 좋았어. 집 앞이 공터였어. 그 옆에는 보르꾸(벽돌) 공장이고. 우리 아저씨가 마늘을 두어 트럭씩 가져오면 거기다 놓기도 좋고 굴비도 드럼으로 갖다 절이고. 그때는 이제 우리 아저씨가 사장이 된 거여. 굴비도 이만씩 하는 걸 차로 한 짝씩 갖다가 드럼 여남은 개씩 넣고 절이고. 그때는 그랬어. 굴비는 소금에 절여 말려서 한 두름에 얼마큼씩 도매를 내는 거야.

　배가 이렇게 부르고 발도 퉁퉁 부어서 남자 신발 신고 다니고 했지만 대여섯 명씩 밥해주고 저녁이면 술상도 차리고 그랬어. 노는 날은 마늘 엮을 때 일꾼 4명은 노다지 밥을 해줘야 돼야. 갖다 팔면 저녁에 꼭 술을 대접해야 돼야. 우리가 사장이니께. 개도 한 달에 두 마리 잡

아서 맥여. 그 사람들. 내가 얼마나 고상했겄어. 냉장고도 없이 요리를 손수 다 했어.

둘째 아들 깨쳐들고
합정동까지 걸어갔다 왔어

둘째 아들은 연희동에서 낳아갖고 바로 왔어. 오십둘이여 개가. 참 말도 못하지. 백일 땐가 왔어. 막 돌아다닐 땐데 파리약을 먹었어, 둘째 아들이. 옆에 메추리 키우는 집에 가서 파리약을 먹어갖고. 그때가 셋째 뱄을 때야. 둘째를 토하게 하느라고 거꾸로 들고 합정동을 걸어갔어. 큰애는 어떻게 하고 있는지도 모르고. 합정동을 걸어갔는데 버스도 한참 있어야 돼. 신촌로터리에 이내과라고 있어. 가니까 점심시간이데, 의사가 보더니 안 죽는다고, 목구멍으로 넘어가지는 않았댜. 그러니 애가 얼마나 탔겄어. 그때는 택시 잡을 줄도 모르고.

그러고 집에 왔는데 셋째 애가 피가 나오더니 애가 내려앉은 거야. 그러곤 병원도 안 간 거여. 산파 들어서 낳았어. 자궁이 빠져서. 자궁이 앞으면 이렇게 빠졌었어. 애를 깨쳐들고 합정동으로 갔응께. 낳았는데 젖도 못 빨고, 뭣도 못 빨고. 젖을 짜서 먹여줬는데 결국은 20일 만에 죽었어. 아버지가 이북서 나와서 아들 셋 낳고 좋아서 여름에 수박을 이렇게 사오고 그랬는데 개가 죽고 나니까는 또 한 1년 못 돼서 또 들어서데. 그래서 딸을 낳은 거야. 그렇지 않으면 딸을 안 낳았지. 딸이 미국 가서 쉰 됐어. 셋 이상은 안 낳으려고 했지.

물난리

많이 났어. 한 네 번은 겪은 것 같아(이사 오기 전에도). 한 번 겪은 뒤 온 거니께. 우리 딸 낳을 때 증조할머니가 받아냈는데, 그때도 물이 들어와서 찰랑찰랑했어.* 우리 딸이 지금 오십인데 피아노 가르쳤잖아. 내일 피아노가 들어오는데 물이 한강같이 들어왔어. 그 전에 겪어서 이제 안 들어올 줄 알

1966년 7월 24일에는 폭우로 잠실지역이 침수되고, 한강 수위는 이달 26일 오전 6시 10분 마침내 위험 수위인 10.50미터를 돌파하여, 오전 11시에는 10.79미터까지 수위가 계속 올라가 한강 연안의 저지대는 다시 침수되었다. 이 당시 마포구 상수동·하수동·창천동·하중동 일대 가옥 300여 동도 한강 홍수의 역류로 지붕까지 물에 잠기는 침수를 겪었는데, 당시까지만 해도 봉원천이 개수되기 이전이었다.(출처 마포 구립 서강도서관 역사 자료)

았는데 또 들어온 거야. 찰랑찰랑 햐. 우리 아들이 대학교 때인가. 우리 아들이 컸을 때 물을 또 겪었어. 고무 다라이에다 우리 아들이 나를 태워가 다녔어(1984년). 애들이 성산학교로 피란 갔었어(1972년). 물 많이 겪었어. 수문을 잘못해서 그랬어.

싸구려 장사해갖고
이렇게 된 사람은 드물어

우리 참 열심히 살았어. 지금은 작은며느리도 건강원 해서 잘되잖아. 둘째 아들은 건강원 연 지도 한 20년 됐어. 그 전에는 이불가게 했어. 우리를 도와주느라고. 큰애가 직장에 다니니께 작은아들이 도와줬지. 일단 제 가게가 있어야 장가를 갈 거 아니야. 우리 가게만 도와주면

장가를 못 가니께 이불가게를 따로 해줬지. 이거 칸 막았었어.

사람이 돈 쓰는 것 먼저 배워야 돼. 100원 벌면 쓰는 거를 먼저 배우고 그래야 돈도 뫼고 하지. 우리 식구는 카드 그런 거 몰라. 카드 같은 거 아예 모르고 우리 아무것도 들은 게 없어. 돈 걱정 없으니께. 저축이나 하지. 사치도 없고. 며느리들도 사치가 없잖아, 살림만 하지.

장사는 오만가지 다 해봤어. 처음에는 마늘 장사 했지. 마늘밭 가서 상회에다 갖다넣고. 그 전에는 집에서도 마늘을 열 접, 스무 접 샀잖아. 마늘을 많이 샀지. 그 전에는 그렇게 소매를 쳤지만.

망원동 와서는 내 집이니께 고추도 빻고 기계도 넣고. 마늘도 팔고 고추도 하고. 생선 장사는 구멍가게 1년밖에 안 했어. 안 맞아서 그만뒀어. 새우젓 장사도 하고. 새우젓도 가을이면 댓 드럼씩 팔어. 옛날에는 건어물도 상회에서 한 차씩 가져오면 구멍가게에다 한 차씩 넣어줬어. 우리 아저씨가 보통 장사꾼이 아니여. 가게에다 갖다 넣어줬지. 한 차씩 갖다가 가게에다 넣고 나는 가게에서 소매를 하고. 우리 아저씨는 김이고 건어물이고 북어고 가게에다 넣어줬지. 마늘 같은 건 시골에서 가져오고, 배추는 밭으로 사고. 고추는 제천서도 많이 가져오고 안면도서도 많이 가져오고. 태양초 갖고 오느라고. 우리 작은아들이 많이 실어왔어. 안면도서는. 작은아들이 건강원 하면서부터는 제천서 택배로 부쳐와. 싸구려 장사해갖고 이렇게 된 사람은 드물어. 깨를 손으로 노다지 깨끗하게 씻쳐서 손님을 다 잡았어. 그때는 씻는 기계가 없었어. 나 먹는 것같이 씻쳤어. 지금은 씻는 기계로 하지.

지금은 노인네들도
깔끔하게 늙어야 돼

아침 7시에 가게 문을 열었어. 밥은 가게에서 먹었어. 2층은 잠만 자는 데여. 문 닫는 시간은 보통 10시도 넘지. 일찍 열고 밥을 해야 되니까. 아주 죙일 있었어. 아래층에서 밥해서 도시락 싸서 가. 도시락 세 개씩 쌌지. 지금 사람들은 밥해 먹이기 힘들다 그래서 내가 그랬네. 제 새끼 지가 밥해 맥이지 학교에서 밥을 먹이게 혀. 내 새끼는 내가 먹여야지. 그 전에는 연탄 부엌에서도 다 했는데. 지금은 좋은 디서 살아서 밥을 얼마든지 해서 줄 텐데. 우린 이렇게만 했어도 살 것 같았어. 아침에 보면 도시락 세 개씩 싸주잖아. 백점 맞으면 소세지 그거 부쳐서 주고. 나는 칼국수 밀어서 짜장면도 만들어줬어. 고기는 못 사고 돼지기름 한 근 사다가 짜장을 볶아서 그때는 호박 다마내기 잔뜩 넣어서 만들었는데 아주 맛있었어. 칼국수 밀어서. 그거 가지고 애들이 이틀을 먹었어.

먹고 싶은 거 다 먹고 돈을 어떻게 뫼어. 나도 난닝구만 입고 살고. 큰애 입던 거는 밑에 동생을 입히고. 여름에 한가지만 가지고 입고. 그저 버는 데로 뫼이기만 하는 거여. 버는 데로 그냥. 갖다가 은행에만 넣었지. 우리는 무상배급도 안 타먹은 사람들이여. 물난리 겪고도. 엄마 아빠가 열심히 산 사람들은 애들도 다 열심히 살어. 젊은 친구들이 그래. 생활이 그런걸요. 왜 세월을 가르쳐. 내 새끼 내가 가르쳐야지. 세월 탓하지 말어. 우리 고대로 가르쳐야 제대로 되지. 딸들 잘 가르쳐야 이담에 신랑도 덕을 봐.

나 수영 가는 날은 며느리가 12시 만에 오고 할아버지가 가게를 봐.

아침 9시에 내려가서 문을 여서 지금도. 목요일은 등산을 가서 우리 할아버지가. 서로 운동하게끔 지그자기 다 짜여 있어. 아들은 저녁 운동을 하고. 식구들이 딴 시간을 안 써. 올해 칠십넷이여. 뚱뚱하면 안 되잖아. 지금은 노인네도 깔끔하게 늙어야 돼. 지금은 죽고 싶어도 못 죽어. 병원 가면 살려서. 그러니까 몸 관리도 잘해야 돼. 건강이 최고여.

3

망원동에서 자라 대를 이어 장사를 하다
깨가 쏟아지는 마당쇠방앗간 고종순 사장

우리가 망원동에서 세 번 이사했는데. 여기는 예전에 땅을 사났다가 건물을 지이 1988년에 이사 와서 장사를 했어요. 57번지는 처음에는 피란 온 사람들이 집을 짓고 살았다고 해요. 우리가 이사 올 무렵에는 철거민들이 조금씩 흘러 들어왔구요. 우리는 철거민은 아니었는데 아버님이 땅을 마련해서 거기가 싸서 들어왔죠. 거기서부터 시작을 해서 계속 장사를 했어요.

　지금은 57-200번지이지만 당시 57-100번지가 원래 저희가 처음 살던 데예요. 현 주소는 200으로 돼 있더라고. 아직도 터가 있어요. 57-100이제 본적지인데 거기서는 마늘 장사를 했어요. 마늘을 옛날에는 뽑아서 그냥 와요. 그럼 엮는 아줌마들이 따로 있어요. 그 아줌마들이 100개씩 해서 새끼줄로 엮어놔요. 굵기별로 골라서. 그걸 해놓으면 장사하시는 분들이 리어카 끌고 나가요. 서교동도 가고 연희동도 가고 서대문도 가고. 우리 어머니가 그 일을 다 하신 거지. 일하시는 분들 반주도 준비하고. 원래는 그런 걸 먼저 하다가 나중에 방앗간을 차린 거예요. 거기서 그걸 하다가 57-300으로 이사 왔는데. 방앗간을 하다가 잠시 슈퍼도 했다가 다시 방앗간을 하다가. 거의 고추 전문으로 했죠.

원래 여기는 시장이 아니었어요. 지금 망원2동 블렌하임 자리가 예전에 성산시장이었어요. 그때는 그 시장밖에 없었어요. 영진시장이 있었고 신교시장이 있었고. 서교동에 신교시장 자리고, 영진시장은 지금 조그맣게 있는데 성산초등학교 앞에. 대표적으로 신교시장과 성산시장이 제일 큰 시장이었는데. 거기가 너무 오래되고 옛날 양철지붕으로 단층을 올려서 시커멓게 슬레이브만 보이는 그런 시장이었어요. 월드컵시장 뒤쪽 공간이 다 공터였어요. 옛날에는 규모가 지금처럼 크지 않아서 지금의 반만 했어요. 여기 망원시장은 월드컵시장을 가기 위한 통로였고요. 주택가, 길가였지요. 상가 한두 개씩은 있었고.

여기가 시장으로 인가를 받은 게 2006년도예요. 옛날에는 중기청에서 인가를 받은 시장만 아케이드 공사 해줬거든요. 아케이드 공사는 2008년에 완공됐어요. 월드컵시장은 우리보다 2년 전에 이 앞에 인가를 내서 아케이드 공사를 했고 우리는 2년 후에 했죠. 시작은 비슷하게 하려고 했는데 저희가 좀 늦어졌어요. 예전에는 이곳에 천막 치고 장사하고 그랬어요. 상권은 이미 들어선 형태이긴 하지만 우리가 말하는 전통시장 인가는 늦게 받은 거예요.

직장 그만두고
가게를 전수받다

저희는 업체를 잘 안 바꿔요. 신뢰를 중요하게 생각해요. 싸게 들여
와서 많이 재놓지도 않고요. 이 기계가 저희 보물이에요. 15년이 넘
었죠. 깨소금 기계인데 저거 만드는 공장이 안 돼서, 이 기계를 만드
는 회사가 지금은 없어서 내가 기계 고쳐 쓰고 그래요. 우리 보배니
까. 저렇게 볶는 게 맛있어요. 튀겨지면서 볶으니까. 근데 경제적으로
는 떨어져. 시간이 많이 걸려. 솥에 볶으면 금방 볶거든요. 한 10분이
면 한 말 볶아요. 솥으로 20~30분이면 저거는 한 말 볶으려면 몇 시
간을 들여요. 전기료도 많이 나가고. 그래도 시각적인 효과 있고, 또
맛도 있고.

　제가 2001년에 그만뒀거든요. 그때 쌀을 시작했어요. 저쪽에다 기
계 설치하다 공간이 비어서 쌀이나 하자고. 아버지도 맨날 돌아다니셨
기 때문에 좀 아니까. 쌀을 조금씩 시작했는데, 바로 앞에 쌀집이 있었
거든요. 근데 쌀집이 없어졌어요. 그 쌀집 되게 오래된 집이에요. 종업
원으로 일했던 사람이 사장으로 돼서 계속했으니까 단골이 얼마나 오
래됐겠어요. 그 쌀집에서는 쌀을 팔면 조그만 잡곡을 섞어서 줘요. 수
입쌀하고 기장하고 섞어가지고. 나는 똑같이 하고 싶은 마음은 없었어.
자존심 상해서. 내 나름대로 한 게 쿠폰제예요.

　엽전을 만든 거예요. 가게 이름이 마당쇠잖아. 상평통보 엽전을 만들
어서 10킬로그램은 반 냥, 20킬로그램은 한 냥. 제가 장사를 시작하면
서 뭔가 변화를 줘야겠다는 생각이 들었어. 쌀도 시작하니까. 우리 기
름이 꽤 알려져 있는데 쌀을 어떻게 홍보할까. 쿠폰을 자석으로 만들

어서 냉장고에 붙이게 했어요. 스티커를 붙이는 게 아니니까 회수도 가능하잖아요. 네 장 모으면 참기름 하나예요. 쌀 한 가마예요. 그렇게 해서 고객을 점점 확보했어요. 지금도 요거 타시려고 드시는 분도 있지만 당연히 쌀이 좋고, 기본은 뭐든지 가야 하잖아요. 그렇게 해서 쌀에 대한 단골이 많이 생기고, 참기름 안 먹어본 사람들이 참기름을 먹게 되고 일석이조의 효과죠. 쌀 갖고 쿠폰 하는 사람은 거의 없거든요. 나는 그렇게 덤으로 주는 것보다는 차라리 계속적인 구매 효과도 있고 참기름을 알리는 효과도 있고. 마진은 당연히 좀 적지. 그러나 계속적인 수요가 되잖아요. 쿠폰이라는 게 그게 매력 있거든요. 모으는 재미도 있고, 공짜가 생기는 기분도 들고요. 쿠폰 때문에 단골이 늘기도 했지만 그 고객들이 안 떠나. 그분이 계속 구매를 하죠. 쌀은 정기적으로 구매를 해야 되는 품목이니까.

마님과 마당쇠가
방앗간을 일구다

우리 아버님 때는 망원상회였어요. 처음에 마당쇠가게를 시작할 때는 남들하고 달라야 한다고, 개성 있어야 한다고 생각했어요. 경쟁력. 뭐라도 독특해야 하고 그 가게만의 특징이 있어야 하거든요. 가게 이름이 깨가 쏟아지는 마당쇠예요. 사업자에는 마당쇠로 적혀 있지만. 깨가 쏟아지는 마당쇠예요. 저 기계에 깨가 쏟아지고 있거든요. 한눈에 아, 절대 잊어버리지 않겠다. 깨가 쏟아지는 마당쇠. 하룻밤 새 고민을. 뭔가 이름을 바꿔야 하는데. 가게 특성상 농산물이잖아요. 거기에 걸맞은 게 뭐가 있을까 고민을 되게 많이 했어요. 돌쇠, 마당쇠 …… 마당쇠가 되게 부지런하잖아요. 와이프가 졸지에 마님 된 건데. 마당쇠와 마님이 섬성이 있었잖아요. 처음에 청사초롱을 달았어요. 음악도 틀었어요. 민요나 트로트 같은 거. 저도 개량한복을 입었어요. 마당쇠 명찰도 달고. 지금도 그때 맞춘 개량한복 있어요.

전에는 한국통신에서 직장생활을 했어요. 10년을 했는데 저는 진급 하려고 노력도 안 했어요. 어차피 자연빵으로 호봉은 올라가니까. 야근 을 좀 많이 했죠. 야근하면 기계실 같은 데 들어가는데, 기술직이니까 그 안에서 야근을 하고 나면 아침에 퇴근하고. 3교대 내지 2교대도 하 고 그랬어요. 저희는 명절이 없었어요. 교대근무는 명절이 없어요. 설날 이고 추석이고 가서 교대근무를 또 해줘야 하고. 그렇지만 돈은 짭짤 했죠. 휴일수당이 붙으니까. 그렇게 지냈는데 언젠가 삐삐랑 핸드폰 사 이에 시티폰, 그때부터 갈구기 시작하는 거야. 위에 오는 사람들이, 과 장급들이 이쪽을 점검하는 게 아니고. 다른 부서에서 했던 사람들이 우리 관련된 부서에 대한 문제를 해결하고 이래야 되는데 그런 건 안 하고 오로지 성과를 올려서 점수를 매기고. 그런 게 싫었어. 우리가 안 에 내근자인데 판매하는 그 사람들이 해야지 우리가 다 하냐고. 점수 도 안 나오잖아. 그러다보니 많이 부딪치더라고. 주변으로 발령을 많이 내더라고. 현장으로 돌리려고 하더라고. 현장을 좀 다녔어.

그러던 차에 어머님이 좀 아프셨어요. 입원하고 수술하게 됐어. 김장 때 가까이 됐을걸. 11월 초에, 11월 2일엔가 퇴직을 한 걸로 알고 있어. 아버지는 막 반대했죠. 멀쩡한 회사를 그만둔다고. 어머니하고 내가 짰 어. 와이프한테도 이미 얘기하고. 내가 하고 싶은 대로 하라더라고. 이 때 그만두지 않으면 못 그만둘 것 같아. 아버님이 반대하고 그러니까 아예 질러버렸어, 그냥. 아버님이 나보고 말도 안 했어. 가게 출근을 했는데 멀뚱멀뚱. 시장도 아니었고 한가했었어. 아들들하고 전단지 붙이고. 쿠폰제 한다고 붙이고 다니고. 그때는 한가했어요. 여기서 인사동까지 쌀 배달했었어요.

하여튼 그때는 퇴직 안 하면 안 되겠다는 절실한 마음이었으니까. 그러니까 요까지 온 거야. 너무 잘했다 생각해. 망원시장에서 장사를 하고 있고. 망원시장 여러 사람 알고 있고. 시장 일을 또 하고 있으면서 너무 적성에 잘 맞고 저는 진짜 좋아요. 일하는 건, 원래 몸 쓰는 걸 싫어하지 않기 때문에, 막 움직이는 걸 귀찮아하고 그러지 않아요.

회사 다닐 때 와이프랑 세 부부 6명이서 독서 토론을 했어요. 그때 한 달에 한 권씩 책을 권하기로. 한 2년간 했어요. 제 인생에서 책을 제일 많이 읽은 해였는데. 그때 도올 김용옥이라는 사람을 책을 통해서 알았어요. 그래서 노자와 21세기. 비디오테이프도 몇 번 빌려보고. 중학생 아들들 방학 때 새벽에 일어나게 해서 테이프 보게 하고 그랬어요. 그러면서 그 전에는 몰랐던 것들을 종교라든지 역사라든지, 나의 가치관을 만들어주는 계기가 됐어요. 그런 것들이 장사하는 데도 큰 밑거름이 된 거예요. 1990년대 말이었으니까. 2001년도에 회사 그만뒀잖아요. 그런 자신감 때문에 회사를 그만둘 수 있었던 것 같아요.

망원동의 물난리

망원동에 물난리 세 번 났어요. 1972년하고 1984년하고. 중간에 하나 있는데 그건 기억이 안 난다. 대학생일 때 1984년도예요. 그때 그게 요만한 소방 호스로 빨아들이고 있더라고. 그때는 역류하는 거거든요. 넘친 게 아니고. 여기 한 요 정도까지 잠겼어요(가슴팍을 가리키며). 여기가 하류라 지대가 낮아요. 소방차 몇 대가 요만한 호스로 빨아들이고 있더라고. 열불이 나가지고. 마포구청 나오라고 유리창 다 깨고. 저만 아니라 그때는 여럿이 있었어요. 저도 그냥 개인적으로 가서 성질이 나서 그랬었지. 젊은 혈기로 대치하고 있는데 그러니까 누가 막 붙잡더라고. 한 놈을 끌고 가더라고. 안 되겠다 도망가자 그랬지. 그때가 57-300번지였어요. 추석 가까워서 시장에 물건 많이 쟁여놓고 했을 땐데, 피해를 크게 봤죠. 그때 최초로 북한에서 옷감하고 쌀을 받았어요. 원조를 받았죠. 쌀은 먹지도 못했지만. 옷감은 벌레 먹어 포대, 보자기 만들고 그랬어요. 형편은 없었지만 큰 물난리였기 때문에 북한이 도와줬죠. 쌀은 그냥 떡 해 먹고. 유수지가 있어요. 거기가 지대가 제일 낮아요. 쭉쭉쭉쭉 차고 올라오고 있었어요. 그때는 싱신시장이었는데 피해를 되게 많이 봤죠. 저희는 3층 건물이었는데 가게 다 잠겨서 위층으로 옮기고. 그때는 보트가 아니라 고무 다라이 타고 다니고 그랬어요.

1972년은 제가 초등하교 다닐 땐데 그때는 57-100번지에 살았어요. 그때는 어머니 아버지 잃어버리는 줄 알았죠. 우리를 학교로 피신시켰는데 나중에 찾으러 오겠다고. 물난리 수습하러 갔는데 다른 부모는 다 오는데 우리 부모는 안 오는 거야. 거의 끝나가는데, 다 찾아가는데. 막 울고불고. 아직도 생각이 나.

망원동 자체가 옛날에 경기도 고양시인 적이 있었어요. 서울에서 제일 끝자락이었죠. 그러니까 아무래도 없이 사는 사람들이 많이 왔고. 거의 다 밭, 하천. 여기 또랑이 많아요. 망원시장 도로 곳곳이 복개한 거예요. 성산초등학교 바로 앞 도로도 다 복개야. 이쪽이 강 기준으로 해서 다 복개예요. 홍성아파트 옛날 자리. 어디라 얘기해야 돼? 지금은 중국 애들 관광차 지나는 길 있죠? 삼성프라자 못 미쳐서 도로가 하나 있어요. 우체국 사거리 거기도 복개거든요. 그게 쭉 경성중학교까지 복개예요. 여기는 한강을 기준으로 해서 일자로 개천이 흘렀어요. 우물도 있고. 정화를 하지 않았기 때문에 모든 하수가 그쪽으로 빠져나갔죠.

물난리 하면 망원동이라는 오명이 있었어요. 그리고 1984년 이후에 굉장히 꼼꼼하게 대처를 잘했어요. 다 점검하고 시설 싹 바꾸고. 딴 데는 물난리가 나도 여기는 안전했어요. 그만큼 확실하게 했죠.

대를 잇는 가게가
늘고 있다

시장이 점점 젊어지고 있다는 생각이 들어요. TV에도 많이 나왔지만 '망리단길'이라고 해서. 전통시장이 대체로 연세든 분이 많은데 젊은 층이 많은 곳 중 하나가 망원시장이에요. 작년 올해 지켜보면서. 매스컴을 많이 타다보니 그런 것들이 더 극대화되는 것 같아요. 망원시장이 쇼핑하기가 편해요. 딱 일자로 돼 있고. 웅장하면서도 길지는 않아요.

대를 이어 가게를 하는 집도 꽤 늘어났어요. 요즘 젊은 애들이 다른 직업 찾기 힘들고 일손은 딸리니까 딴 사람 두기보다 자식을 둬서 같이 배우면서. 여기 고려 왕족발도 아들이 같이 하고 있지. 한 열 집 정도 되는 것 같은데. 여기 태보네도 딸이 같이 하고 있지, 신발가게도,

송이네도, 금은방도 아들이 하고 있지, 튀김집도 아들이 하고 있지. 굉장히 많이 늘어났어요. 30대 초반 애들이 되게 많이 늘어났어요.

이웃들과 함께하는
시장을 만들다

어린이날 행사가 있어요. 올해로 6회쨌가 7회째 하는데 지역의 놀이방, 어린이집들 다 초대해 그림 그리기 대회를 열어요. 그날 과자니 아이스크림이니 음료수니 지원을 받아서 무한 리필해서 먹을 수 있게 하고. 장보기 미션이라고 엄마랑 아빠랑 같이 만 원짜리 티머니 카드를 줘요. 그걸로 주제에 맞춰 장보기 게임을 하는 거죠. 육개장이면 육개장, 비빔밥이면 비빔밥 타이틀을 줘. 몇 분 안에 엄마 아빠하고 같이 징을 보는 거야. 시간 안에 많은 곳을 들러서 가장 빨리 오는 사람에게 상품을 주는 거야. 작년이랑 올해에 했는데 어버이날에는 주변 어르신께 무료로 자장면이랑 여러 가지 음료수하고 해가지고 나눠드리고.

가장 큰 행사는 12월 바자회예요. 시장 물품들 찬조받아서 물건을 20~40퍼센트 이동 매장에 깔아요. 가격 책정을 해서 여러 상인들 모여서 팔아요. 일반 가게에서 팔던 것들 기부받아서. 쇠고기 우족 같은 것은 경매도 하고. 바자회를 통해서 얻은 수익은 동사무소나 구청이나 놀이방에 기부해요. 40~50퍼센트 할인해서 팔아도 수익이 보통 400~500만 원 정도 돼요. 한 시간이면 다 팔아요.

홈플러스 입점,
비상식에 딴지 걸다

4개의 전철역에 3개의 홈플러스가 들어오는 게 말이 안 되잖아요. 저는 많이 화가 났었어요. 이렇게 들어오는 건 말이 안 된다, 그것도 홈플러스만. 월드컵시장과 망원시장이 공동으로 집행부가 만들어졌어요. 임원들끼리 단합해야 돼요. 조끼도 입게 하고요. 얘기하고 같이 해야 합니다. 극소수는 '어차피 들어올 건데, 안 오겠어, 헛짓거리 하는 거지' 했어요. 비대위가 엄청나게 열심히 했어요. 임원들이 열심히 해왔기 때문에 상인들이 따라주는 거예요. 아이디어 개발하고 계속 행사도 하고 아이템을 만드는 것을 다 알아, 상인들이.

일 끝나고 와서 10시에 회의를 해야 하니까, 끝나면 소주 한잔 먹기 때문에 늦게 끝나면 와이프한테 욕먹고. 홈플러스 이후랑 그사이에 와이프랑 되게 많이 싸웠어요. 회의를 일주일에 세 번 하지, 홈플러스 싸움 끝난 이후에도 계속 임원을 하고 있는데 그때 너무 힘들었기 때문에 와이프가 나보고 임원을 그만두라고 할 때도 있죠. 처음에는 자기들이 이렇게까지 할 줄은 몰랐죠. 2년을 끌었거든. 1년에 다섯 번 시장 문을 닫았는데 처음에는 마포구청, 상암동 홈플러스 거기도 가서. 오토바이 타고. 시장 사람들 다 해갖고 상인들 줄을 쫙 서갖고 걸어갔어요. 삼보일배까지 했어요. 팀을 만들어서. 아이디어가 되게 좋았어요. 오토바이는 앞에서 쭉 가고. 돌아가면서 1인 시위도 하고. 여의도 국회의사당 앞 거기도 가봤고. 삼성에도 갔죠, 역삼동에.

저희는 진짜 자체적으로 기안 마련하고. 거기에 숨은 1등 공신이 올리비아 허슬러 전 회장, 서정래라는 분이에요. 지금은 이제 전전 4대,

5대 회장 두 번 하셨는데 그분의 역할이 컸죠. 그분이 중책을 맡으면서 진두지휘했고. 저희는 거기에 맞춰서 각자의 역할을 다했고. 그때 경제 민주화 얘기도 나왔어요. 그때 또 둘째 넷째 의무·휴업안이 나왔고. 저희 하고 나서 그런 것들이 더 많이 발의됐어요. 새누리당 당사도 쫓아가고 의원 데이터도 받았어요. 국회의원에게 항의 전화하고. "아니 어떻게 이런 법안을 낼 수 있냐?"고. 그리고 그때는 솔직히 눈에 보이는 게 없었어요.

그러다 메세나폴리스 횡단보도 앞에 텐트를 쳤죠. 10월부터 3월까지 5개월 넘게 텐트를 쳤네. 그럼 어떻게 해야 돼요? 텐트를 지켜야 하잖아. 상인들은 와서 또 교대로 밤에는 한 명만 있고, 어떤 때는 불만 켜놓고 갈 때도 있고. 망원시장 교대로 계속 돌리죠. 그 명단을 또 제가 짰어요. 마이크 대고 다음 분 준비하십시오. 몇 시까지 천막으로 가셔야 합니다. 교대하고. 어떻게 지나갔나 모르겠어요. 생전 데모 한번 안 해본 사람들이.

저희가 다섯 번을 시장 문 닫고 갔으니까. 시장에서 문을 닫는다는 게 쉬운 일이 아니에요. 각자 사장이죠. 내가 열겠다고 하면 여는 거예요. 한 회사가 아니잖아요. 시장이라는 데가 나이대가 틀리지, 지방도 틀리지, 학력도 다 틀리지, 각자 사장이잖아요. 일하는 사람 한꺼번에 의견을 동시에 맞추기가 어려운 일이에요. 많은 재래시장이 힘든 것이 그런 거예요. 근데 저희 시장은 젊은 층이 많고, 임원들이 에너지가 많았어요. 하려고 하는 에너지들이. 그게 시장을 이끄는 힘이 아닌가? 일하는 사람들 만나고 관계 맺고 술 한잔 먹고 시장 일 공유하고. 같이 여행도 가고. 저는 일하는 사람들 만나는 것이 행복해요.

후기

시장의 여성상인을 만난다고 할 때 부담감이 컸다. 대개 시장에서 만나는 좌판 할머니들은 입이 거칠고 퉁명스러웠다. 텔레비전에는 억척스럽게 일해서 아이들 대학 공부 시키는 모습으로 많이 나왔다. 처음 생각했던 건, 억척스러운 이미지의 상인들에게서 어떻게 중심을 잡고 인터뷰를 진행할 수 있을까였다.

그러나 첫 만남부터 그 이미지는 깨졌다. 친정 엄마보다 더 젊은 최윤영님을 보며 언니라 불러야 할 것 같았다. 그리고 이야기를 하면 할수록 깍쟁이 서울 여자였다. 시장 일보다는 두 아들을 키우고 가정을 보살피는 것에 더 큰 무게중심을 두었던 그녀. 망원시장에서 오래된 가게 중 하나임에도 가게 이야기는 많이 들을 수 없었던 마포 토박이. 이야기의 중심을 잡을 수 없었고 솔직히 말하자면 인터뷰는 힘들었다. 망원시장의 오랜 역사를 겪어낸 방앗간으로 주제를 잡고 인터뷰 대상을 넓혀야 했다. 그녀의 남편, 시어머니. 이야기는 풍성해졌지만 그녀는 자꾸만 주변부로 밀려나고 있었다.

어떻게 중심으로 끌고 올 수 있을까. 분명 그녀는 방앗간 일의 절반을 담당하고 있는데. 그러고 보면 50대 여성들의 삶이 대부분 비슷할 것 같았다. 가족에 헌신하며 살면서 가족 속에 자신이 배어 들어간, 분명 바쁘고 고단한 날들임에도 특별히 기억할 만한 일은 별로 없는. 또래와 함께 가족 이야기, 일상 이야기는 잘 나누지만 인터뷰는 어색한.

바쁜 일정 속에 제대로 인사를 못하고 마무리 지었다. 다음에 만날 땐 수다로 만나고 싶다. 두 아들을 건강하게 키워낸 인생 선배의 이

야기를 다시 한번 듣고 싶다. 서툰 인터뷰에 성실하게 응대해준 그녀
와 방앗간 가족들에게 감사의 말을 전한다.

대를 이어 장사하는 며느리 최윤영씨.

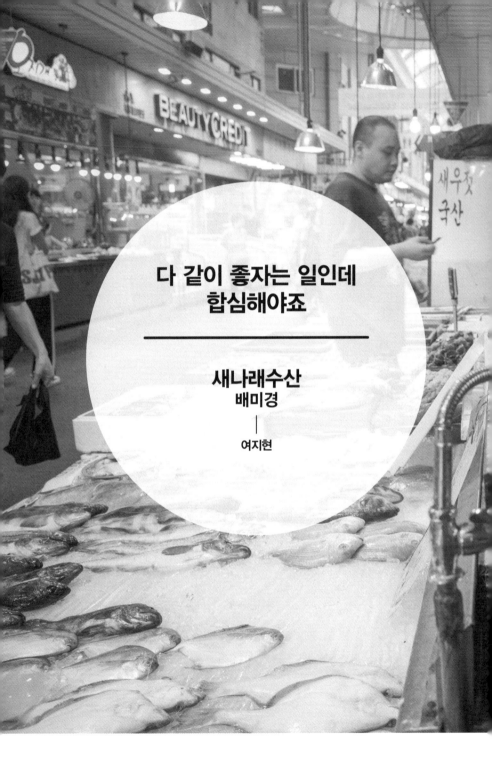

다 같이 좋자는 일인데
합심해야죠

─────────────

새나래수산
배미경

|

여지현

우리 집이
부자인 줄 알았어요

강화도가 고향이에요. 딸, 딸, 딸 하면서 딸을 기다리다가 저를 낳으셨기 때문에 사랑을 많이 받았어요. 우리 아버지 대에도 아들 넷에 딸이 고모 한 분밖에 안 계세요. 그래서 삼촌들한테 특히 사랑을 많이 받았어요. 우리가 큰집이니까. 할아버지가 저를 그렇게 예뻐하셨다 그러더라고요. 윗마을까지 업고 가서 인형도 사주고 그러셨다는데 기억은 잘 안 나요.

너무 수줍어서 애들하고 모여서 어디 가서 놀고 뭐 그런 거를 잘 못했어요. 우리 동네 뒤에 저수지가 있어요. 우리 아버지가 새마을 지도자 하실 때 길 내려고 땅도 내놓고 해서 농가 저수지로 쓰던 곳인데, 여름만 되면 애들이 다 거기 가서 놀아요. 우리 동네 수영 못하는 애가 없어요. 저만 못해요. 거기 가서도 발가락만 담그는 거예요. 워낙에 무서움이 많아서. 미끄럼틀도 못 탔고 그네도 못 탔어요. 그네는 그냥 앉아만 있거나 발이 닿는 한도 내에서만 왔다 갔다 하고, 미끄럼틀은 미끄러져 내려오는 데로 올라가고 계단으로 내려오고. 미끄러지는 게 무서워서요. 또, 애들이 밤에 보름달 뜨면 두 조로 나눠서 술래잡기를 하는데, 나는 그것도 무섭고 하기 싫어서 나 없다 그러라고 했어요. '하, 참 바보다' 싶은 생각도 드는데, 다시 돌아간다 해도 지금도 또 못할 거 같아요.

우리 집이 강화도 시골에서 구멍가게를 했어요. 가게가 내 담당이었죠. 밥 때만 되면 손님이 와요. 손님은 밥 때를 어떻게 그리 잘 아는지, 막내오빠랑 서로 안 나가려고 그것 때문에 많이 싸웠어요. 어렸을 때부터 나는 우리 집이 되게 부잔 줄 알았어요. 가겟집이라 마을에도 없는 TV가 우린 있었어요. 전기, 석유, 연탄, 약 다 있었어요. 그때 한참 북한에서 쳐들어온다 그런 얘기 있었잖아요. 전쟁이 일어나면 애늘이 나 우리 집으로 온다고 그랬어요. 과자 갖고 튄다고. 아이스크림, 뽑기 그런 거 다 있었어요. 이건 비리라서 얘기하면 안 되는데, 일요일 되면 물건을 다 내가 진열해놓거든요. 그때는 초코파이 속에 ET 모양 연필 뒤에 꽂는 게 있었어요. 그건 다 내 거야. 박스로 파는 게 아니라 뜯어서 파니까 그걸 누구한테 주겠어요. 다 내 거지. 또 풍선 뽑는 거 있잖아요. 번호 가려놓고 추첨하는 거. 뒤에 가려놓은 걸 미리 보고 일번은 뜯어서 놓고 뒤를 다시 막아요. 그럼 나중에 팔고 나면 일번이 남아. 젤 큰 거. 그럼 그건 내 거고.

엄마는 항상 밭에 계셨어요. 저 낳을 때도 밭에서 일하다가 들어와서 나으셨대요. 고생 많이 하셨어요. 시집와서 우리 작은아버지들 다 학교 보내고. 우리 아버지는 뱃동사(선원) 두고 배를 하셨는데 폐가 안 좋아지셔서 그만두셨대요. 나 태어나면서 가게를 차리셔서 저는 잘 몰라요. 작은할아버지하고 뱃동사가 우리 툇마루에서 그물 기우던 그런 기억은 있어요. 동네 분들 관광 가실 때 사회도 맡고 유머가 있으셨어요. 제가 회사생활 할 때도 휴가에 시골 내려가면 아버지가 매운탕이든 냉면이든 당신이 꼭 손으로 직접 만들어주셨어요. 아버지가 어촌계장을 하셨기 때문에 배에서 물건이 들어오면 그걸 달아서 밖으로 내보내고 그랬어요. 선주들이 생선을 줘서 집에 항상 생선이 있었고, 뒷동네에 양계장 하시는 일본 아저씨가 가게에 계란하고 닭 갖다주셔서 항상 있었어요. 그래서 어렸을 때 부잔 줄 알았다니까. 중학교 들어가서 알았어요. '아, 그게 부자가 아니구나' 하고.

수줍은 "20원만"
노동이 놀이 같았어요

강화는 갯벌이잖아요. 주말 되면 갯지렁이를 잡아요. 일본이나 불란서로 수출을 한대요. 이게 바로 현금이 되니까 마을의 주요 수입원이었어요. 양이 점점 줄고 잡는 사람은 많아지니까 집마다 5킬로만 해라, 4킬로만 해라 이렇게 할당량이 떨어지죠. 어르신들은 좀 덜 팔잖아요. 안 파시는 집도 있고. 그러면 많이 파는 집은 거기 얹어서 더 팔기도 하고, 안 파는 사람 이름으로 팔 수도 있고, 우리 엄마가 항상 톱을 달렸어요. 그러면 나도 잡아서 쪼금 보태고, 아버지 쫓아서 팔러 가면 계장님이 제 몫으로 조금 더 얹어주시고 그랬어요. 갯지렁이 잡다가 심심하면 거기 굴 붙어 있는 거 짜먹고 그러면 진짜 맛있었어요. 따서 돌맹이 같은 걸로 꾹꾹 찧어서 먹어요. 너무 맛있어서 그걸 깡통에다 담아서 가져와 보면 갯지렁이들이 다 먹고 껍질만 있는 거예요. 가게 보면서 틈틈이 옆집 언니랑 음료랑 빵이랑 싸가지고 나가서 잡고 그랬어요. 저는 그냥 노는 것보다는 노동이 오히려 놀이같이 생각됐었던 것 같아요.

그때 제 별명이 "20원만"이에요. 그때는 20원만으로도 과자 한 봉지를 먹을 수 있었어요. 아빠한테 "20원만", 엄마한테 "20원만" 해서 큰 거를 먹는 거야. 매주 농협에서 학교로 와가지고 저축통장 해서 가지고 갔어요. 5원도 저금하고 15원도 저금하고, 아버지가 신문지 같은 데다 돌돌돌 말아서 동전을 주셨어요. 서울에서 오빠가 오거나 작은아버지들이 오셔서 주시는 돈도 모으고. 쓸 일이 없잖아요. 졸업할 때 되니까 그게 돈이 좀 됐어요. 그러니까 옆집에 어머님이 돈이 필요하다고, 빌려달라고 그래서 3부 이자를 받았었어요. 3년 동안 빌려 썼어요. 난 몰랐지. 준다니까 그냥 "네" 그랬었지. 그래서 그때 그 돈으로 중학교 때도 계속 저축하고, 고등학교 때는 저축부장도 했었지. 농협장 상도 받고.

주말 되면 아카시아 잎 비료 포대에다 하나씩 따서 가져가야 돼요. 잔디씨*는 편지봉투에 하나씩 넣어가지고 가야 되고. 그게 숙제예요. 뭐에 쓰려는 거였는지는 몰라요. 어디 수출한다고 그랬어요. 삐라도 주우러 다녔어요. 그때 그렇게 가르쳤잖아요. 삐라는 읽어서도 안 되고, 간직해서도 안 되고. 근데 어느 날 다락을 열어보니까 다락에 이만큼 있는 거야. 바로 냈더니 공책을 이만큼 주더라고요. 오빠들이 내려고 모아놨던 거 같아요.

애향대**라고 있었어요. 일요일 8시에 모여서 출석을 불러. 옛날에는 길이 그냥 흙길이라 비만 오면 웅덩이가 생겨요. 그러면 그곳을 돌 같은 걸로 메우고 그 옆에 풀 뽑고, 다시 모여서 오늘은 어디서 어디까지 뭘 했다. 누구누구 모였다, 그런 거 기록하고. 지금도 그 시절이 막 그리워요. 서로가 한마음이었잖아요. 잘했든 못했든 박정희 대통령으로 인해서 다 합심하고. 우리 아버지도 그때 지도자 하면서 밭에 땅 이만큼 내놓고, 도로를 넓혀놓고. 지금은 1평이 어디 있어요. 그걸 누가 내놓겠어요.

틀 안에서는
그냥 잘했어요

교회에서는 크리스마스 때 앞에 나가서 연극도 하고 노래도 부르고, 우리가 안무도 짜고. 제일 기억에 남는 거는 '장수만세'라고 그때 한창 인기였어요. 내가 할머니 역할 하고, 내 친구가 할아버지 역할 했는데 내가 되게 웃겼나봐요. 우리 어머니는 아직도 그 얘기를 하세요. "장수만세에서 니가 그렇게 웃겼는데……" 대본도 없이 즉흥적으로 했어요.

먼저 나서서 하지는 못해도 어떤 틀 안에서는 그냥 잘했던 것 같아요. 저는 틀에서 벗어나는 걸 별로 안 좋아해요. 집에서도 뭐 하나 갖다놓으면 10년이고 20년이고 그 자리 그대로 있어요. 변화를 별로 안 좋아해요. 학교 다닐 때 하지 말라는 것도 한번 해보고 그래야 나중에 나이 들어서 '학교 다닐 때 그런 적도 있었는데' 하면서 얘깃거리가 있잖아요. 그런 걸 하나도 못한 게 어떤 때는 아쉬운데, 그때로 다시 돌아가도 또 못할 것 같아요.

쑥스러움이 엄청 많았어요. 초등학교는 시골이라 한 반밖에 없었는데 중학교 들어가면 반이 몇 개씩 되고, 학년이 바뀌면 애들이 바뀌잖아요. 누가 말 걸어주기 전에는 말을 안 했어요. 그렇게 내성적이었어요. 그리고 또 고등학교 2학년 때 수학여행 가잖아요. 선생님이 분명히 술 먹으면 나쁜 애라 그랬는데 내 친구가 맥주 한 모금을 마시더라고요. 그거에 충격 받아가지고 졸업할 때까지 말을 안 했어, 걔하고. 진짜 고지식했어요.

고등학교 때는 애들이 너무 공부를 안 하고 막 떠들고 그래도 선생님이 뭐라고 얘길 안 하는 거야. 나는 또 그 선생님 불쌍하니까 영어사전 찾아가지고 빨간 표시로 다 해서 준비해놓고, 선생님이 "이거 할 사람?" 하고 시키잖아요. 손을 못 드는 거야. 그냥 시켜줬으면 싶어 얼굴만 쳐다보고. 시키면 하는데. 지금도 만약에 그런 상황이면 또 그렇게 될 거야.

난 참 복이 많은
사람인가봐요

고등학교 졸업하고 한 3개월 동안은 강화에서 약국에 다녔어요. 다니다가 삼부토건이라는 회사를 다니게 됐는데, 지금은 잘 안 됐지만 그때는 건설업 면허 1호라 현대건설보다도 면허순위는 우선이고, 직원이 한 300~400명 돼요. 거기 총무부에 있다보니까 배우는 게 많았어요. 그때 제가 담당하던 총무부서 일 외에도 직원들 간에 새마을금고 같은 일을 했어요. 그때는 은행 대출도 까다로우니까 월급에서 만원, 2만 원, 출자금을 받아서 대출해주고 이자를 받아서 배당금 주고 하는 그런 게 있었어요. 그래서 그 컴퓨터 입력 작업을 핑계 대고, 쉬는 날 일 없을 때도 회사 가서 앉아 있었어요. 게임을 하더라도 회사가 편했어요. 그러니까 나중에 회사에서 상도 주더라고요. 모범사원상. 여직원에게 모범상 준 건 전무후무해요. 1년에 모범사원상은 부서에서 한 명 주는 거였거든요. 그걸 받으면 호봉도 올라가고 진급에 좋기 때문에 남자를 주로 줬어요. 그때 옆 인사과에 우리 동기가 있었는데, 우리 부서에서는 그분하고 저하고 같이 올라갔다가 이 사람을 떨어뜨리고 내가 된 거예요.

　우리 회사 노동조합에서 사물놀이를 가르쳐준다고 그랬어요. 우리나라 악기를 하나 다루면 좋을 것 같다는 생각이 들어서 장구를 신청해놨거든요. 그래서 "아버지, 저 장구 배워요" 자랑삼아 얘기했더니 우리 아버지가 "난 우리 딸내미가 딴따라 하는 거 싫다" 하셔서 "네, 저 안 해요" 말하고 그것도 관두고 회사에 산악회라는 게 있었어요. 제가 어딜 들어가겠어요, 그 성격에. 안 들어갔지 당연히. 근데 어느

날은 강화도 마니산을 간다고 같이 가재. 가서 안내 좀 해달래. 안 간
다고 그러다가 하도 가자 그래서 고향이니까 "네" 하고 갔어요. 우연
찮게 그때 들어갔다가 한라산도 가고, 한 달에 한 번 가니까 좋더라
고요. 비록 한 달에 한 번만 갔지만 병원 간 지 30분 만에 애도 낳고
그런 게 다 그 영향이었던 것 같아요. 어쨌든 난 참 복이 많은 사람인
가봐요. 그냥 어렵지 않게 주위 사람들을 잘 만나서 모든 게 다 편하
게 있었던 거 같아요. 아직까지는. 앞으로도 이어져야 되는데……

　회사는 결혼하면서 그만뒀어요. 근데 저 나오고 나서 직원들한테
연락 많이 왔었어요. 새로 들어온 여직원들은 내 일은 내 일, "내가
왜 당신 책상을 닦아줘야 돼?" 그런 게 있어서 예전 같지가 않다고.
우리는 우리 부서 스물 몇 명 책상을 제가 다 닦았어요. 각자 차도 다
달라요. 누구는 율무차, 누구는 설탕 안 들어간 차, 누구는 커피, 아침
마다 스무 잔을 다 돌렸어요. 옛날 여직원은 자기 일도 있지만, 남자
직원 보조도 많이 하고 그랬어요. 지금은 자기 업무 외에는 안 해버
리니까 끈끈한 그런 것도 없고…… 삼촌 같고 가족 같고, 서로가 그
렇게 지내는 게 좋았는데 지금은 그런 게 없잖아요.

오빠들의 죽음
내가 가만히 있었으면 더 나았을걸

회사가 남대문에 있었어요. 저는 원당 큰오빠네 집에서 다녔고요. 우
리 오빠가 저 서울에 올라오고, 그 이듬해 2월에 돌아가셨어요. 스물
아홉에 교통사고로. 둘째 조카애 낳고 얼마 안 돼 돌아가셔서 걔는

아빠 얼굴도 몰라요. 회사 이직한다고 환송회하고 들어오는 길에 차에 치여서. 밤늦게 횡단보도 건너다가. 어른들이 아홉수, 아홉수 그랬던 기억이 나요. 올케언니랑 그냥 10년 가까이 같이 살았죠. 올케가 돈벌이를 해야 되니까 여동생이 와서 애들을 봐주면서 집에서 살림하고 부업을 했어요. 그러니까 쉬는 날은 집에 있기가 좀 그런 거예요, 어색해서. 올케언니도 나한텐 어려운 존재인데 사돈 아가씨까지…… 평일 아침 일찍 식구들 눈 뜨기 전에 출근하고, 한 12시쯤에 퇴근을 해요.

그러다가 큰올케가 재혼을 하게 돼서 나는 막내오빠네로 갔지요. 근데 막내오빠도 얼마 안 있다 또 안전사고로…… 전기사고로…… 엄마가 큰오빠 때도 자식 앞세우고 힘들어하시다가 몇 년 지나고 그나마 교회 다니시고 어느 정도 안정이 되셨는데, 막내오빠까지 그러니까 죄인이라고 밖에를 못 나가시더라고요. 오빠가 핸드폰 가게를 하다가 접고 한 몇 달 집에서 쉬었지. 쉬다가 나중에 대형 트럭을 몬다고, 어떨 거 같으냐고 물어보는데, 나는 반대라고, 밤에 돌아다니면 언니도 매일 걱정할 거구, 오빠 전공 살려서 열처리 쪽으로 갔으면 좋겠다고. 그래서 오빠도 고민하다가 대우도 좋고 팀장으로 오라 그러는 데가 있어서 그쪽으로 갔어요. 오빠가 원래 조심성이 되게 많은데 그렇게 되려니까 그랬겠죠. 엄청 힘들었어요. '그냥 놔둘걸. 내가 가만히 있었으면 더 나았을걸.' 그런 생각도 들고……

우리나라가 이렇게 혼란에 빠진 이유는
부모 공경 안 하고 제사도 없애서 그래

시집 안 간다고 스물여덟까지는 칭찬받았어요. 오빠가 위로 셋 있으니까 "아이고, 애가 착해가지고 오빠를 넘어서지 않고 순서대로 가서 착하다"고 그랬는데 막내오빠가 가면서부터는 왜 안 가냐고…… 글쎄, 연은 따로 있나봐요. 그때 도련님이 아파트 상가 안에 정육점을 했는데, 우리 먼 친척 제부가 그 상가 안에서 쌀집을 했어요. 그분 소개로 만났어요. 그렇게 처음 애들 아빠 만났을 때, 무슨 장사한단 얘기 들었는데, 어떤 장산 줄도 몰랐고요, 단지 부모 생각하는 마음이 끔찍한 게 맘에 들더라고요. 내 부모 생각하는 마음이 그러니까 그만큼 내 가정도 끔찍하게 생각할 것이다. 그게 그렇게 예뻐 보이더라고요. 엄마는 당신이 맏며느리여서 맏며느리로 보내기 싫다 하시고, 아버지는 "그쪽에서 그렇게 장사를 하시면 너도 가서 장사를 해야 되는데 왜 그렇게 고생을 하는 데 가냐?" 그러는데 나는 아무 생각도 없었어. 다른 거는 하나도 안 보이고 '아! 사람 됐다' 그거밖에 안 보이더라고요.

가끔 생각해요. 오빠들이 아직도 살아 있으면 우리 집 분위기도 이렇진 않았을 건데…… 다른 집은 명절 때 북적북적하잖아요. 근데 우리는 둘째 오빠 왔다가 가면 그때 내가 가고, 명절이 그냥 썰렁한 거예요. 예전에는 제사를 지냈는데 삼촌들도 다 교회 다니셔서 어느 날부터는 제사도 안 지내고 각자…… 그래서 애들 아빠 만났을 때 그랬어요. 우리나라가 이렇게 혼란에 빠진 이유가 부모 공경 안 하고 제사도 없애고 위아래도 없이 그래서 그런 거 아니냐고. 애들 아빠는 아마 그래서 내가 마음에 들었을 거야. 근데 요즘에는 명절 때나 제사 때가 다가오면 "아, 어떡하냐" 그래요. TV에서 봤는데 결혼하는 이유하고 이혼하는 이유하고 똑같다 그러더라고요.

시어른들은 경북 예천 분들이에요. 시가, 시외가가 다 예천이에요. 예전에 여기 망원동이 수해 났었죠. 그때 올라오셨대요. 그때 아버님이 하시던 사업이 부도가 나서 7만 원인지 7000원인지 그걸 갖고 올라오셔서 여기서 장사를 시작하신 거예요. '수해 때문에 일거리가 있을 거다' 생각하셨대요. 아버님이 되게 사업 감각이 뛰어나세요. 촉이 좋다고 해야 하나? 이것저것 하시면서 고생 엄청 하셨나 보더라고요. 뭐 듣기로는 항아리도 팔았고, 이것저것, 가게 딸린 단칸방에 식구들 다 모여서 사셨다 그러더라고요. 우리 상인회에서 1년에 한 번씩 놀러 가요. 가을에 그때 가면 술 한 잔 따라주면서 "그때 아버님이 그렇게 고생하셨는데 지금 잘된 거 보면 내가 다 기분이 좋다" 그러시는 분들도 계시고.

제가 1999년에 막 결혼했을 때는 집이 요 뒤에 따로 있었어요. 9월에 결혼해서 다음 해 5월이니까 한 16개월 만에, 그러니까 2001년에 정육점 건물을 샀어요. 둘째 낳고 한 달도 안 돼서 이사를 한 거지요. 다른 데서 정육점 하고 있던 도련님하고 합쳐서. 도련님은 안에서 정육점 하고, 우리는 밖에서 야채, 계절 장사를 했어요. 봄에 저장마늘이 나오잖아요. 봄에는 마늘 팔고, 평상시에는 고구마, 감자 그런 거 팔다가 가을 되면 또 김장배추 팔고. 과일도 팔고, 장난감도 팔아보고, 별걸 다 했었어요. 옷이랑 등산복도 팔고, 우리 집이니까 이것저것 막 했어요. 과일은 예천 공판장에서 사오기도 하고, 수박 같은 거는 요기 영등포 시장에서 갖다가 팔고, 마늘이나 배추 같은 거는 당

진이나 그런 데서 아예 밭떼기로 사다가 팔고. 애들 아빠 젊었을 때
니까. 김장철이면 배추를 우리 트럭 높이의 배로 이만큼씩 실어다가
하루에 한 차씩 가서 팔았어요. 새벽 4시에 나가서 팔고 저녁에 10시
에 들어와요. 그럼 밤 10시에 저는 밥하고…… 그게 어려웠어요. 어
르신도 계시니까.

고생 별로 안 했어요
삼시 세끼 차리는 것 말고는

우리는 육우를 했는데 한우바람이 부니까 어려워졌어요. 근데 나는
그래요. 일단 내 입에 맞아야 손님들 입에도 맞는다고 생각해요. 비
싼 한우 B등급보다 육우 A등급 가져오면 훨씬 맛있거든요. 저쪽에
생선가게 대박수산도 우리가 정육점 할 때는 고기는 저기 저 집에서
사라고 선전도 해줬는데 우리가 갑자기 수산으로 바꿔가지고 내가
미안해서 한동안 그쪽에 인사도 못했어. 그리고 아버님이 정육을 밖
에 내놓질 못하게 하셨어요. 우리는 밖에서 야채를 했고 도련님은 안
에서 했는데, 이쪽을 한 코너 줬어도 됐을 건데, 그걸 못 내놓게 하시
더라고. 시장통은 일단 밖에 보이면서 팔아야 되는데. 이쪽에서 한 8
년 정도 했나? 그런데도 정육점이 없다고 생각하는 사람이 많았어요.
우리 단골손님만 아신 거지. 이유는 모르겠는데 하여간 축산을 밖으
로 내놓기 싫어하시니까 장사도 어렵고, 애들 아빠도 정육 일은 되게
힘들어했어요. 명절 되면 그 스트레스가 어마어마해요. 몇 마리를 잡
아야 되느냐, 이게 남아도 걱정, 모자라도 걱정. 그걸 한꺼번에 잡아

야 되는 걸 힘에 부쳐했어요.

원래 정육점 할 때는 망원축산물이었어요. 그러다가 도로명주소로 바뀔 때 거기가 새나래길로 되더라고요. 나중에는 다 도로명으로 부를 거니까 새나래수산으로 딱 해놨거든요. 해놓고 신고하고 얼마 있다가 도로명이 망원로길로 바뀌어버린 거예요. 이건 도대체 뭐냐고? 인터넷 뒤져보면 뜻은 좋아요. '새나래'라는 게 넓게 펼쳐나가고 그런 좋은 뜻인데 다들 '새나라'냐고 물어봐서 두 번 얘기해야 돼요.

물건은 애들 아빠가 노량진 수산시장에서 떼어와요, 매일 새벽에. 매일 저녁 청소하면서 재고 파악하고 그다음 날 새벽에 필요한 물건 떼어오고. 이 일이 새벽에 나갔다 오는 일이라, 애들 아빠가 몸이 삭았어요. 요즘 많이 힘들어하고 아파해요. 위염으로 위벽이 얇아졌대요. 정육은 물건을 다 갖다주니까 편하고 좋은데, 대신에 목돈이 들어가요. 이건 마이너스가 되든, 플러스가 되든 그날 결과가 나와서 좋아요. 요즘은 일주일에 한 번 쉬어요. 일요일에. 옛날에는 그것도 안 쉬었어요. 생선 장사 하면서 몸이 삭아가지고 쉬는 거지. 근데 그것도 습관인 거 같아요. 계속 풀로 뛰다가 2주에 한 번씩 쉴 땐 또 그것도 괜찮았어요. 근데 어머님, 아버님이 예천에 다니러 가셨다가 거기서 어머님이 쓰러지셨거든. 한 6개월 정도 어머님이 병원에 계셨어요. 그래서 애들 아빠가 거기 내려가서 있었지. 셋이서 하던 일을 둘이서 하려니까 삼촌한테 미안해서 일주일에 한 번씩 쉬기 시작한 거예요. 요즘엔 또 직원들은 일주일에 한 번씩 쉬어야 되니까. 근데 한 번 쉬니까 인제는 꼭 쉬어야 되는 거야. 습관이 참 무서워요.

먹고 돌아서면 밥 때이고, 또 먹고 돌아서면 밥 때예요. 우리는 아침이 좀 늦어요. 제가 정리하고 나오는 시간이 출근 시간이니까 처음에 10시 반이었다가, 지금은 11시 반이에요. 점심은 3시 반에서 4시에 먹고요. 그사이에 간식도 먹어요. 가게에서는 또 내 파트가 있어요. 비늘 미리 긁어놓고, 갈치는 지느러미 떼서 바로 썰어서 나갈 수 있게 해놔야 되고. 그걸 안 해놓으면 갑자기 손님이 와도 팔기가 힘들어요. 밑 작업을 해놔야 되는 일이라. 그래도 여기 이사 올 때 나는 애기만 안고 서 있고, 형님들이 올라와서 일 다 하고. 나는 뭐 별로 고생은 안 했어요. 삼시 세 끼 차리는 것 말고는……

생선이라 늘 조심스러워요. 계속 얼음 깔아놓고 그래도, 저희가 하루에 얼음이 14팩, 15팩 들어가요. 얼음값만 100만 원 이상 들어가요. 꼬막 같은 경우에도 하나가 안 좋으면 전체가 그러잖아요. 할 때마다 조심해서 냄새 맡고 제일 싱싱한 거 갖다놔도, 혹시라도 상했을까봐 그런 게 늘 조심스럽고 신경이 많이 쓰이지요. 손님들이 그래도 제일 싱싱한 거 갖다놔서 믿을 수 있다고 알아주시긴 해요. 또, 예를 들어 2000원짜리를 새 거를 사와서 막 담아놔도 여름에 점심쯤 지나버리면 애가 물러져버려요. 그래서 2000원짜리를 1000원에 팔아도 "이거 3개 2000원 안 돼요?" 그런 식으로 하는 사람들이 있어요. 그럼 그냥 놓고 가라 그러지. 해도 너무하니까. 장사하는 사람들이 밑지고 파는 게 어디 있냐고 해. 밑지고도 팔거든요, 진짜.

일본산 갈치가 요즘에 국산 갈치하고 똑같이 나와요. 색깔이. 요즘에 국산 갈치 너무 비싸서 안 가지고 오니까 우리 직원이 "일본산 갈치도 괜찮은데 어떻겠어요?" 그러는데 나는 마음 졸여가면서 그렇게 팔고 싶지가 않아요. 수입은 수입이라고 다 꽂아놓고 팔아요. 갈치는 제주갈치하고 세네갈 거 팔거든요. 세네갈 거는 살이 부드러워요. 국산 갈치는 비싸도 어느 정도 손님이 찾을 만한 선의 가격이면 갖다놔요. 예를 들어서 크기가 똑같은데 평상시에는 1만8000원에서 2만 원 정도 했는데 지금 2만5000원, 2만7000원 하면 그 정도까지는 우리도 갖다놓을 수 있어요. 근데 3만5000원 그 이상 되면 갖다놓을 수가 없어요. 우리가 안 갖다놓으면 제주 거 지금 없는 거예요. 우리는 잔 거 그런 건 안 팔아요. 상품 가치가 있는 거, 그래도 기본적으로 한 상에 한 마리 올려놨을 때 먹음직스러운 거 그런 것만 갖다놔요.

보통 도미가 만 원에서 1만5000원 사이, 엔꼬도미라고 제주산 빨간 도미는 그 선에 있어요. 지금 만 원이라 그러면 "하⋯⋯" 이러고 가. 분명 4, 5년 전에도 항상 그 금액이었는데⋯⋯ 주머니가 얇아진 거지요. 살기가 어려워졌어요. 병어가 1만5000원 선에서 움직이지 못한 거는 한 5년 됐어요. 지금 1만5000원 선이면 진짜 엄청 싼 거거든요. 근데 "1만5000원이요" 그러면 "허, 병어가 왜 이렇게 비싸요?" 그럼 "병어 몇 년 동안 안 드셔봤지요?" 그래요. 고등어도 비싸, 그 싸던 오징어도 비싸. 업종을 바꿔야 될까봐.

지금 오징어 수입도요, 원가가 7000원씩 하거든요. 두 마리에. 지금 역대 최대예요. 만 원까지 갈 거 같아요. 우리는 거의 원가로 파는데 손님들은 비싸다 그러지. 우리는 아직까지 오징어 원양은 안 팔아요. 해마다 2월부터 5월까지는 오징어 금어기라 생물이 없어요. 있어도 비싸니까 냉동된 비축분을 팔았는데 포루투갈인가 거기서 몇십만 짝을 들여오다가 배가 뒤집혀버렸다네 또. 수입이라도 대체를 할까 했는데 그래서 지금 그것도 힘들다 그래요. 글쎄, 만약에 7000원 선에서 더 올라가버리면 어려워요. 6월부터는 새끼 오징어 1년생 요만한 거 나오니까 한 달만 제발 잘 유지할 수 있었으면 그러고 있어요.

예전에는 200만 원 갖고 한 차를 실으면 한 차 가득이었어요. 지금 200만 원 가지면 한 3분의 1, 4분의 1밖에 못 실어요. 가격이 많이 올라버렸어요. 물건도 별로 없고. 예전에 꽃게 1킬로그램에 7000원, 만 원하고 그럴 때는 재미도 있었지. 요즘에는 2만 원 선이니까. 싸야 1만8000원. 물건도 없고, 있는 거마저 비싸고. 물건이 많이 있어야 싸고, 내가 몸이 바빠도 그게 재미있는데 비싸고 물건이 없어버리니까 수입을 써야 되는 경우가 있고 그래요. 요즘에는 수입 없으면 물건도 많이 없을 거예요. 일본 물건은 방사능 때문에 많이들 꺼려하시고 일본은 원래 취급을 안 했는데 생태는 무조건 일본 거예요. 생태는 러시아 근해에서 잡는 건데 냉동으로 들어오면 동태로 들어오고요, 일본으로 들어와야 생태로 들어와요. 거기가 러시아 앞바다라고 설명을 해드려도, '일본' 그러면 일단 "어? 일본, 안 사요" 그러고 가시고.

요즘엔 고민이 좀 돼요. 하나둘 일차 상품이 없어지잖아요. 핵가족화되고, 또 '혼밥족'이라고 해서 혼자 밥 드시는 분이 많아서 우리 상인회에서도 '혼밥 레시피 경연대회'도 하고 그래요. 해놓은 거 사다가 먹는 위주고, 지금도 우리 옆에 옆가게가 쌀집이 나가고 반찬집이 들어온단 소리가 있어요. 그리고 지금 우리 옆의 앞에 양말 하던 집도 요즘 양말은 인터넷 홈쇼핑 다 이런 데서 사니까 장사가 잘 안 돼요. 그래서 앞에서는 핫도그를 만들어서 파시거든요. 혹시 모르니까, 만약에 했다가 잘 안 될 수도 있으니까 뒤에는 양말을 계속하고. 바꾼 지 얼마 안 됐어요. 그런 식으로 자꾸 먹는 계통으로 넘어가버려요.

옆에 족발집도 예전에는 미니족 같은 거는 그날 못 팔면 다 버렸어요. 상해버리니까. 미니족을 다 팔아야 들어가더라고. 근데 지금은 양념을 하는 거야. 한 집은 양념 묻힌 상태에서 굽고 한 집은 그걸 구운 상태에서 양념을 버무려서 팔아요. 그러면 재고도 없고 버릴 일도 없고. 그게 돈이 된다는 거지. 옛날엔 버렸는데 양념 묻혀서 팔면 더 비싸게 받으니까 그것도 좋고, 그거를 버리지 않고 활용할 수 있어서 좋고, 일석이조라는 거지.

그래서 내가 재작년부터 무슨 생각이 있어서 계속 그걸 얘기했는데 안 된다 그러더라고. 뭐냐면, 내일까지 가서 좀 처질 거 같으면 구워서 파는 거야. 구우면 흰이 있어도 굽는 냄새가 죽여주잖아요. 그러면 안 먹을 사람도 냄새 맡고 "아, 생선 맛있겠다" 그런 식으로 되니까. 그래서 몇 시에서 몇 시까지만 이걸 하면 괜찮겠다. 여름에는 내 집에서 내가 밥을 해 먹어도 생선을 구우면 옆집에서 냄새 난다고 뭐라 그런대요. "아, 자반 안 먹은 지 오래됐는데, 구워 먹지를 못한다"고 그러는 분들도 계시거든. 또, 그릴에다, 전문적인 기계에다 굽는 거하고 집에서 프라이팬에 굽는 거하고 맛이 달라요.

근데 작년 하반기에 갑자기 애들 아빠 허락이 떨어졌어요. 그게 된다고 생각을 하면 나보고 그걸 도맡아서 하래. "흰까지 다 설치해줄 테니까 해. 맡아서 해" 그래. 내가 맡아서 하면 내가 이렇든 저렇든 꼬박 거기 붙잡혀서 해야 되는 거잖아. 그거 기름 때문에 씻는 것도 문제고 일이 많거든. 그러면 나는 하루 종일 거기서 꼼짝을 못하는 거야. 삼시 세 끼 챙기고 그거까지 하면서…… 그래서 내가 뒷짐 지고 물러나 있는 거예요. 도련님은 아줌마를 하나 둬서 몇 시부터 몇 시까지 그걸 전담으로 하는 걸로 해라 그러는데 어떻게 될지 모르겠어요. 수산을 하는 사람도 아닌데…… "요기 자리만 나면 우리가 하고 싶다"는 사람도 있어요. 근데 자기네가 먼저 할 수 없으니까 우리한테 기회를 주는 거야.

한 사람의 힘이 얼마나 크겠어요
뭉쳐지면 크잖아요

제가 막 결혼했을 때는 저기 월드컵시장이 성산시장이라고 오래전부터 있었어요. 우리 시장은 성산시장 다니는 길에 형성되고 있었고요. 지금 저 망원역에서부터 오는 길에 다른 시장들 형성되어 있는 것처럼 그랬어요. 지금처럼 이렇게 크지는 않았어요. 그때는 시장이라는 이름 없이 그냥 상점들이었는데, 망원시장 이름이 생기면서 조금 있다가 지붕 씌우고. 맨처음에는 제가 회의에 참석을 안 하고 애들 아빠가 했어요. 그래서 잘 모르는데 지금도 그 원년 멤버끼리 모여서 잘 지내는 것 같아요. 원래 지붕 씌우기 전에는 우리 B지구가, 사거리를 중심으로 해서 가운데가 B지구거든요, 단합이 제일 잘됐어요. 한 달에 한 번씩 모여서 회비 걷어서 먹고. 그때 다른 데는 그게 약해서 되게 부러워했거든요. 근데 지금 다른 데는 다 하는데 우리만 안해. 2002년도에 월드컵 때 우리 정육점 할 때 돼지머리 삶아서 김치를 되게 많이 담갔어요. 우리가 배추도 했다 그랬잖아요. 우리 배추할 때 마지막 차는 항상 우리가 담아요. 김치 한 통을 내놓고 머릿고기 썰어주고 김치 해서 거기서 잔치 벌이고. 얼마나 재미있었는데요, 2002년에.

우리가 정육점 할 때는 애들 아빠도 회의에 열심히 참석했어요. 생선을 하면서부터는 새벽에 나가야 되니까 저녁에 늦어버리면 힘든 거예요. 그러면서 총회나 회의 같은 거 있으면 제가 다니기 시작했지요. 도장 찍고 그러는 거. 우리는 앞에 나서지는 못해도 뭐 하자 그러면 무조건 다 쫓아는 하거든요. 홈플러스 들어가고 할 때도 난 꼭 희한하게 뒤에 서 있어도 앞에 나가서 전경하고 이러고(대치하고) 있게 되더라고요. 분명히 줄 섰을 때 "난 지난번에 그랬으니까 오늘은 거기 안 설 거야" 그러고 뒤에 서 있었거든요. 그런데 하다보면 꼭 희한하게 그러더라고요. 참여는 다 해야죠. 무슨 일 있으면 같이 회의해서 결정하는 건 못해도 거기서 다수결로 결정됐으면 그걸 따라는 줘야죠. "다 문 닫고 가자" 하고 결정하면, 하루 문 열 때 얼마를 번다는 거 다 알지만 다 함께 좋자고 하는 일인데 합심해야죠. 한 사람의 힘이 얼마나 크겠어요. 그 힘이 뭉쳐지면 크잖아요. 직원만 보내고 문 연 사람도 있고 그래요. 아니면 사장이 오고 직원들이 문 열고 그런 사람도 있고 그래요.

2010년에 상인대학이 있었어요. 애들 아빠는 가게 본다고 나를 보냈어요. 시장 내에서 교육도 받고 강사 분들이 오셔서 전문적인 강의도 하고. 장사는 어떻게 해야 되고, 손님들한테는 어떻게 해야 되고, 진열은 어떻게 해야 되고. 저는 뭐든지 출석은 잘해요. 초등학교부터 고등학교까지 개근상은 다 받았어요. 요번에도 출석 잘하고 앞에서 열심히 들었더니 상을 주시더라고요. 저는 노트 필기하는 걸 좋아해서 그걸 두 번은 안 보면서 꼭 필기를 해요. 그래서 학교 다닐 때도 노트를 전시하고 그랬어요. 제가 상복은 있어서 상 타고 구청장님이 5만 원 주셨어요. 학사모 그래서 써봤네. 그때는 시장 상인회 건물이 저쪽 밑에 있었어요. 주마다 기본과정, 심화과정 해서 6개월인지 그랬던 거 같아요. 그 이후로는 임원들하고 몇몇 분이 딴 데 가서 교육받고 오세요.

아예 안 하거나 시작하면
끝까지 가거나 그래요

작년 3월부터 제가 젬베를 시작했거든요. 원래 제가 이런 걸 할 성격이 아니고, 이것도 안 했을 건데 요기 과일집 언니가, 그 언니도 해당화 모임이에요, 그 언니가 "북을 쳐야 되는데 사람이 없어. 잠깐 와서 조금만 쳐주고 가면 돼" 그래서 "네, 언니" 하고 갔다가 코 꿰여가지고. 작년 3월에 시작해서 5월에 행사 나갔어요. 그것도 젬베 중에서도 둔둔이라고 북 세 개 가지고 하는 거 있어요. "야, 니가 이거 맡아" 그래서 하나도 힘든데 이거 세 개를 하라니까 집에서 무진장 연습했어요. 근데 지금 생각하면 어디 나가는 건 아직 조금 그런데 뭐라도 내가 할 수 있는 게 있어서 좋아요.

　요가는 오십견 때문에 시작했어요. 재작년 9월 추석 전인데 팔이 갑자기 안 올라가는 거예요. 병원에 가려고 그랬는데 하루는 우리 직원이 안 나와서 못 가고, 그 뒤로 명절 때문에 못 가고, 이래저래 못 가고 그러다보니까 12월이 됐는데 갑자기 앞치마를 못 묶겠는 거예요. 만약에 이렇게 이렇게 (앞에서 생선 정리하는 동작) 하는 게 안 됐으면 병원에 바로 갔을 거예요. 생선 손질하고 이렇게 하는 거는 다 되는데 위로 올리는 게 안 되는 거예요. 바쁜데 이거는 다 되니까 못 가는 거예요. 그러다가 이게(뒤로 가는 손동작) 안 되니까 더는 안 되겠더라고요. 인터넷 보니까 뭐 무서운 말도 쓰여 있고 그래서 병원에 갔어요. 3개월 뒤에 갔잖아요. 너무 많이 굳어 있어서 펴지기가 힘들다는 거예요. 맨 마지막 코스가 겨드랑이에 침을 맞는 건데 두 달을 매일 맞았는데도 안 돼요. 그래도 잘 안 됐는데 요가 계속 다니면서 좋아졌어요. 그래도 요가 동작에서도 팔로 지탱하고 하는 게 아직은 잘 안 돼요. 다른 동작은 다 쫓아 할 수 있는데 그 동작만 나오면 힘들어요. 요가 선생님이 "오십견 또 올 수 있어요. 열심히 하세요" 그래요. 해당화 언니가 오래서 나는 팔 이래가지고 어떻게 하겠냐고 안 간다고 그러다가 나갔는데 해보니까 좀 다른 거예요. 하고 나면 아프면서도 시원해지는 거예요. 그래서 하다가 "야, 너 거기 반장 해라" 그래서 반장이에요. 운동 열심히 하는 사람이 제일 부럽거든요. 내가 제일 못하는 거거든요. 운동이. 근데 나는 내가 할 수 있을까 할 수 있을까 하다가…… 뭐든지 아예 안 하거나 시작하면 끝까지 가거나 그래요.

애들한테는
항상 미안해요

아이들은 이제 고2, 고1 됐어요. 아들, 딸 순서로 생일도 같아요. 돌날 나와 가지고. 저는 애 낳는 건 다른 일보다 쉽더라고요. 입덧도 하나도 안 하고, 병원 간 지 30분 만에 숨풍 나오고. 첫애가 아들이라 어르신들이 많이 좋아하셨지요. 우리 예천 분들은 또 딸은 식구도 아니야. 우리 형님들, 애들 아빠 누님 두 분이 그렇게 어머님 아버님한테 끔찍하게 잘하는데 어르신들은 오로지 아들만, 그것도 우리 도련님은 니 알아서 하라며 오로지 장남만…… 우리 아버님이 큰애 낳고 한 달 뒤 병원에 가셨는데 암이었어요. 둘째 낳고는 조금 있다가 친정아버지가 뇌졸중으로 쓰러지셔서 일 년을 입원해 계시고. 우리 애들은 둘 다 낳고 백일도 안 돼서 병원 다니기 시작했어요. 병원에 입원해 계시니까 얼굴 보여드린다고 데리고 다녔어요. 두 분이 다니시는 걸 불편해하셔서 모시고 어디 놀러 다니지도 못했어요. 나는 워낙에 다니는 거 별로 좋아하지 않으니까 괜찮은데 애들한테는 미안하죠. 근데 어쩌겠어요, 병원에 누워 계신 분들은 그 일주일이 얼마나 보고 싶고 그렇겠어요.

그래서 난 우리 애들한테 항상 미안해요. 다른 집은, 우리 도련님만 해도 항상 모든 일은 애들이 우선이 돼야 되고 그러는데, 우리는 애들 태어나자마자 아버님 편찮으시고 그 이듬해 우리 친정아버지 편찮으시고 4년, 5년 뒤에 또 어머님이 편찮으시고. 쉬는 날도 없었어요, 정육점 할 때는. 명절 때나 집에 좀 갔다 오고, 어쩌다 쉬는 날 있으면 항상 애들 데리고 병원에 가요. 애들은 항상 뒷전이었어요. 우리 애들은 이유식도 안 해줘봤어요. 그래서 그런지 지금 먹는 게 없어요. 회사 친구 하나는 주부습진 생기고 스트레스 받으면서까지 이유식을 해주고 그러더라고요. 그 애들은 다 잘 먹더라고요, 골고루. 하긴, 애들 아빠도 잘 안 먹었대요. 옛날에 원기소라고 있었잖아요. 어머님 말씀이 방 안에 쫙 깔아놓으면 애들 아빠는 안 먹고 도련님이 다 주워 먹었대요. 나도 먹는 걸 그렇게 별로 안 좋아해서, 그래서 그럴 수도 있어요.

애들 아빠는 애들한테 불만도 얘기하고 그러는데 나는 애들한테 불만을 얘기 못해요. 미안해서. 혼을 못 내겠더라고요. 내가 그렇게 챙겨주지 못하면서 애들한테 뭘 바라는 게 안 돼요. 그나마 요즘은 공부 때문에 잔소리를 조금 하는데 애들 아빠는 잔소리를 안 했으면 좋겠어요. 혼은 내가 낼 테니까 놀아주기만 해라 하는데 놀아주는 것도 애들 아빠는 잘 못해요. 어쩌다가 놀아주면 싸워요.

그래도 사과나무 자라는 게
재미있어요

우리 요가 모임에서 그래요. "우리가 돈이 없냐? 시간이 없지. 나중에 병원비 하려고, 그 돈 벌려고 일하는 거다." 장사하면서 몸이 다 망가졌어요. 어머님 아버님이 시골에서 올라와서 되게 고생하셨어요. 계속 아프셨다 그랬잖아요. 우리 친정도 그렇고, 아무 데도 못 갔어요. 그렇게 고생만 하시다가. 그래서 내가 한동안은 그랬어요. 내 모습이 저 모습이라고. 평생 일만 하다가 나중에는 아파서 골골하다가 어디 가지도 못하고 바로 가는 거밖에 없다고……

　옥상에 흙을 부었어요. 텃밭도 만들고 사과나무도 심고. 요만한 거. 이제 막 옮겨 심었어요. 작년에는 화분에 있었는데 진딧물이 끼더라고요. 친환경 진딧물 약을 뿌려줬더니 꽃이 우수수 떨어지네. 그래서 작년에 세 개밖에 못 따먹었어요. 이번에는 '옥상에다 다시 심고 꽃 폈을 때는 절대 진딧물 약을 뿌리지 말자' 했어요. 맨날 아침마다 가서 "아, 니네들 새싹 좀 났냐?" 그게 첫인사예요. 형님한테 그 꽃사과를 보여드린 적이 있었거든. 그다음 해에 진딧물도 안 끼고 활짝 피었길래 "올해는 작년보다 더 많이 먹을 것 같아요. 일단 꽃만 세도 백 개가 넘어요" 그랬더니 웬걸, 또 우수수 다 떨어지고…… 그래도 개네들 자라는 게 재미있어요.

후기

보름달 아래 술래잡기보다, 저수지 물놀이보다, 갯지렁이 잡는 것을 더 좋아했다. 한 푼이라도 벌 수 있는 '노동'이었기 때문이다. '노동'을 '놀이'보다 더 좋아한 어린 배미경은 그래서 "수줍은 20원만"이다. 어릴 때부터 20원의 실속을 챙길 줄 아는, 보기 드문 현실 감각이 수줍은 그녀의 성격과 코믹하게 대비된다.

또한 배미경은 자기 자신을 참 잘 안다. 겁이 많고, 수줍고, 변화를 싫어하고, 안정적인 틀을 좋아한다고 스스로 말한다. 이러한 자기 인식은 정확하고 명료할 뿐 아니라 매우 긍정적이다. 자기 자신에 대해 이야기 할 때 늘 "다시 돌아가도 또 그렇게 살 것 같다"는 말로 마무리한다. 처음엔 언뜻 후회나 회한으로 느껴지는 말이었지만, 거듭 만날수록 "누가 뭐래도 나는 나다" 하는, 세상을 향한 맷집이 느껴진다. 난아하고 암전해 보이는 외모 안에 들어 있는 이러한 외유내강형 맷집과 현실 감각 덕에 그녀의 삶은 참 단단하고 안정적이다.

노동을 사랑하고 변화를 싫어하는 성격이 휴일도 없이 일해야 했던 시장 상인으로서의 삶을 남들보다 좀더 즐겁게 견뎌낼 수 있도록 도왔던 것 같다. 사실, 밤 10시가 넘어도 꼭 집에서 식사해야 하는 가족들을 위해 늘 '삼시 세끼'를 차려야 하고, 어쩌다 쉬는 날엔 부모님 병문안을 가거나 김치를 담가야 했고, 가게는 가게대로 나를 기다리는 일이 있는 삶이 객관적으로 그리 만만하거나 녹록하게 보이지는 않는다. 그럼에도 불구하고 그녀는 자기 삶을 "주위 사람을 잘 만나서 모든 게 다 편안했다"고 평한다. 감사할 줄 알고 긍정적이다. 아마도 어린 시절 넘치게 사랑받은 영향이 아닐까 싶다.

사람들이 마음을 모으는 모습에 감동한다. '합심'은 배미경 인생 전반의 핵심 키워드이다. 함께 다니는 길을 내기 위해 내 땅을 양보하는 일, 가족 같은 회사 분위기를 위해 다른 직원들의 책상을 닦아주고 커피를 타주는 일 등, 내가 조금 희생하고 배려해서 전체의 조화와 화합을 이루는 일을 매우 중요하게 생각한다. 이러한 성격이 홈플러스라는 신자유주의 물결로부터 지역 경제의 장인 망원시장을 지켜내는 데도 한몫한다. "하루 가게 문 열면 얼마 벌 수 있다는 계산이 나오지만" 함께 의논해서 다수결로 결정된 파업에 힘을 모아야 한다는 확고한 생각, 내 것을 조금 희생해서 마음을 모았을 때 생기는 '뭉쳐진 힘'을 믿는다. 그런 그녀의 공동체 의식이 나는 참 신선하고 좋다. 다만 책상을 닦고, 커피를 타는 일이 여성에게만 요구되어선 안 된다는, 차별과 불평등에 대한 감수성이 살짝 아쉬웠다. 이 또한 '딸'이라서 오히려 더 많이 사랑받았던 어린 시절과 무관하지 않을 것 같다는 생각이 든다.

다 예습해오고도 손을 못 들고 '시켜줬으면……' 하는 마음으로 선생님만 올려다보던 학창 시절의 수줍음이 사는 동안 계속된다. 회사 산악회도, 여성상인회 해당화도, 요가도, 젬베, 수줍어서 "안 한다고~~" 하는 그녀에게 함께하자고 끌어주는 이웃이 항상 있었다. 그녀 말대로 "주위 사람을 잘 만나"는 것 같다. 하지만 시작은 그렇게 수줍고 어려워도 "한번 시작하면 끝까지 가는" 배미경의 일상 근력이 그보다 더 귀하게 느껴지고, 또래로서 매우 부럽다. "하나도 힘든데 북 세 개를, 집에서 무진장 연습해서" 두 달 만에 젬베 무대에 올린 그 성실함도.

첫 만남, 구술 작업 예비 모임에서 배미경은 만나자마자 내게 말했다. "저 살아온 거는 별로 얘깃거리가 없는데 어떡해요. 삼시 세끼 차리는 게 힘들지, 다른 거는 뭐." 하지만 '삼시 세끼'로 대변되는 그녀의 소소한 일상을, 또 그녀의 말처럼 좀 고되긴 해도, 좋은 이웃들 덕에 뭐 별 어려움 없이 살아온 그녀의 인생을 들여다보는 재미가 인터뷰 기간 내내 참 쏠쏠했다.

"일 힘든 건 별로 없고, 애들한테 가장 미안한 마음이에요."

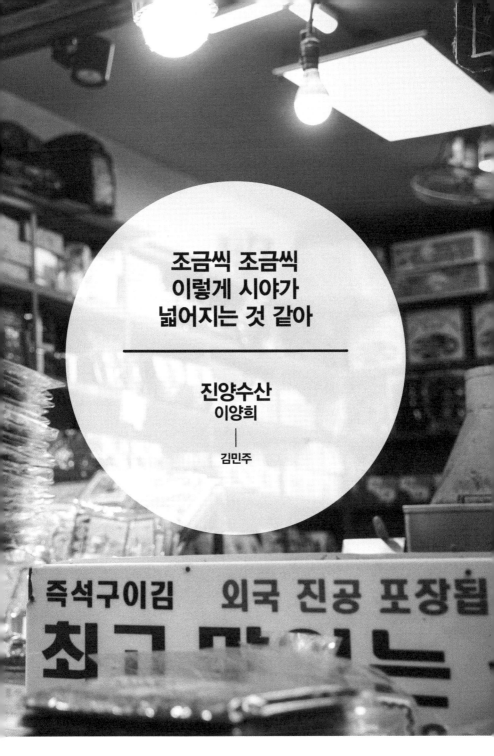

조금씩 조금씩
이렇게 시야가
넓어지는 것 같아

———————————

진양수산
이양희

|

김민주

장사가 참 재미있어요
여러 사람 만나고, 같이 얘기할 거리가 생기잖아요

시장에 이렇게 있으면, 참 다양한 사람을 만나. 보면서 많은 걸 느껴. 여기는 보통 우리 같은 서민들이 오시잖아. 정이 있고, 또 이렇게 덤도 있고. 보통 서민들 보면 삶이 이렇게 얼굴에서 나타나잖아. 대부분 어두운 분이 많아. 표정이 없는 사람도 많고. 몸에 장애가 있거나 지병이 있으신 분도 많이 오시더라고. 왜냐하면 시장에 나오면 활력이 되잖아요. 막 멘트 하면서 소리 질러가면서 판매하시잖아. 그러면 많이들 그러셔. 시장에 나오면 확실히 역동적이고, 세상 사는 것 같다고. 단골이 많아서 집안 얘기도 하고, 남편 흉도 보고, 딸 얘기도 하고, 우리도 뭐 어쨌다 흉도 보고. 나도 이제 나이가 먹으니깐 아는 거지. "어머, 어떡해요 힘들어서" 서로 위로도 하고, 겨울 되면 따뜻한 차도 여기서 마시고 가고, 여름엔 시원한 물도 한잔 건네주고. 사람

사는 거 다 똑같아요. 내가 어떻게 하느냐에 따라서, 그 사람이 날 이렇게 받아주고, 가까이해주고, 또 어떤 분은 딸처럼 대해주셔. "애야~애야~" 그래가면서 우리가 못하는 것들 알려주시기도 하고, 자기 노하우를 알려주시기도 하고. 재미있어. 장사가 참 재미있어요. 여러 사람 만나고, 같이 얘기할 거리가 생기잖아요. 얘기하다보면, 사람 사는 거 다 똑같구나. 나만 힘든 게 아니구나. 어떤 때는 '나는 왜 이렇게 힘들게 장사하고, 나만 이렇게 쉬지도 못하나?' 생각하는데, 그 사람들 보면 또 나름대로 다들 사는 게 희로애락이 있고 그러더라고.

우리 신랑은 7시 40분에 일어나서 밥 먹고 먼저 가게에 나와. 와서 물건 정리하고, 장사 준비를 해. 물건 하러 가는 날에는 5시에 일어나서 중부시장 갔다가 여기 도착하면 한 8시 반? 아침에 다들 물건 갖고 오시는 분이 많으니까 여기 차를 빨리 빼줘야 돼. 일단 물건을 막 쌓아놓고, 셔터 내리고, 다시 집에 가서 주차해놓고, 다시 9시쯤 나와서 배달할 데 배달하고, 물건 싹 진열하고, 냉장고에 쌓아놓고 그러죠. 나는 보통 8시 반, 9시에 일어나서 뒹굴뒹굴 하다가, 딸내미랑 아들 다 나가고 없으면 뭐 정리할 거 정리하고, 빨래할 거 하고, 10시부터 점심 준비해. 나물 무칠 거 있으면 무치고, 아니면 찌개 끓이고 밥해서, 씻고 화장하고, 그러고 점심 갖고 나오는 거죠. 12시나 1시에 나와서 신랑이랑 둘이 맛있게 먹고, 커피 한잔 하고. 주문 있으면 더 빨리빨리 움직이고, 김 주문 없으면 좀 여유 부리다가 2, 3시쯤에 김 굽기 시작해. 7시나 늦게는 8시, 빠르게는 6시, 이렇게 해서 끝내고. 김 굽는 기계를 켜는 순간부터 바빠요. 어찌됐건 김을 계속 구우면서 손님을 맞이해야 되니까. 그러다가 한 7시나 8시 되면 좀 여유가 있어. 손님들이 웬만큼 끊기거든. 그러면 옆집 가서 뭐 아는 척도 하고, 얘기도 하고, 장난 치고. 저녁은 인제 먹을 때도 있고 못 먹을 때도 있고 그렇죠. 10시에 마치고 집에 가서 먹을 때도 있고, 아니면 모임 있으면 모임에서 먹기도 하고. 근데 모임에서도 항상 어디 갈까 고민을 하는 거야. 가게 문 닫고 가려면 9시, 10시가 넘는데 보통 식당이 그때면 끝나버리니까.

계절마다 음식이 있잖아요. 김은 겨울이에요. 사시사철 저장해서 나오긴 하는데 수확하는 시기는 겨울이에요. 손님들이 햇김 향 나는 거 좋아하시잖아요. 그때가 저희는 성수기지. 여름이 비수기야. 5월부터는 김이 덜 나가고 건어물 종류가 조금 더. 왜냐하면 여름엔 음식이 빨리 쉬잖아요. 멸치나 오징어, 새우 이런 건어물이 밑반찬용으로 좀 나가죠. 근데 요즘에는 옛날 같지 않아요. 도시락을 안 싸고, 외식 문화가 많아지고, 반찬집이 훨씬 잘돼요. 바쁘신 분도 많고, 가족들 수가 적잖아요. 하는 시간도 걸리고 먹을 사람도 없고 하니까 자기가 딱 먹고 싶은 것만 사서 먹어. 아까 그 반찬집에서 우리 진미채 많이 가져가시잖아요. 우리가 팔 거를 대신해서 많이 팔아주시는 거지. 그래도 인제 워낙 오래돼서 단골손님들이 있지. 그래도 많이 찾아주시고, 맛있다고 해주시고 그러셔요. 그렇잖아요. 우리 집만 올 순 없고, 딴 데 가까운 데서 사 먹어보잖아. 그럼 다시 또 오셔. "이 집 말고는 못 가~ 이 집은 믿을 만해" 그럼 감사하죠. 더 좋은 물건 갖다놓고, 손님들 오시게끔 해야지, 이런 생각 하고. 감사하죠.

황태채도 소분해서 포장해서 팔고 있고, 오징어채도 세 종류가 있어요. 좀 두꺼운 채는 술안주나 주전부리로 먹기 좋고, 얇은 채는 반찬으로 좋죠. 멸치는 제일 잔멸치부터 종류가 여덟 가지예요. 제일 작은 게 제일 비싸요. 애들 아빠가 선별해서 갖고 와서 손님들한테 직접 시식을 하면서 판매해요. 자신 있게 맛있다고 자랑하면서. 좋은 멸치는 윤기가 나고, 먹어봤을 때 짜지 않고 씹을수록 고소한 맛이 나요. 김도 마찬가지야. 처음에 기름맛이 많이 나면 맛있다고 생각하시는데, 김을 아시는 분들은 김향을 느껴요. 어떤 집은 숯불에 굽는 집도 있고, 아니면 철판에 직접 굽는 집도 있고. 그런데 우리는 기계에 굽지만 좋은 기름에다가 고급 김, 비싼 김으로 하기 때문에 맛있어요. 돌김, 재래김, 파래김이 있는데, 돌김은 좀 바삭바삭하고 씹는 맛이 있어서 젊은 사람들이 좋아하고, 재래김은 부드러워서 아이들이나 어르신들이 좋아하셔요. 파래김은 파래 향 나니까 좋아하시고. 여러 가지 김을 팔면서 먹어본 결과 좋은 김은 향이 달라. 좀 싼 김은 그냥 밋밋한 맛이 나고 인위적인 맛이 나는데, 진짜 좋은 김은 바다향이 많이 나고 오독오독 씹히면서 그 향긋한 맛, 자연의 맛이 나요. 또 애들 아빠 김 굽는 실력도 그렇고, 자긍심을 느끼면서 '최고 맛있는 김'이라고 우기면서 파는 거예요. 김 굽는 게 보기에는 쉬워 보이지만, 김마다 기름 조절, 소금 조절이 필요해요. 그러니까 지금도 김을 구울 땐 항상 조금 뜯어서 맛을 보는 이유가, 김마다 미세하게 두께 차이도 있고, 김이 그 나올 때부터 맛이 약간 가미된 것도 있어요. 김의 단맛이나, 그 소금기에 따라서 약간 싱겁고 좀 달고 이런 게 있더라고. 그래서 그걸 조절하느라고 항상 다 먹어보는 거야. 김이 한 박스 안에서도 다 조금씩 다르거든요. 그래서 손님들이 갖고 오시는 거는 무조건 두 번, 세 번 맛을 봐야 돼. 애들 아빠가 불빛에 비춰보고 굽는 온도도 조절하고 그러거든요. 그러니까 우리 집에 김 구우러 오시는 분이 많은 이유는 맛있게 잘 구워준다는 거지. 모든 손님이 나랑 같다고 생각하거든. 내가 맛없으면 손님도 똑같이 맛없는 거거든. 공임을 받고 하는 거지만 최선을 다해주는 거죠. 애들 아빠가 성격이 꼼꼼하니까 청소하는 것도 정말 꼼꼼하게 해요. 김 기계

청소하는 시간이 굉장히 오래 걸려. 매일같이 청소하지 않으면 금방 고장 나는데, 그 기계 고치시는 분이 "도대체 우리는 뭘 먹고 살라고 이렇게 고장이 안 나냐" 이러더라고. 김을 구우면 무조건 청소를 해요.

김이 겨울철 계절상품이라 했잖아요. 그러니까 뜨거운 여름을 나면 다 상해. 보라색으로 변해버려요. 겨울 햇김은 수분기가 있어서 약간 촉촉한 느낌인데, 이제 4월만 돼도 다 '하입'한 걸로 김이 바뀌거든요. 여름을 나기 위해서 '하입'이라고 해서 살짝 더 말렸다고 해야 되나? 그러니까 손님들한테 "선물 들어오면 제발 지퍼백에 밀봉을 해서 냉동 보관 하면서 쪼끔씩 꺼내드세요. 아니면 김치냉장고도 괜찮으니까 무조건 시원한 데 보관하세요" 맨날 이렇게 노래를 불러요. 어떤 분은 김이 막 정말 노~란 빛으로 변했는데 구워달라고 하세요. "어머니, 괜히 기름 써서 돈 버리지 마시고 하나 입에 넣어보세요. 아린 맛이 나서 못 잡숴요" 그랬더니 그래도 아까워서 먹어야 된대. "저희는 못 구워요. 양심상 못 구우니까 딴 데서 물어보세요" 그러고 보내. 처음에는 몰라서 손님이 구워달라니까 구워드린 거야. 상한 건 줄을 모르고. 김이 습기를 많이 먹어버리면 구우면 팍 수축이 돼버려요. 부스러져버려요. 근데 손님 거니까 그걸 드렸는데, 난리가 난 거야. 김을 이따위로 구웠다고. 또 어떤 경우는 김이 같은 한 톳인데도 장수가 적은 게 있어요. 보통 큰 회사에서 선물을 줄 때는 단가를 낮춘다고 장수를 빼서 하는 경우가 있더라고. 우리는 100장이 한 톳인데 손님들 갖고 오는 김을 굽다 보니 95장이 되는 게 있고, 90장이 되는 게 있어요. 그러면 손님이 우리가 빼먹었다는 거야. 화를 내고 그다음부터 안 오셔. 계속 우리 집 오셨었거든요. 인제는 노하우가 있으니까 "이건 장수가 적을 것 같네요. 한 톳 값 다 안 받고 장수대로 받으니까 걱정하지 마세요" 이러죠.

엄마, 나 쭈쭈바가
정말 먹고 싶어

1969년에 전라남도 곡성에서 태어나 중학교 1학년까지 다니다가, 2학년 때 서울로 올라왔죠. 엄마 아빠는 먼저 서울에 오시고, 할머니랑 같이 살았어요. 오빠 있고, 언니 있고, 나 있고, 여동생 있고. 오빠하고 언니하고 두 살 터울, 언니랑 나하고 세 살, 동생하고 나하고 세 살. 할머니는 오빠만 예뻐하고, 막내는 동생이니까 예뻐하고 그랬던 것 같아. 내가 개구졌는지 모르겠지만, 할머니가 욕도 잘하시고, 그 전라도 사투리로 "이런 아무짝에도 쓸모없는 가시나, 절로 가라!" 이래. 그 시대엔 시골 동네들은 거의 다 농사를 지으셨어. 우리는 벼를 주로 하고 밭이 많지 않았던 것 같아. 그걸로 넷을 키우기에는 벅차거든. 시골에 아주 부자가 아니었으니까, 돈벌이가 뻔하니까, 애들 가르치기 힘들어서 엄마 아빠들이 서울로 많이 오셨어. 닭을 정말 많이 키웠는데도 그 시대에는 계란도 나오면 직접 안 먹고 팔았어. 우리는 쉽게 계란 후라이도 못 먹는 세대지. 오빠한테는 항상 계란 프라이가 도시락에 있었던 것 같아. 난 단무지가 제일 맛있는 반찬인 줄 알았어. 아삭아삭 달짝지근하고 맛나잖아.

　처음에 엄마 아빠가 먼저 서울 오셔서 자리 잡고, 그다음에 우리가 한 1년, 2년 있다가 서울로 왔어. 오빠는 고등학교 졸업을 해서 먼저 엄마한테 왔고, 언니도 졸업해서 왔고, 그다음에 나 오고, 막내는 맨 마지막에 왔어. 그래서 쭉 서울생활을 한 거죠. 동네 언니가 서울서 직장 다니는데 시골 왔다가 가는 길에 나를 데리고 왔던 걸로 기억해요. 기억해보면 기차에서 멀미를 해서 막 실신했던 것 같아. 밤에 서울역 도

착하니까 그 야경이 화려하게 빛나는 게 신기했지. 시골에는 밤에 불 끄고 가로등밖에 없잖아요. 화려한 불빛을 못 봤는데, 서울은 전부 가로등이 환하고, 전등불도 화려해서 '우와, 서울이긴 서울이구나. 내가 드디어 서울에 입성했구나' 어린 마음에 신기했던 것 같아. 그리고 엄마 아빠랑 같이 산다는 게 행복했지. 그때 돈암동 성신여대 앞에 살았거든요. 거기 가는 버스를 탔고 엄마가 끝에서 기다렸던 것 같아. 거기 돈암동에 태극당이 유명했거든. 물어봐서 그 앞에서 기다려라 그랬던 것 같아. 그래도 나는 시골집보다 서울 집은 좀 멋질 거라고 생각했는데, 방 한 칸짜리 집에 세를 살았어. 작은 일본식 다다미방 밑에 그 연탄 있는 집. 거기서 좀 살고 그다음 집에서 한 3, 4년을 살았던 것 같아. 넓은 마당이 있고 네 집이 살았었어. 대문 옆에 공동화장실이 있고. 우리 집은 대문 들어가자마자 옆에 이렇게 가리개식으로 임시로 만들었던 것 같아. 플라스틱 같은 저기로 가건물 식으로 부엌을 쓸 수 있게끔 만들었어. 찬장도 있고, 곤로도 있고. 여동생까지 엄마, 아빠, 나, 넷이 잤어. 대문 앞에 문간방 할머니네가 나가고 나서 그 방을 오빠주고. 오빠는 좀 크고, 우리도 여자애들이고 다 컸잖아. 형편이 안 돼서 어쩔 수 없이 같이 자긴 했지만 그래도 오빠를 따로 주는 게 좋은 거니까. 이모가 돈암초등학교 뒤쪽 산동네 초입에 집이 있었는데, 밖에는 미용실을 하고 집은 안채에 있고. 거기서 우리 언니가 먹고 자고 일을 배웠어.

　나 고등학교 2학년 때 집을 사는 것 같았어. 단독주택 집. 집 살 때 정말 좋았어. 방 세 개에, 오빠 방, 동생하고 내 방, 엄마 방 있고, 거실 있고, 식탁 놓고. 아빠가 문패 달 때, 딱 한자로 누구누구 이름 쓰고 간판 달 때, '아~ 좋다' 막 밖에서 집 쳐다보고. 진짜 큰 자부심 자긍심을 느꼈지. 생각해보면 그때부터가 우리 집의 행복 시작이야. 그 이후로는 살면서 큰 불행을 느껴본 적이 없는 것 같아. 빨리 남의 집에서 살지 않게 해준 게 너무 감사하고 행복하지. 시골서 올라오면 특별한 기술이 없고 그러면 대부분 장사하셨어요. 엄마가 이렇게 수레 끌고 장사하시고, 다라이 머리에 이고 동네 돌아다니면서 팔았다 하시더라고. 떡이며 순대며 이런 거를. 그러니까 돈을 빨리 많이 벌었던 이유가 엄마가 그 당시 젊었으니까, 오전에 떡을 이구 이렇게 동네를 돌면 금방 파니까 오후에는 또 순대를 갖다가 파시는 거야. 투잡을 하신 거지. 마장동 가서 순대를 떼어와서 집에서 약간의 밑 작업을 했던 것 같아. 그래서 남으면 쪼끔씩 우리 주고. 장사 몇 년 못하셨어. 힘들어서. 어릴 때 그 여름에 쭈쭈바 하나 못 사 먹었어. "엄마, 정말 먹고 싶어" 그랬는데, 안 된다고, 돈이 없다고. 지금도 엄마가 얘기해. "그때 니네 풍족하게 못해줬다" 가슴 아프다고 그러셔. 근데 그렇게 살아야지만 되는 줄 알았대. 왜냐히면 악착같이 하지 않으면 서울서 살아남기 힘들고 빨리 성공해서 뭔가 이렇게 당당하고 싶고, 또 할머니를 혼자 시골에 떼놓고 오셨기 때문에 빨리 성공을 해서 할머니를 모시고 오고 싶었다고 그러더라고. 어릴 때 철은 없었던 것 같은데, 그래도 '아, 엄마가 힘들게 장사하고 돈 버는구나'를 느끼지. 직접적으로 눈으로는 안 봤어. 그래도 엄마의 그 나갔다 온 모습이라든가, 뭔가 그때 어린 마음에도 '아, 우리가 가난하구나. 힘들구나'는 느끼는 거지.

아빠가 젊었을 때 동양화를 너무너무 사랑하셨어. 일명 노름. 할아버지가 일찍 돌아가셔서 할머니가 그 아들 하나, 딸 둘을 키우셨는데, 아버지가 너무 귀하게 자라서 시골 출신인데도 쟁기질을 못하셨어. 시골에는 서로 품앗이라는 게 있잖아. 내가 남의 집 일을 가면 그분들이 우리 일할 때도 오시고. 근데 아버지는 그걸 못하셨어. 품앗이 안 하면 돈을 줘야 되니까 엄마가 더 앞장서서 많이 하셨어. 아빠는 동양화를 너무 사랑하셔서 겨울이면 동네 분들이 삼삼오오 모여서 사랑방 같은 데서 그런 걸 하다가, 남의 동네까지 원정 다니면서 집문서, 논문서 들고 가시고, 소 팔아서 가시면 그길로 한 달 동안 안 오시는 거야. 집안의 가세가 많이 기울어서 엄마가 더 이상 못 살겠다 해서 서울로 택하신 거야. 처음에 아빠도 엄마처럼 수레 끌고 주로 야채를 파셨대요. 근데 하나도 못 팔고 그대로 물건을 갖고 오셔서 엄마가 집 앞에서 다시 팔았다고 하시더라고. 아빠는 적성에 안 맞으셨어. 아빠는 친구 분이 건축 일을 하셔서 거기에 같이 다니면서 돈을 많이 벌어오셨지. 늦게 철이 들었다고 맨날 우리 엄마가 그러셔. 그래서 엄마가 안방마님 되시고, 아빠가 돈 벌어오고 역전된 거지. 엄마가 굉장히 생활력이 강하셔서. 그래서 내가 어릴 때 그랬던 것 같아. 우리 엄마만큼만, 우리 엄마만 한 사람이 되었으면 좋겠다.

고등학교 나와서 바로 일했어요. 친척 중에 한 분이 나전칠기 만드는 공장을 하셨어. 거기에 거래처 사장님이 경리를 구한다고 그래서 나를 거기다 심어논 거야. 주로 난 자리 지키며 전화 주문받는 그런 쪽이었어요. 경리라 해도 장부 정리 뭐 간단한 거지. 한 5년 이상 했나봐. 재미없었어. 여직원 나 혼자고, 남자들만 있었으니까. 순진한 아가씨한테 농담 따먹기 하고, 야한 소리 하면 얼굴 빨개지고 그랬던 거 기억 나. 그래도 아가씨라고 뭐 챙겨주고, 사다주고 그런 건 잘했어. 그때도 엄마 밑에서 적금을 많이 했어. 내 월급이 40만 원쯤이었던 것 같은데, 30만 원 적금이고 10만 원 용돈 썼어. 메이커를 절대 못 입었지. 주변에 친구들노 다 돈 벌어서 시집가는 거가 목표였어. 간호사에 대해 약간 그런 로망이 있었는데, 대학은 꿈을 안 꿨지 아예. 그때도 오빠가 재수를 하고 있는 상태였으니까. 그냥 시집가서 애기 낳고, 현모양처 되고 싶다는 생각 많이 했었어. 그래도 여유 있게 적금을 해가지고 그 돈으로 결혼하고, 엄마 드리고. 우리 애들한테 결혼식장비는 줄지 몰라도 결혼 자금은 스스로 마련하라 그래.

결혼하고 애만 키우다가
장사라는 거는 상상을 못했죠

스물여섯 살에 선 봐서 초스피드로 80일 만에. 1994년 1월 23일에 선 보고 4월 10일 결혼. 그런 건 기억 잘해. 우리 세대는 좀 빨리 결혼했어. 보통 스물넷, 다섯 때 많이 했어요. 내 주변에 친구들이 다 그때 있어. 근데 에 아빠는 서른한 살이니까 늦은 거야, 약간. 완전 작정을 하고 50퍼센트만 마음에 들면 무조건 결혼한다고 했대요. 근데 나는 싫었어. 키도 작고, 지금보다 몸이 더 왜소하고, 장남이고. 눈에 안 들어왔지. 내가 이상하게 별로 남자한테, 뭐라 그러지? 이성적인 느낌이 안 들어. 제대로 된 인연을 못 만나서 그런지는 모르겠지만, 이 남자 아니면 죽을 것 같다 하는 사람이 없었던 것 같아. 남자애가 친구로 만나다가 "나 너 좋아. 너랑 사귀고 싶어" 이러면 "웃긴다, 야. 너랑 나랑 무슨. 됐거든!" 항상 그랬어. 근데 우리 엄마 세대만 해도 초등학교밖에 안 나오신 분들이잖아. 그래서 자식들을 많이 가르치고 싶었는데 오빠가 4수, 5수를 했는데도 대학을 못 갔어. 근데 저 사람은 대학을 나왔다니까. 그리고 큰 회사 다니고. 엄마는 여성으로서는 굉장히 똑똑하고, 강인하시고 그런데, 아버지는 호인이셔. 그러니까 시골서 만약에 돈이 없어도 남의 집 돈을 못 빌려오고, 쌀을 못 빌려 오고, 밖에서는 호인인데 집에서는 생활력이 떨어진다고 해야 되나? 근데 애 아빠는 딱 봤을 때, 엄마 눈엔 저분이 눈이 뺑글뺑글하니 굉장히 야무지고, 어디 가서 뒤떨어지지 않고 앞자리에 앉아서 큰일 할 것 같은 생각이 들더래. 나보다 열 배, 백배 낫다고, 너 굶기진 않겠다고 그래. 그래서 내가 "엄마, 요즘 굶고 사는 사람이 어디 있어? 난 싫어" 이랬더니, "넌 잘난 게 뭐가 있냐?" 막 그러셔. 인연이 되려고 그랬겠지. 우리 시어머니도 나를 되게 잘 보셔서 뭐 속전속결로 두 번째, 세 번짼가 상견례하고,

그냥 얼떨결에 '갔나보다' 하고 시집가서, 처음에는 힘들었어. 왜냐하면 정이 없기 때문에. 서서히 정이 들고 친해졌어야 되는데, 되게 낯설은 상태로 결혼해서 힘들었어요. 멋모르고 임신 바로 해버리고, 그때 평택에 살았는데 거기 친구도 없지, 애 아빠는 아침에 일찍 눈 뜨면 출근하지, 저녁 늦게 와도 막 그렇게 연애처럼 애틋한 게 없잖아. 남편은 고향이 거창, 경상도 남자라 무뚝뚝해. 그렇게 1, 2년 살다가 우리 애들이 두세 살 때, 애 아빠가 외국으로 출장을 많이 다녔어. 같이 있을 땐 못 느끼다가 갑자기 한 달씩 떨어져 있으니까 보고 싶고, 생각 나고. 애들 아빠하고 정이 들은 거야. 그때는 컴퓨터가 막 각 집에 보급될 때야. 그래서 메일 주고받고 '아, 보고 싶다. 이런 게 좋아하는 건가보다' 싶기도 하고. 저 사람이 변함이 없다 그랬잖아. 항상 나 위해주고, 챙겨주고. 지금도 연애하는 느낌이야. 정말 괜찮은 사람이다 느끼면서 내가 애교를 많이 부렸어. 우리 신랑이 항상 바운더리를 쳐주는 것 같아. 테두리를 쳐서 딱 니를 보호해주는 느낌. 지금도 이렇게 손을 꼭 잡고 자든지

살을 대고 자야지 편안하게 잠이 와.

애기 아빠가 원래 대기업 출신이에요. L그룹. IMF에 우리는 큰 영향은 없었는데, 나중에 몇 년 뒤에 명퇴 바람이 불어서 애들 아빠가 심리적으로 힘들어했어. 자기 부서가 없어진다고 해서 일단은 사직서를 제출해야 되는 상황이었나봐. 자기가 집에 올 때 정말 너무 서글퍼서 속상해서 눈물이 나더래. 그래서 내가 그랬어. "지금 당신 나이 젊은데, 지금 만일 다른 일을 하거나 다른 사업을 해도 오히려 기회지 않냐." 근데 다행히도 애기 아빠가 회사에 그대로 있었어. 팀 전체가 해체되니까 다른 부서로 가게 됐는데, 다행히도 좋게 얘기해서 다른 데 스카웃된 거야. 그래서 성남으로 출퇴근을 했는데 너무 힘든 거야. 기름값도 너무 많이 들고, 평택서 한 10년 살았으니까 그 자리도 뜨고 싶고 그래서 성남으로 이사를 온 거였지. 근데 살던 데서 딴 데로 가면 약간 그 사람들이랑 적응을 못하잖아요. 그러니까 우울증이 와요. 그래서 애 아빠가 취미생활을 하라 그랬는데, 아파트 단지가 커서 수영장이 있어. 가까우니까 배우고 싶더라고. 그때 한 1년 이상 배웠어요. 초보로 그냥 조금 했는데도 "야, 폼 진짜 끝내준다. 폼은 선수다" 그랬어. 수영은 한 시간이면 끝나니까, 마치고 아줌마들끼리 밥 먹으러 다니고 여유를 부리다가 "뭐 어디 화장품 회사에서 단기 알바 뽑는다더라. 그걸로 맛있는 거 사먹을까? 수영복 좋은 거 살까?" 해서 알바를 했죠. 처음엔 포장만 시키다가 나중엔 그 현장 같은 데 가서 이렇게 주입하는 거 막 시키더라고. 돈이 되니까 재미있잖아요. 왜냐하면 월급쟁이는 돈이 항상 빠듯하거든. 우리가 또 장남이다보니까 나가는 지출도 많았어. 경조사 같은 거. 10~20만 원 적금 아등바등 모았다가 한 1년 지나면 무슨 행사가 툭 터져서 내놔야 돼. 그래서 조바심에 부업도 해보고, 돈 벌고 싶고 그랬지. 평택 살 때는 집에서 자동차 전선 꼽는 부업도 해보고. 또 누가 교복 알바 하라 그래서 왜 학기 시즌 초에 학교 앞에서 팸플릿 돌리는 거 있잖아. 스티커하고 포스트잇 그거 나눠주면서 교복 사러 오라고. 당시만 해도 아줌마들이 할 일이 많았어요. 주변에 어떤 분이 사진관에 사람이 하나 필요하다 해서 베이비스튜디오에서도 일했었어. 애기 사진 찍을 때 사진사 옆에 가서 방울 소리도 내주고, 사진 오려서 앨범 만들고. 그래서 한참 재미있게 하다가 여기로 오게 된 거죠. 애들 아빠가 가자고 해서 온 거죠.

제부가 중부시장에서 도매업을 하셨어. 그래서 "거래처에 가게 자리 나왔는데 한번 해볼래?" 이렇게. 건어물 가게면 대부분 쉽게 생각하잖아. 있는 물건 그냥 팔린다고 생각하니까. 뭐 생산을 하는 게 아니니까 쉽게 생각해서 "한번 가보자" 이렇게 된 거죠. 망원동이 어느 지구고, 어느 구에 붙어 있는지도 몰랐어. 망원동을 처음 들었거든. 가게를 구경하러 왔는데 나는 마음이 없었어. 자신이 없죠. 직장생활 하다가 결혼하고 애만 키우다가 장사라는 걸를 상상을 못했는데, 애기 아빠는 회사생활이 너무 힘들었나봐요. 벤처 쪽 회산데 책임자를 맡으니까 클레임이 걸리면 책임을 져야 돼. 스트레스가 말도 못했는데, 안 피우던 담배도 피우고, 술도 먹고. 자기는 딱 와서 첫날 결정을 해버리더라고. 저분이 점잖아서 장사를 더 못하시는 분인데, 장사를 하시겠대. 근데 그때 집이 또 만기가 됐었어. 평택이 더 시골이니까 그 집을 팔고는 성남에는 4000, 5000을 보태서 전세로 갔어. 그랬는데 2년 만에 집주인이 집을 팔겠다고 그러는 거야. 우리가 집을 싸게 들어간 대신에 막 도배랑 페인트랑 다 하고, 문고리 다 달고, 등도 갈고 그러고 갔거든. 오래 살려고. 그러니까 그 시기가 이사를 와야 되는 상황이랑 딱 맞물려버린 거지. 전화위복이 된 거야. 그러니까 그 돈 받아서 여기 가겟세, 보증금, 권리금 주고 작은 전세를 얻어서 그다음에 어떻게 노력해서 1년 만에 저 빌라를 샀으니까.

여기 처음 온 게 그때 애들이 초등학교 4학년, 6학년 때. 2006년 6월 20일쯤. 근데 6월부터 더웠어요. 경험이 하나도 없었어. 장사 경험. 그때는 현대화 시설로 지붕이 안 씌워져 있었고, 옛날 전통시장처럼 천막 치고, 파라솔 치고 막 그렇게 했었거든. 그러니까 멋모르고 해서 첫여름엔 온몸에 땀띠가 다 났어. 지금은 워낙 신발도 좋고, 옷도 기능성이 많잖아요. 그때는 여름에 땀 냄새가 나서 옷을 두 번, 세 번씩 갈아입었어. 여기가 또 열악하잖아요. 우리는 이 김 기계 열도 만만치 않고, 에어컨을 틀 수 없는 상황이야. 김을 굽는데 공기 중에 습도가 많은 데다 바람을 타면 김이 금방 눅져버리니까. 선풍기를 틀어놔도 김 굽는 쪽으로 못 오게 해. 그럼 여기 뜨거운 열이 장난 아니거든요. 막 땀을 줄줄줄줄 흘려. 초창기에 집에 가서 딱 쇼파에 앉으면 못 일어났어. 발바닥이 아파서. 하루 종일 서 있으니까 너무 힘들었는데, 애들이 초등학생이라서 8시 20분 그 전에 학교를 가잖아요. 근데 어느 날 내가 못 일어나니까 딸내미가 "엄마, 내가 밥해놨어" 그래. 초등학교 6학년인데 엄마 아빠가 힘든 걸 느꼈는지 밥솥에 밥을 해놓고 갔어. 처음에 정말 감동을 했어. 그 이후로는 절대 안 해.

그때가 벌써 12년 전이니, 나도 30대 중반이고, 애들 아빠도 40대 초반이라 힘든 줄 모르고 그냥 즐거웠지. 돈이 왔다 갔다 하니까 그게 재미있었고, 새로운 사람 많이 만나니까 재미있었고. 그리고 인제 한 달 벌어보고, 두 달 벌어보고, 1년 벌어보니까 이게 눈에 보이잖아. 두 사람 인건비야. 큰돈은 못 벌어. 쉬는 날이 없으니까 못 쉬고. 그나마 이 망원시장이 활성화가 잘돼서 손님이 많잖아요. 월급쟁이로는 그 한계가 있는데, 열심히 하면 그런 보상이 좀 따르더라고. 우리 건어물 장사는 아주 크게 하지 않는 이상 큰돈은 못 버는 것 같아. 가져다가 판매하는 거니까 마진은 적어요. 생선 일, 정육 일, 떡집 일, 이런 데는 직접 몸으로 해서 인건비가 나와야 되니까 마진이 좋고. 그래도 마음 편하고, 나름 지금도 하고, 애들 가르치고 먹고살고, 행복하지. 큰 욕심 안내고 건강하기만 하면 좋겠다는 생각을 하지. 우리도 10년차 지나서 애들 아빠도 오십이 넘고 그러니까 힘들다는 거를 좀 느끼더라고. 어쨌든 장사는 일흔 살 가까운 나이에도 할 수 있으니까, 내 장사니까 할 수 있잖아요. 운동해가면서 내 관리도 해가면서 장사를 하자, 그런 생각을 많이 하게 돼. 예전에는 앞만 보고 달렸잖아.

계절의 변화를 못 느끼다가 추석 장사 해야 되네?
설 장사 해야 되네? 이렇게 알지

우리가 옆집 덕을 많이 봐요. 반찬가게 언니가 잔치국수를 하면, "배고픈데 한 그릇 먹어라~" 그러고 주셔. 김치도 새로 하면 먹으라고 주시고. 언니가 참 인정이 많으셔. 여름에는 우리가 얼음 같은 거를 사다놓고 아이스커피 탈 때 언니도 한잔 타서 드리면 좋아하셔. 누가 타주면 시원하니 맛있잖아. 겨울에는 애 아빠가 아침 일찍 나오면 언니가 뜨거운 커피 한잔씩 타주시고. 또 옆집에 과일가게에도 과일 새로운 거 나왔으면 맛보라고 주고. 그러니까 이웃이 참 잘 맞아야 돼. 가족보다 보는 시간이 많잖아요. 하루에 10시간 이상을 매일 얼굴 보고 있잖아요. 다들 가족같이 지내요. 화장실 가거나 갑자기 어디 가면 서로 가게도 봐주고, 물건 팔아주기도 하고. 우리가 여름에 여기 김 기계에 열이 많이 나잖아요. 그래도 다들 이해해주세요. 감사하죠. 이웃끼리 서로 경계하고 인상 쓰면 장사할 수 없잖아요. 서로 손해지. 나는 우리 이웃들이 다 좋아. 다른 사람들은 부부끼리 하면 싸우지 않느냐고 하는데, 저희는 싸운 적은 없어요. 한 번도. 애들 아빠가 장남의 특성인지는 모르겠지만, 배려를 많이 해요. 아기자기한 재미는 없어. 근데 항상 마음이 변함없는 것 같아. 화도 잘 안 내고, 화냈다가도 금방 "미안하네. 내가 잘못했네" 그래버리니까 싸움이 안 되더라고. 애 아빠가 술 담배를 잘 못해요. 그러니까는 뭐 크게 이렇게 할 게 없고, 둘이 인제 서로 장난쳐가면서…… 가만히 서서 멀뚱멀뚱 손님만 보면 재미없는데, 서로 웃긴 말도 하고, 농담도 하고, 둘이 웃고, 일도 하고, 편하고 좋아. 처음에 시장 왔을 때 임원활동도 하라고 하고, 시장에서 야유회나 모임에서 놀러 가는 걸 다 가라 그랬잖아. "안 돼. 나 혼자 힘들 수 없지" 이런 소리 안 하고, "갔다 오소. 나는 여태껏 회사생활 하면서 많이 갔다 왔으니까 가서 재미있게 놀다 오소" 그래. 그러니까 주변에서 많이들 그래. 내가 제일 팔자 편한 여자라고. 시집 제일 잘 간 여자라고. 보통 나는 12시, 1시에 나오잖아. 그리고 뭐 모임 있다고 나가면 7시, 8시에 나가기도 하고. 근데 이 사람은 맨날 개미처럼 일하는 것 같대. 나는 맨날 베짱이처럼 놀고. 건수를 만들어서라도 나가려고 해. 하루 종일 시장에 있으니까 계절의 변화를 못 느껴요. 눈 뜨면 가게 나오고, 해 떨어지면 집에 가서 자고. 기껏해야 주변 상인들과 술 한잔 먹고 웃고 떠드는 정도밖에 없으니까. 교외만 나가도 단풍 물들고 코스모스 피는 거 우리는 못 느끼고 살잖아. 계절이 바뀌는 것도 "어?

벌써 추석이야? 벌써 설이야? 아유, 추석 장사 해야 되네, 설 장사 준비 해야 되네" 이렇게 알지.

평상시에는 둘이서 하지만, 명절 때는 시골 어머니 오시지, 친정 엄마 오시지, 우리 애들 둘하고 여섯 명이서 일을 해. 명절 당일 3일 전, 4일 전부터. 아직까지 제사를 많이 지내니까 건어물은 전부 박스에 작업해서 냉장고에 넣고, 제수용품이 완전히 앞으로 딱 깔리는 거지. 밤, 대추, 곶감, 포, 황태포도 가짓수대로, 통북어, 마른 오징어까지 다 눈에 보이게끔 앞으로 나오는 거야. 홍합, 새우도 조금 소포장해서 나오고, 약과, 한과, 강정, 그것도 가지별로 종류별로. 그담에 뭐 양초, 향 종류, 다 한눈에 보고 집어갈 수 있게끔. 밤, 대추가 손이 많이 가는 작업이거든요. 그걸 2000원, 3000원짜리 작업을 해야 되고, 기계로 까서 내놔야 돼. 안 까면 안 가져가, 귀찮다고. 그래서 겉껍질을 다 까가지고 그램 수를 재서 썩은 거 빼고, 이렇게 손작업이 많이 필요해요. 그걸 어머니 두 분이서 맡아서 해주시는 거죠. 애기 아빠는 김을 많이 구워야 되고, 나는 전체적인 거 총괄 판매를 해야 되고. 딸내미하고 나는 판매하고, 아들은 물건이 비면 안에서 계속 끄집어내서 진열해주는 거. 분업이 있어요. 처음에는 애들이 어리니깐 손님들이 오시면 애들한테 엄마를 불러달라 그러잖아. 인제 애들이 커서, 보고 배웠다고 척척척 잘해. 장사꾼 애들이 보고 배운 게, 그게 빨리빨리 눈치가 오나봐. 뭐 없으면 빨리빨리 갖다 채워주고. 그러니까 애들이 있으니 너무 좋아. 명절에는 평소보다 한 300퍼센트? 400퍼센트? 더 파는 것 같아. 근데 힘든 거에 비해서 워낙에 단가가 적은 거다보니까 큰 매출은 안 나오는 거지. 그래도 명절 대목 못 보시는 분들에 비하면 감사하다 생각하는 거지. 전통시장이 명절에는 다 대목이라 그러는데 아닌 데도 많거든. 속

옷집이나 죽집 이런 데는. 이전에는 저기에 화장품 가게가 있었는데, "아유 바빠서 좋겠다" 하시더라고. "우리는 바쁜데 돈이 안 돼요" 했더니, "우리는 놀고 있잖아" 이러서. 정육점, 떡집, 전집은 정신을 못 차려. 제사는 안 지내도 그냥 먹으려고 사는 분이 많아. 제수용품은 딱 한계가 정해져 있는데, 전집, 고기짓, 떡집은 너도나도 다 먹는 거잖아. 완전 대박나는 거지. 우리는 추석이 더 바빠요. 설에는 떡국을 끓여 먹잖아요. 추석에는 밥을 해서 먹기 때문에 김도 더 많이 나가고, 밥 반찬으로 진미나 멸치도 나가. 연관성 있죠? 쉬는 날이 없는데 명절 때만 명절날부터 한 2, 3일 쉬어요. 쉬면 그냥 잠만 자게 되는데, 너무 아까운 거야. 근데 떡집 언니네도 여행을 좋아하고 우리도 여행을 좋아해서, 명절 때마다 휴가를 가는 거야. 좀 멀리 비행기 타고. 그 모임이 지금 5년 넘게 이어지고 있어요. 여행도 일종의 취미잖아요. 서로 트러블 없이 딱 뭉쳐가지고, 가서 재미있게 즐겁게 놀다 오고, 또 다음 명절 때 갈 거 계획 짜놓고, 한 달에 한두 번 만나서 저녁 같이 먹고 너무 가족처럼 지내고, 만나서 너무 행복한 거야. 지난 구정에도 양쪽 엄마들 모시고 일본 오키나와를 갔다 왔어요. 나는 명절 끝이라 너무 일을 많이 해서 힘들고 지치고 차만 타면 자는데, 어른들은 막 수다 떠시고, 재미있게 깔깔깔 웃으시고, "너무 좋고 행복해~ 다음에 또 갈 기회 있으면 우리가 돈 전부 낼 테니까 데리고 와~" 그러시는 거야. '아, 엄마들이 좋아하시니까 행복하다. 다음에 또 기회 되면 이렇게 여유를 즐겼으면 좋겠다' 했지.

뭔가 변화를 해야겠다……
점점 위기를 느껴요

우리는 6, 7, 8, 9월까지는 마이너스거든요? 겨울에는 김을 최소한 여섯 일곱 시간은 굽는데, 여름에는 잘 구워야 두 시간? 매출이 훨씬 차이가 나. 더우니까 아무래도 사람들이 덜 나오고, 비 오는 날은 또 손님이 없잖아요. 작년에 장사가 정말 안 됐어요. 통장 보니까 천 넘게 마이너스가 되더라고. 기본 생활에서 천만 원을 있는 돈을 까먹어야 되는 거잖아요. 다시 그거 메꾸려면 몇 달이 걸려. 그러니까 겨울 장사를 해서도 남는 게 별로 없단 소리지. 겨울 성수기 대비 3분의 1 정도만 차이가 나야 현상유지가 되는데, 매출이 절반 정도 차이가 나요. 장사가 점점 안 돼요. 멀리서 많이 오시지만 요즘에는 먹거리 투어가 많은 것 같아. 그냥 단순하게 사서 먹고, 나 홀로 가족도 많고. 우리 애들 같은 경우도 딸내미가 아침을 안 먹죠? 점심은 회사에서 먹죠? 저녁에도 친구들 만나다보면 먹고 올 때 있고. 나부터도 집에서 밥을 하는 횟수가 아주 적잖아요. 그래서 반찬집은 잘 돼. 우리는 1차재잖아. 조리를 해야 되는 품목이라 점점 위기를 느껴요.

 망원동이 의외로 이렇게 핫한 시장이 됐잖아요. 주변에 망리단길이 생기고 이러면서 집값이 많이 폭등했대요. 여기 가겟세도 이번 달에 20퍼센트 이상 올랐어. 그러니까 살기는 거의 똑같거든. 갑자기 막 윤택하거나 뭐가 입점된 것도 아니고, 별다른 이슈가 없는데, 정말 많이 올랐어. 나는 그 전에 집을 샀으니까 집값이 올라서 좋긴 하지. 근데 장사는 더 안 돼요. 우리끼리 하는 얘기가 그래. "사람은 참 많은데 손님이 없다." 오전에 매출이 더 좋을 때가 있어요. 오전에는 물건을 사려는 목적을 가지고 오시잖아. 근데 오후에는 군것질거리 하는 젊은이가 많잖아. 그래서 나도 왜 오징어 버터구이 같은 거 있잖아. 우리랑 접목되는 거를 하려고 생각해보면, 그렇다고 또 잘될 것 같지는 않아. 관광지 같아도 누가 막 좋아할 것 같진 않더라고. 예전에는 마른 오징어도 잘 나갔어요. 술안주 한다고 많이 가져갔는데, 워낙 이 시장에 먹거리가 많다보니까 다른 대체할 수 있는 음식이 많은 거야. '아, 좀 뭔가 변화를 해야겠다' 하는데도 쉽게 안 되는 거야. 자신이 없기 때문에. 다른 가게를 해봐야 되나 그런 생각을 하는데, 아직은 생각일 뿐이에요. 닥치지 않아서. 그냥저냥 장사가 되고 있으니까. 그래도 앞으로 한 5년에서 10년은 더 해야 하지 않나? 막연하게 생각하는데, 배운 게 이것밖에 없으니까 새로운 도전이 좀 망설여져요. 나이 먹어서는 변화하기 힘들다는 말들이 이해가 돼.

6월부터 중앙대 최고경영자 과정에 다녀요. 여기 시장 분들이랑 같이 가는데, 매주 여러 분야 교수님들이 오셔서 강의를 해주셔요. 워낙 다양한 데서 오시니까 우리가 몰랐던 것들을 많이 접하게 되더라고. 보는 시선이 좀 달라지죠. 홈플러스가 지금 잘되고 있지만 대형 마트들이 지금 다 위기다, 인터넷 쇼핑 때문에. 우리는 굉장히 큰 적이라고 생각하지만 그들을 결코 적이 아니다, 이런 얘기들 하시더라고. 그래서 지금 대학원에 가면서 생각하는 게, 내가 여기서 분명히 한두 가지는 배워서 여기다 접목을 시켜야지, 이왕 간 거 도움이 되는 걸 찾아야지, 해요. 조별로 과제가 있어요. 우리 점포의 장점과 단점, 기회 요인과 위기 요인 이런 걸 써가는 거예요. 그런 게 계기가 돼서 나한테 발전이 되자. 근데 여기서 그냥 꾸준히 장사가 잘되길 바라는 게 솔직한 마음이에요. 너무 큰 변화를 주는 것도 두려운 거고, 그냥 여기서 조금 더 장사가 잘돼서 그냥 여기서 만족했으면 좋겠는데, 더 친절하고 더 좋은 물건 갖다 팔고 싶고, 그런 마음이에요. 안주하고 싶은 거지. 망원시장은 아직 손님들이 많이 찾아주시니까. 중앙대 갔을 때도 망원시장에서 왔다고 하니까 "아, 그 유명한 시장?" 하고 다 아시더라고요.

조금씩 조금씩 이렇게 시야가
넓어지는 것 같아

저는 2008년부터 임원진을 했어요. 4년 동안 연임을 했던 것 같아. 일주일에 한 번씩 인제 안건 들어오거나, 시장에 무슨 행사가 있거나 그런 거를 임원진끼리 회의를 해요. 좋다 나쁘다 의결하고, 좋은 의견 서로 내고. 무슨 시장에 행사 같은 거 있으면 거의 임원진들이 나와서 일을 해줘. 임원진이라는 그 타이틀 때문에 책임지고 나가서 서로 도와주는 거야. 근데 지금은 내가 임원진이 아니거든요? 큰 행사 있을 때는 전직 임원진이기 때문에 그 내용을 알잖아요. 힘들고 바쁜 걸 아니까, 약간 짬이 났을 때 가서 도와줘. 시장에서 12년을 있었으면, 멤버들을 다 속속들이 알고 친했던 분들이기 때문에 가서 도와줘도 아무런 손색이 없어. 그런데 내가 임원진이 아니었고 그냥 일반 상인이면, 그런 소속감이 없기 때문에 좀 들어가기도 쭈뼛쭈뼛하고, '괜히 왔나? 괜히 가서 도와줬나?' 이런 생각 한다고 하더라고.

어제 같은 경우는 김 굽다 말고, 내가 주민자치위원이거든. 여기 상인들 중에 여자는 나뿐이야. 홍일점. 그래서 저녁에 동사무소에 회의하러 갔어. 주민자치위원 자체를 나도 멋모르고, 우리 전임 상인회장님이 자치위원장님이라 코에 딱 꿰어서 끌려 들어갔어. 작년 가을, 겨울부터 했어. 정말 나도 몰랐는데, 동사무소를 기준으로 무슨 모임이 정말 많더라고요. 바르게살기운동도 있고, 뭐 민방위 위원도 있고, 부녀회 모임도 있고, 노인회 무슨 모임도 있고, 정말 내가 알지도 듣지도 못했던 모임이 정말로 많더라고. 솔직하게 얘기하면, 동사무소는 몇 년에 한 번씩 등본 떼러 가거나, 뭐 무슨 폐기물 버릴 때 수거 스티커, 그거 발급받을 때나 가지 갈 일이 딱히 없잖아요. 보통 사람들은 그냥 살기 바쁘고, 장사하기 바쁘고, 동네에서 뭐를 하는지 아무것도 모르고 살다, 근데 가서 보니까, 의외로 진짜 수많은 일이 일어나더라고. 그러니까 조금씩 조금씩 이렇게 시야가 넓어지는 게 있고, 뭐 아는 지식이 조금 넓어지고, 동네를 조금 관심 있게 보는 계기가 된 것 같아. 옛날에는 상인회 일만, 이 시장만 보게 되잖아요. 하다못해 가로수 나무들도 볼 수 있고, 이렇게 도로 같은 것도 보고, 쓰레기 같은 거 봤을 때도 그냥 지나가지지 않고, 좀 생각을 하게 되는 계기가 되는 것 같아요. 이렇게 돌아가는 시스템들이, 우리 동도 있고, 외부와의 교류도 있고, 구청에서 내려오는 것도 있잖아요. 그런 것들을 보면서 여러 가지 생각을 하게 되지.

한 3년 전부터는 우리 시장하고 홍대하고 조인트를 했어. 축제에서 쓰는 물건들을 각 점포에서 납품할 수 있게 한 거야. 그래서 각자 점포에서 이거 얼마, 얼마 해서 리스트를 쫙 올렸어. 우리는 진미채나 김 같은 거를 했지. 족발집이 인기 많고, 닭강정이 인기 많고, 김치전 같은 거. 다 완제품이 가는 거야. 편하지. 슈퍼에서 물이며 음료수며 다 싸게 가고, 차로 다 배달해주니까. 그래서 박스에 다 담아서 과별로 딱 진열해주면 그 사람들이 찾아가는 거야. 결제는 나중에 한꺼번에 받아. 그리고 인제 여기 장보기 서비스라는 게 있잖아. 장보기 도우미 분이 계셔. 그분이 주문을 받아서 물건을 사다가 배송을 하고 이렇거든. 배송 아저씨가 따로 있고. 그럼 우리 상인들이 0.5퍼센트를 떼어서 상인회에 거기 수수료를 주거든. 그러면 몇 퍼센트를 홍대에다가 장학금 기금으로 좀 내겠다, 그런 것도 있어. 어쨌거나 조인트가 돼서 축제 때마다 이렇게 주문이 오는 거야. 우리는 감사하지. 큰 금액이든 적은 금액이든 축제가 있어서 이렇게 같이 협력해서 할 수 있다는 게.

망원시장이 축복받은 시장, 정말 선택받은 사람들이 와서 장사하는 곳, 그런 생각을 하게 돼요. 다른 데 뭐 잘되는 시장들도 이렇게 경기가 안 좋을 땐 바로 죽어버리는데, 축복받은 시장이에요. 이렇게 사람이 많다는 거가. 내가 아무리 기술이 있고 좋은 물건 갖다줘도, 손님이 없으면 안 되잖아요. 상인들이 단합이 잘되고, 노란 선 지키기를 잘해서 물건을 막 길에까지 진열해놓지 않으니까 시장이 깔끔하잖아요. 상인들도 노력하고, 앞에서 이끌어주는 회장님이랑 임원진들이 노력을 많이 했기 때문에 이런 성과가 이뤄진 거라고 생각해요. 우리가 홈플러스하고 싸운 그 시장이잖아요. 그 전에는 단결할 일이 특별히 없었어요. 단합이 될 수밖에 없었던 상황이었던 것 같아. 우리가 처음 당하는 게 아니고, 다른 데 홈플러스나 대형 마트 때문에 주변 상권이 다 죽는 걸 우리는 눈으로 보고 느꼈잖아. 그러니까 정말 열심히 노력했지. 할 수 있는 게 단합된 모습을 보여주는 것밖에 없었어요. 다들 보면, 존경스러워. 우리보다 훨씬 힘든 점포가 많거든요. 근데도 다 열심히 사시는 거 보면, '아~ 참 본받을 만하다, 존경스럽다' 싶어요. 옛날에 그 시장 아줌마, 아저씨들이 아닌 것 같아. 자화자찬인지는 모르겠지만, 되게 생각도 많고 열정적인 사람이 많아요. 그래서 대기업 나와서 후회하진 않아요. 옛날에 그 회사 분들이랑 모이면 부러워하는 분도 계셔. 그분들은 60대, 50대 후반 되면 자신감이 떨어진다 하더라고. 뭘 할지도 모르고, 만약에 했다가 안 되면 그 손해에 대한 두려움을 먼저 가지더라고. 자리 잡고 있어서 부럽다, 이런 말씀 많이 하셔.

이 정도면 행복하다
더 이상 뭘 바래

살면서 애들 아빠랑 나는 운이 좋았다고 생각하죠. 이 시장에 온 것도 운이고, 먼젓번 건어물 주인이 그대로 물려준 것도 운이고, 행운이죠. 어찌됐건 돈을 벌었잖아요. 항상 아쉬웠던 게, '아, 아빠가 살아 계셨으면 내가 좀 이렇게 여유 있을 때 아빠가 지금도 계셨으면, 너무 좋았겠다.' 니가 이뻐한테 많이 힘들 때 가면 아빠가 5만 원, 3만 원씩 찔러주셨어. 아빠가 그러셨어. "니네가 빚을 갚는 게 아니고, 적금하는 거기 때문에 괜찮은 거다. 그건 힘든 게 아니다" 항상 그러셨거든. 그래서 우리 아이들 낳아서 가면, 아이들 너무 예뻐하셨거든. 우리도 그렇게 따뜻하게 해주지 않았던 아빠가, 우리 딸내미를 포대기에 해서 업어가지고 골목을 싹 돌아. 애들한테 막 얼르고, 장난치고, 예뻐하셨거든. 내 눈에 선해. 내가 아빠를 좋아했어. 인제 뭐 생각 날 때마다 '아빠 계셔서 용돈 드렸으면 아빠가 너무 좋아하셨을 텐데. 엄마랑 아빠랑 어디 여행 보내드렸으면 너무 좋았을 텐데' 이런 게 아쉬운 거야. 아빠가 60대 초반부터 아프기 시작해서 고생만 하다가 가셨어. 그때만 해도 설움에 북받쳐 눈물은 났지만 그렇게 막 그렇진 않았거든. 지금은 더했을 것 같아. 엄마 나이 50대 중반에 갔으니 굉장히 젊었을 때고, 엄마가 되게 힘들었을 거야. 이제 와서 내가 엄마 나이쯤 비슷하게 돼가니까 엄마가 참 외로웠겠구나 생각을 하지만, 그때는 엄마의 마음을 못 느꼈어.

항상 안 계시는 분에 대한 그런 그리움들. 못해준 거에 대한 아쉬움이 있어서, 지금도 엄마가 가끔 오시면, "엄마, 나는 엄마 돌아가시고 난 후에 후회 안 하고 싶어. 엄마가 못 사 먹는 거 내가 그냥 사드릴 거야" 항상 그래. 어른들은 당신을 위해서는 못 써. 남편을 위해서 자식을 위해서는 사도 '나 이거 정말 먹고 싶어. 내가 사야지' 이러진 않아. 집 이사 가거나 뭘 살 때, 우리 엄마가 나를 보태줄 정돈데, 근데도 당신을 위해서 갈치를 절대 못 사 잡숴. 소고기? 절대 못 사 잡숴. 그러면 나는 그냥 "엄마, 이거 사드릴게 아끼지 말고 드셔" 그러면, "나는 배짱 없어서 이것도 못 사는데, 너 덕분에 이걸 얻어먹는다" 그러고 되게 좋아하셔. 시골 어머니한테도 그래. 똑같은 어머니니까. 나한테 우리 엄마가 소중하면, 내 남편도 당연히 당신 엄마 정말 소중하잖아. 경제적인 여유가 조금 있어서 좋아. 행복해. 돈이 없으면 아무리 마음 있어도 물질적으로 해주고 싶은 거 못해주는 게 되게 힘든 거거든. 근데 해줄 수 있어서 너무 좋아.

돌아보면 내 삶이 그렇게 고달프진 않았어요. 나름 긍정적으로, 즐겁게 살았지. 신랑이 편하게 해주잖아. 근데 애들하고 시간을 많이 못 보내서 그게 좀 미안하지. 장사를 하면서 쉬는 날이 딱 정해져 있지 않으니까 아이들이랑 함께하지 못하는 게 좀 아쉬워. 예전에 직장생활 할 때는 토요일 일요일이면 가까운 근교라도 갔다 오고 여행을 했었는데, 지금은 시간적인 여유가 많지 않아. 우리 딸이 6학년 때부터 이걸 시작했잖아. 손이 많이 갈 땐데, 졸업식 때도 못 갔어. 입학식에는 그래도 어떻게 잠깐 짬을 냈는데, 졸업식에는 겨울에 구정을 앞두고 있어서 바쁠 때라서 못 갔어요. 그래서 할머니가 대신 가기도 하고, 내가 막 후딱 갔다가 정신없이 오기도 하고. 많이 함께하지 못한 시간들이 아쉬워. 이제는 "주말에 밥 먹자" 그러면 "약속 있어요" 이래버리고, 걔네가 인제 거절하는 거지. 그래도 큰 걱정 없이, '아, 이 정도면 행복하다. 더 이상 뭘 바래' 이런 식으로 큰 욕심 안 내고. 그래도 마음이 편하잖아. 누가 스트레스 주는 거 없으니까 피곤할 때 서로 10분씩, 20분씩 엎드려 자기도 하고, 장사도 그냥 먹고살 정도는 되는 거고. 우리 능력에 맞게끔 이걸로만 행복하자, 이런 걸 자꾸 다독이는 거지. 그래서 항상 행복해요. 얼굴에 "행복해요"라고 쓰여 있잖아. 하하하.

후기

지난 4월 양희 이모를 처음 만나고 반년이 훌쩍 흘렀다. 그동안 이모는 여러 곳에서 젬베 공연도 하고, 비수기 여름도 지내고, 가장 바쁜 추석 명절도 보내고, 여행도 다녀왔다. 그동안 나는 태어나서 처음으로 젬베 공연을 봤고, 손등으로 김 자르는 법을 배웠고, 김을 구워도 좋을지 알아보기 위해 습도계 어플을 깔아보고, 돈암동 태극당에 가서 빵도 사 먹어보고, 명절에는 집에서 전을 부치며 건어물 가게가 지금 얼마나 바쁠까 상상했다. 많은 것이 변했다.

인터뷰를 시작했을 당시 나는 무기력에 빠져 있었고, 사람들이 정말 어떻게 살고 있는지, 잘 사는 게 뭔지, 누구의 이야기라도 듣고 싶었다. 이모가 날 마음에 들어하지 않아서 아무 이야기도 안 들려주면 어떡하나, 이모를 처음 만나러 가던 날에는 시장 주변을 빙빙 돌며 그대로 도망치고 싶기도 했다.

돌이켜보면 어쩜 그런 이야기들까지 나한테 해줬을까 싶은 게 많았다. 여기 다 담지는 못하는 내용을 빼고 나니 이모가 행복하게만 보일까봐 걱정되기도 했다. 인터뷰를 하러 갈 때마다 이모도 말했다. 내 삶에 굴곡이 없으니까 쓸 얘기가 없어서 계속 찾아오는 거 아니냐고. 하지만 이모는 스스로 행복을 선택한 사람이었다. 삶의 고비마다 자신이 할 수 있는 최선을 선택해왔고, 앞으로도 그럴 사람이다. 힘든 일을 힘들다고 곱씹는 사람이 아니라, 좋은 면을 바라보며 옆에 있는 사람에게 힘을 주는 사람이다. 강한 엄마를 보며 배웠고, 따뜻한 남편을 의지하며 그 마음을 다른 사람에게도 나눠준다.

마지막 인터뷰 날 이모에게 물었다. 처음 본 사람한테 어떻게 그

많은 이야기를 해줬냐고. 이모는 "뭐 어때"라고 했다. '좋든 싫든 내 삶'이라고 했던 이모의 말이 다시 생각났다. 어떻게 살아야 잘 사는 건지 고민만 하던 내게 이모는 선물처럼 왔다. 지금 이대로 괜찮다고, 내 삶은 나만이 살 수 있는 것이라고, 그러니 살아내라고, 자신의 삶 전체로 응원해주었다.

언젠가 누가 나에게 내 삶이 어땠냐고 물어본다면 나도 이모처럼 내 이야기를 들려줄 수 있을까. 내 삶을 긍정하고 너의 삶도 긍정하는 사람이 되어 있을까. 아니, 그 전에 이모가 오징어 버터구이를 시작했는지 찾아가봐야겠다. 오늘 하루가 얼마 남지 않았으니.

"남편이 잘해주고, 너무 든든한 버팀목이에요."

나는 여기
가게 들어온 거
진짜 잘했어

_____

목포홍어무침
조숙희

—

박채란

어린 시절 이야기 좀 해주세요. 고향이 어디에요?

신안. 신안은 완전 깡촌인데도 나는 고생 안 해봤어요. 그렇게 부자는 아니었는데 막내딸이었고 중학교 때까지 나는 밥도 할 줄 몰랐어요. 초등학교 때 다른 친구들은 다 밥하러 들어갔는데 나는 밥을 할 줄 모르잖아요. 배는 고파 죽겠는데 엄마 아빠가 안 오시는 거예요. 그래서 옆 친구네 집에 가서 나 배가 고픈데 밥을 할 줄 모르니까 좀 해줘. 그러면 쌀을 씻어서 밥을 앉쳐주고 갔어요. 근데 언제 끄라 소리를 못 들었잖아. 계속 불을 땠어. 다 타버렸지 뭐. 아버지한테 뒤지게 혼났잖아. 누가 이런 거 하라 그랬냐고. 가만히 있지 사고 쳤다고. 그리고 다음에는 그 친구가 불까지 다 때주고 눈물 질질 나올 때 불을 끄라 하더라고요. 그리고 10분이나 있다가 먹어라, 그러더라고. 뜸 들으라고. 그 친구가 다 해줬어. 그다음부터 내가 한번씩 밥을 하는데, 설익거나 꼬두밥이지 뭐. 밥은 엄마가 나 하셨어요. 언니 있었는데도 언니가 안 하고 엄마가 다 하셨어요. 일을 하시면서도 때 되면 오셔서 밥을 다 하셨어요. 농사하시고 김 하시고.

우리 엄마는 좋은 분이었는데 아버지는 약주를 좋아하셨어요. 그리고 워낙 또 기분파라서 보증을 많이 섰어요. 우리 동네 땅 3분의 2가 우리 땅이었어요. 할아버지 계실 적에는 우리 아버지 유모까지 있었다고 그러더라고요. 근데 우리 아버지가 워낙 보증을 잘 서줘서 3분의 1로 줄었다가 그게 또 반으로 줄었어요. 엄마가 엄청 고생 많이 하셨죠. 근데 또 우리 엄마는 교육열이 있어서 새끼들을 다 가르치느라고 더 고생했어요. 우리 형제가 8남매잖아요. 8남매다보니 저도 대학 간다니까 안 된다는 거야. 제가 공부를 좀 했었거든요. 그 들어가기 어렵다는 목포여고에 들어갔어요. 목포여고가 그 동네에서는 이거예요. 좋은 학교까지 갔는데, 대학을 보내달라고 했더니 엄마가 그러는 거야. 내 밑으로 남동생이 셋이잖아요, 남동생들도 있는데 가시내가 가서 뭐하냐고. 그때 여군이 유행이었거든요. 그래서 "엄마 나 여군 하면 안 돼? 군인하고 싶은데"그랬더니 염병할 년이 지랄을 떤다고. "썩을 년. 가시내가 군대 가서 뭐 하려고 머시매도 안 가려고 하는 군대를 가려고 하냐?"고. 제 키가 164센티미터예요. 키가 164센티미터면 바로 합격이에요. 그럼 지금 얼마나 좋았겠어요. 우리 신랑도 안 만나고. 근데 우리 신랑은 만났어야 돼. 우리 신랑 같은 사람은 없어. 나 우울증일 때 너무 잘해줘서 다시 태어나도 우리 신랑하고 결혼한다고 그래.

우울증이 있었어요? 지금 모습으로는 상상이 잘 안 돼요.

　우울증이라고 안 건 서른세 살 때. 그냥 사람이 좀 나태해지고 무기력해지고. 어차피 일은 해야 하니까 하는데 너무 힘들어버리니까 그게 악화된 거예요. 악화되니까 나도 모르게 짜증이 나는 거야. 신랑 꼴도 보기 싫고, 내가 시집살이를 엄청 했거든요. 시어머니 얘기만 나오면 파르르르 하면서 신경질이 나는 거야. 처음에는 우울증인 줄 모르고 그때부터 우리가 싸우기 시작한 거야. 8년을 무지하게 싸웠어요. 우울증이 8년을 간 거야.

　내가 너무 힘들어서 자살 시도를 두 번 했어요. 못 견디겠으니까. 처음에는 꼬맹이가 세 살 때였나보다. 처음에는 남편이 알아가지고 살려났고, 두 번째는 아무도 몰랐는데 죽으려고 보니까 딱 죽기 직전에, 그때 우리 애가 네 살인데, 그 애 얼굴이 눈앞에 아른거려서 내 손으로 그만뒀어요.

　내가 이렇게 살면 안 되겠다 싶어 조금씩 고치려고 노력해서 고쳤어요. 내가 엄청 내성적이었거든. 너무 소심해서 어디 가서 누구하고 말도 잘 못했어요. 옛날에는 그랬어요. 장사를 하면서도, 집-가게-집-가게만 왔다 갔다 해서 친구가 없었어요. 누구한테 하소연할 사람도 없고, 나 혼자만 가슴속에 시어머니 시집살이를 차곡차곡 쟁여놓으니까 한꺼번에 터지는 거죠. 그렇다고 내가 장사를 해서 그 돈을 내가 갖고 있는 것도 아니고 우리 신랑이 돈 관리를 하니까, 뭐 내가 사고 싶은 옷을 하나 사 입는 것도 아니고 보람이 없잖아요. 고생한 보람이. 조금씩 고치려는데 그게 잘 안 되더라고요. 저쪽 가게로 옮겼는데도. 그때도 그렇게 심해서 안 고쳐지더라고요.

애들 아빠가 혼자 장사 많이 했어요. 내가 가게를 아예 안 나갔었어요. 한 달이면 한 달, 바깥에 한 번도 안 나갔어요. 애들도 안 챙겼어요. 애들 아빠가 아침에 애들 다 챙겨서 학교 보내고 유치원 보내고, 그리고 애들 학교 갔다 오면 애들 아빠가 가게 문 잠가놓고 오토바이 타고 와서 애들 챙기고 그랬어요. 거기서도 한 1년 동안을 장사 잘하다가 중간중간에 나빠지고, 잘하다가 나빠지고 그랬죠. 서른셋에서 마흔 살까지 해결이 안 되고 한 번씩 온 거예요. 초반에는 무기력하게 좀 그렇다 그 정도였고 시간이 지나면서 심해졌어요.

시집살이가 심했나봐요?

말도 못해요. 시집살이 말도 마세요. 7년 동안 시집살이를 했지. 우리 신랑이 너무 효자라서 그래. 그 아들 때문에 내가 시집살이 더 당한 거지. 딴 아들들은 그냥 나 몰라라 했었는데 우리 신랑이 효자라서 그냥 엄마라면 껌벅해. 당신 사랑하는 아들을 나한테 뺏긴다는 생각을 해가지고 시집살이 엄청 시켰어. 워낙 깔끔하시고 꼬장꼬장하신 분이야. 만약에 밥상에 고춧가루 떨어졌잖아요? 그럼 우리 행주로 닦잖아. 난리 나. 행주로 닦았다고. 휴지로 닦고 행주로 닦아야지. 고춧가루 물도 걸레로 닦으면 난리 나. 휴지로 닦고 나서 닦아야지. 행주를 아침저녁으로 삶는 양반이야, 그 양반이. 그 세월을 내가 보낸 거야.

애 낳기 전에 배는 이렇게 불렀는데, 추석 때 우리는 시어머니가 손이 크시고 식구가 많다보니까 송편을 한 말을 해. 하얀 거 한 말, 쑥 한 말, 이렇게 한 말씩 해. 배는 이만큼 부른데, 그 송편을 내가 만들었지. 근데 힘들다보면 나도 모르게 이렇게 되잖아요(배 내미는 시늉), 나도 모르게 허리 아프니까 이렇게 되잖아. 근데 우리 시어머니가 애기 가진 게 무슨 대통령보다 더한다고, 배 내민다고 그런 소리까지 내가 들었어.

시어머니하고 나하고 한번 엄청 싸운 적이 있어. 그때는 비디오로 닌자거북이 그게 유행이었거든요. 그때 당시는 우리가 너무 힘들었어요. 우리 애가 그걸 보고 싶은데 비디오가 없으니까 친구네 가면 집에 들어오지를 않는 거야. 그래서 우리도 비디오 하나 사야 되겠다고 하고 내가 그랬더니 "자알 한다!" 우리 고향 전라도 말로 "똥구멍 빨개가지고 고론 거나 사고, 고론 게 뭐가 필요하다고 고론 거나 사냐?" 그러시더라고. 근데 그게 엄청 서운하더라고. 그래서 내가 한바탕 퍼부었어. 처음으로.

어머니가 폐암으로 돌아가셨거든요. 그런데 돌아가시기 전에 그러시더라고. 편찮으셔서 나한테 오고 싶은데 미안해서 이야기를 못 꺼내는 거야. 나중에 거의 돌아가실 즈음에 병원에 찾아갔는데, 딴 사람은 아무도 못 알아보지만 내가 "엄마 나 왔어" 그러니까 "응 왔냐!" "나 누군지 알아?" 내가 그랬더니 "내가 너 모르면 되간디? 진규 어매 아니냐." 딴 사람은 아무도 못 알아봤대. 우리 막내동서가 병간호를 했는데 딴 사람은 아무도 못 알아보더래. "나 누군지 알아?" "내가 너 모르면 되간디? 진규 어매 아니냐." 내가 말을 계속 시켰지. 가래가 끓으니까 가래를 꺼내야 되거든. 근데 누가 말 시키는 사람이 없으니까 컥컥컥 하고 계시더라고. 그래서 내가 가서 말을 계속 시켰지. 그러니까 말하면서 그 가래가 나온 거야. 노인네가 너무 깔끔하신 양반이거든. 화장실에도 누구랑 같이 안 가셔요, 원래. 당신 혼자 가시지 절대 안 가시거든. 근데 내가 "엄마 화장실 가자" 그랬더니 가서. 화장실 가서 그래도 모습은 보이기 싫으셔서 "너 나가 있어라" 문을 닫으시더라고.

같이 사는 동안은 괜찮았어요?

그땐 내가 참았지. 어쩔 수 없으니까. 그동안에는 우리 부부싸움 한번 안 해봤어요. 그런데 꼬맹이 낳고 나서부터 부부싸움을 한 게, 7년 동안 안 싸운 걸 9년 동안 무지하게 대판 싸운 거예요.

근데 지금은 내가 나이 먹으니까 알 것 같아. 그 전에는 내가 어려서 그 마음을 이해를 못한 거 같아. 근데 오십 후반이 되다보니까 '아, 우리 시어머니가 나를 먹고살게끔 만들어줬구나' 하고 이해가 가더라고. 그 전에는 몰랐어. 엊그저께 아들이랑 다 왔을 때 같이 가족 회의를 하면서 엄마 이야기가 나와서 나도 모르게 또 눈물이 나더라고. 그때는 몰랐던 게 나이 먹다보니까 고맙더라고. 나를 이렇게 힘들게 했지만 나를 사람 만들기 위해서 이렇게 고생을 시켰구나. 나는 우리 친정에서는 일이라고는 이만큼도 못했어요. 밥도 못하고 시집와서 우리 시어머니가 그걸 다 가르쳤어.

그치만 다정하게 가르쳐주실 수도 있잖아요?

우리 시어머니 성격이 그 성격은 아니니까. 다정할 때는 다정하신

데 음식 할 때만큼은 깐깐하시니까. 우리 시댁이 김제인데 시어머니가 워낙 손맛이 좋으셔서 시골에 살 때부터 잔칫집음식을 다 하셨어. 시누이 시집갈 때 폐백 음식 폐백 닭 같은 거 어머니가 다 하셨어요. 조카들 여울 때도 폐백 음식을 손수 다 하신 분이야. 음식을 그 정도로 잘하신 분이에요.

그 음식을 나한테 다 가르쳐주신 거야. 뛰어난 음식은 아니야. 뛰어난 음식은 아닌데도 우리가 가정 음식으로 해서 그 솜씨를 나한테 물려주신 거야. 가끔 한번씩 우리 시동생이 와서 음식 먹으면 딱 엄마 맛이라고 그래. 큰아주버님도 한번씩 오셔서 식사하고 가시거든요. 몇 년 전에 내가 이거 시작할 때에도 한번 오셨어. 우리는 김치가 기본이 예닐곱 가지예요. 갓김치, 파김치, 알타리김치, 배추김치, 고들빼기 해서, 기본으로 항상 그 정도는 있어요. 지금은 내가 바쁘니까 못하지. 어머니가 그렇게 했기 때문에 그래도 항상 밥상에 나물이 있어야 돼. 어머니가 생선도 안 드시지 고기도 안 드시지 하니까 항상 나물은 조물조물해서 밥상에 있어야 돼. 지금도 내가 습관이 돼서 나물이 항상 한 가지는 있어야 돼.

그럼 그 우울증은 어떻게 해결하셨어요?

김병우 박사라고 〈아침마당〉에 나오는 분 있어요. 우리 애들 아빠가 그분한테 예약을 해놨다고 가자고 하더라고요. 내가 너무 저기하니까 엄마 이야기만 나오면 저기하니까. 거기가 연남동에 있었거든요. 애들 아빠가 거기디가 예약해놓고 가자고 해서 내가 미쳤냐고 내가 거길 왜 가냐고 그랬는데, 한 달에 한 번씩 예약해놔서 갔어요. 남편이 의사 선생님하고 상담을 하는데 뭐 때문에 저기 하는지 그 이야기를 하라 그러더래. 그래서 시어머니랑 살았는데 시집살이를 하도 해서 엄마 이야기만 나오면 막 불같이 성질을 낸다고 그러니까, 엄마 이야기는 하지도 말라고 그러더래. 자극할 만한 이야기를 아예 하지 말고 그냥 무조건 잘한다고 칭찬만 해주라 그러더래. 애들 아빠가 고생 많이 했어요.

어떻게든 노력을 많이 하셨네요.

다른 사람 같으면 이혼했을 거예요. 보통은 남자들이 여자가 우울증인지 모르고 대부분 힘드니까 이혼을 하게 되는 거예요. 그런데 우리 애들 아빠는 어떻게든 자기가 껴안고 가려고 8년을 고생했으니까요. 5, 6년 겪고 나니까 자기도 나중에는 한계가 온 거야. 한 6년 넘어가니까 자기가 헤어지자고 그러더라고요. 그래서 내가 서류 딱 떼서 "도장 찍어!" 그리고 갖다놨어요. 그런데 안 찍더라고요. 그리고 박스, 저기 박스에다가 짐을 정리하는데 세상에 남자 짐이 정말 없데. 더군다나 우리 애들 아빠는 옷을 사 입고 그런 성격이 아니라 요거보다 좀 더 큰 박스로 딱 두 개 나오더라고요. 그래서 내가 딱 싸서 현관 앞에 놔둔 거야. "가세요!" 했지. 지가 헤어지자 그랬으니까. 그때 일을 인천, 인천대교에서 했거든요. 신랑이 장어집 그만두고 건설을 배웠어요. 인천대교 할 때 거기서 먹고 자고 하니까 일주일 만에 오더라고요. 신발까지 딱 싸가지고 그 위에 올려놓고 "가세요" 그랬는데 또 안 가지고 가네? 그리고 또 일주일 있다 오더니 그때는 펑펑 울데. 잘못했다고. 내가 너무 세게 나오니까 진짜로 그럴 줄은 몰랐는데, 자기는 그냥 너무 힘드니까 홧김에 말 한마디 던진 건데 내가 그렇게 세게 나올 줄 모르고 잘못했다고 펑펑 울면서 여태껏 너 고생밖에 안 시켰는데 미안하다고 잘해보자고 하더라고요.

그때부터 조금씩 감정이 누그러지면서 편안해지더라고. 그리고 2002년엔가 2003년엔가 거기서 떡볶이 장사 한 거예요. 그 장사 하는 동안 조금씩 나아지면서, 완전히 나아진 건 아니지만, 주변 시장에서 젊은 사람들 있으니까 같이 어울리면서 성격이 완전히 바뀌더라고요. 마흔다섯부터 마흔여섯까지 나 나이트클럽 한 달에 한 번씩 갔잖아. 개네들이 나 완치시켜준 거야.

워낙 내가 끼가 있는 애인데 그걸 누르고 살았으니까. 동생 하나가 나하고 마음이 잘 맞았어요. 지 또래 말띠 애들 다섯 명인가랑 모였는데 그 동생이 나하고 회에다가 술 한잔 하고 나서 나이트를 가자고 해요. 신촌 백악관에 갔는데, 어? 이 언니가 못 놀 거 같은데 잘 놀거든. 진짜 땀 뻴뻴 흘리면서 둘이서 두 시간 놀다 왔나봐.

둘이서 신나게 놀았지, 여자 둘이서 왔으니까 부킹은 또 얼마나 들어와. 웨이터한테 부킹시키지 말라고, 그럼 간다고, 우리 스트레스 풀러 왔으니까 건드리지 말라고 그 이야기 딱 해놓으니까 안 건드리더라고. 그렇게 둘이서 땀 뻴뻴 흘리고 논 거야. 그러더니 나를 그 모임에 넣어준 거예요. 이 언니 잘 논다고. 마흔다섯에 만나서 여섯 명이니까 생일 여섯 번이잖아요? 여섯 번 가야지, 연말에 가야지, 그럼 일곱 번이잖아. 3년 동안 다달이 갔다니까. 나이가 먹으니까 이제 창피해 못 가겠더라고. 백악관은 너무 좁아서 사람이 부딪쳐서 못 놀아요. 영등포 명화는 위에 층이 있잖아요. 홀도 많이 있고 좋아요. 명화가 좋아요. 끝내줘. 3년 동안 놀고 완치가 돼버렸어요. 성격도 바뀌어 버렸어.

    이제 장사한 이야기를 좀 나눌게요. 우울증 때문에 고생하면서도 장사에서 손을 놓지 않고 계속해오신 거네요.

    가피로 가내공업을 하면서 애 아빠가 장어집 장사를 배우러 다녔죠. 장어 잡는 거 배워야 되니까. 소스며 그런 걸 배웠어요. 2년을 배웠어요. 2년 배우고 나서 우리가 했어요, 민물장어를. 그때가 1992년이구나. 그때 당시에 우리가 700인가밖에 없었어요. 그걸로 시작한 거지. 200에 월세 30만 원짜리 가게에서 민물장어 할 때 작은애 임신해서 만삭이었는데, 손님들이 탁자가 있으면 배 다친다고 가려주고 그랬어요. 그 후에 애 낳아가지고 집에 있었죠. 못 나가니까. 근데 그때도 우리는 투잡을 했어요. 낮에는 장사 안 하니까 가피를 하고 저녁에는 장사하니까 투잡 한 거지. 나는 3시쯤 내려가서 애 아빠가 안 해놓은 거 설거지하고 상추도 씻고 그때 당시에 나는 소주잔도 다 삶았어요.

    식당에서 쓰는 소주잔을 삶으셨다고요?

    소주잔을 삶게 되더라고요. 요즘은 자외선 소독기 같은 게 있는데 그때는 가게가 워낙 비좁다보니까 그런 걸 놓을 수가 없어서 일일이 소주잔을 다 삶아서 썼어요. 테이블이 다섯 개밖에 없었어요. 애들 아빠가 밤에는 자기도 한잔 해야 하잖아요. 그럼 설거지도 하나도 안 해요. 그래서 내가 먼저 내려가서 3시에 설거지 다 하고 숟가락 젓가락 다 삶고 싹 준비해놓으면 내려와요. 내려오면 난 이제 애 있으니까 올라가요. 그리고 저녁에 바쁘다 그러면 분유 두 통 딱 타놔요. 우리 큰애가 그때는 일곱 살이었는데, 분유 두 통을 딱 타놓고 큰애한테 애기 봐라 그랬어. 애기가 애기를 키웠어. 애기가 응가를 하잖아요. "엄마, 애기 응가 했는데" 그러는데 그때는 애기가 목 조금 가눌 때야. 데리고 가서 씻겨줘라 하니까 지가 딱 데리고 가서 하더라고요. 그래도 본 게 있으니까 파우더까지 발라서 기저귀 딱 채워놓더라고요, 일곱 살짜리가. 상황이 어쩔 수 없으니까. 저녁에 바쁘다 그러면 어쩔 수 없으니까. 그래서 지금도 고맙다고 해요. 그때 꼬맹이 업고 사진 찍어놓은 것도 있거든요. 애기 때 사진 보여주고 그랬거든요. 사진을 많이 찍어줘서 네다섯 살 때 사진을 보고 싶다고 그러면 보여주고 그랬거든요. 그럼 하는 말이 "엄마, 형아가 나 업고 있었네?" "그럼. 내가 너 업어서 키웠어. 기저귀 다 갈아주고. 말 잘 들어!" 그래요. 여섯 살 차이 나거든요

그 장어 가게는 왠지 대박 났을 것 같아요.

대박은 났는데요. 대박이 나고 나서 가게를 성산동 55평짜리로 옮겼어요. 근데 거기는 예약이 없으면 못 먹을 정도로. 그때는 손님들이 굵었잖아요. 그때는 있는 사람들이 장어를 먹었을 때니까. 있

는 사람만 장어를 먹었기 때문에 잘됐는데 그때 당시에 3000인가 4000인가 빌렸어요. 그걸 1년 만에 다 갚았지. 가게 옮기고 나서 딱 1년 지나고 나니 IMF가 터진 거예요. 인건비 다 감당하고 1년 만에 빚을 다 갚을 정도로 잘됐던 건데. 그때 당시에 보증금이 적었고 평수가 있으니까 세가 180만 원이었어요. 신랑이 오랫동안 장어 손질하는 거랑 양념도 배웠어요. 서소문에 있는 유명한 장어집에서 배웠어요. 비법 같은 거까지 다 알려줬어요. 애들 아빠가 워낙 착실하게 일하면서 하니까 다 알려줬어요. 나중에는 특별 소스까지 직접 개발했어요. 냄새 잡아주는 소스를 개발을 하니까 냄새 하나도 안 난다고 그랬어요.

우리가 1996년에 시작했는데 1997년에 IMF가 터져가지고 야, 그때부터 하락세를 치는데…… 우리는 원래 7월, 8월이면 12월 연말까지 예약이 끝나요. 10월 되니까 쭉쭉쭉 3분의 1로 딱 줄어버리더라고! 예약뿐 아니라 그다음에도 상사를 하는네 2분의 1이야. 그래도 1년 더 버티자 그러면서 버텼어. 거기에서 또 2분의 1이야. 계속 반토막이 나는 거예요. 아줌마도 우리가 일곱 명 두고 했어요. 그때 당시 내가 서른세 살인가 그랬을 거야.

1999년까지 거기서 하다가 가게를 옮겼어요. 17, 18평에서 둘이서 했어요. 그때는 도시가스가 별로 없고 일반 LPG였잖아요. 거기 가서 우리가 도시가스 끌어들이고, 다다미라고 하죠? 방 까는 거 그걸 다 깔고, 시설 다 했어요. 에어컨도 빵빵하게 틀고. 근데 딱 2년 하고 나서, 장사 해 먹을 만하니까, 단골손님 좀 받고 자리 잡히고 하니까 주인이 나가래. 그때 당시에 우리가 저기 티지아이 사거리 있죠? 거기는 그때 당시도 비쌌거든요. 권리금이 그때 당시에 6000이었어요. 그때 당시에 권리금 6000에, 다다미 깔고 하니까 1억이 들어갔어요. 그런데 딱 2년 하니까 나가래.

다른 세입자가 들어오는 게 아니면 권리금을 못 받는 거죠?

그때 당시에는 주인이 나가라고 하면 어떻게 할 도리가 없었어요. 법적으로 우리를 보호해주는 게 없었거든요. 지금은 권리금을 어느 정도 인정해주잖아요? 근데 그때 당시에는 그런 게 없었어요. 우리가 장사가 좀 되는 것 같아 보이니까 그랬나봐. 근데 그것도 주인은 캐나다에 살았어요. 복덕방이 그 건물을 관리했던 거야. 그 복덕방 놈의 새끼가 장난질을 한 거야. 그래서 그 자리에서 우리가 1억 까먹고 나온 거야. 그 당시 20년 전에.

결국 그럼 나오신 거예요?

방법이 없으니까 나올 수밖에 없잖아요. 나오니까 보증금 딱 3000 남잖아요. 보증금은 살아 있으니까. 우리처럼 장사하는 사람들은요, 집이 먼저가 아니라 장사가 먼저거든. 그래도 쥐꼬리만 한 자존심은 있어서 남의 집 일은 못 가잖아. 그 3000 가지고 성산시장에다 내가 떡볶이 장사를 해보겠다고 했어. 우리 아주버님이 떡볶이 장사를 해서 잘됐거든요. 떡볶이 장사를 한번 해보자 해서 가게를 얻었어요. 권리금이랑 보증금이 딱 되더라고. 그때 권리금 1700에 보증금이 1000만 원 해서 2700이잖아. 2700에 들어간 거야. 300만 원 남은 걸로 집기 사고 시작을 했어요. 근데 5개월 하니까, 어마? 잘되더라! 시작부터 잘되거든. '아 이거 성공했구나' 했지. 그런데 웬걸? 5개월 딱 하니까 까르푸가 생겨버렸잖아. 우리는 그런 정보를 모르잖아. 아는 사람은 이미 다 알고 있었겠지.

그게 분식인데 영향을 미쳐요?

'퍼블릭마트'라고 크게 있었거든요. 망원동에서는 거기가 제일 나 았거든. 중형 마트로 망원동에서는 제일 알아주는 마트 바로 앞이에 요. 바로 앞이라서. 거기에서 명절 딱 한번 겪었는데, 말도 못하게 팔 리는 거야. 근데 까르푸가 딱 생겨버리더니 매상이 절반으로 줄더라 고. 앞에 마트도 마찬가지고. 같이 죽는 거지. 절반으로 딱 끊기더라 고. 나중에는 재료비도 안 나와. 거기서 그래도 3년을 했어요.

처음 5개월만 반짝했던 거지. 그때 당시에 분식 해서 30만 원, 40만 원 팔면 엄청 파는 거예요. 명절 때는 하루에 막 70, 80 넘게 판 거야. 2000년이니까 17년 전 그때 당시에 30~40만 원이면 엄청 난 거야.

처음에는 신랑하고 같이 했어요. 같이 하다가 매상이 절반으로 떨 어지니까 신랑이 막노동으로 빠졌지. 신랑이 막노동으로 빠지면서 나는 거기서 버티다가 안 되니까 거기서 내가 권리금 1700 주고 갔 다고 했잖아요. 권리금 1000만 원 받고 나왔죠. 나오고 나서 나는 당 구장에 취직을 했죠.

지금 말씀하시는 그 시기가 아이들 한창 키우실 때 아닌가요?

그렇죠. 그때 우리 큰애가 고2인가 그랬을 거야. 돈 들어 갈 데가 계속 생겼지. 그래서 오죽했으면 우리 큰애가 상위권이었었는데 학원에 고1때까지만 보냈어. 내가 워낙 힘드니까 학원을 그만두게 했잖아. 내 생각에는 고3때 보내도 되겠다 싶어서 학원을 그만둔 건데, 그게 미스테이크였어. 고2때까지 보내고 고3때 오히려 쉬었어야 하는데……

3년 동안 내가 당구장에서 다이를 열심히 닦았잖아. 가게를 그만두고 당구장에 취직을 하다보니 자존심이 사라진 거야. 자존심이 사라지니까 여기저기 일을 다니게 되더라고. 망원동 당구장을 다녔는데 거기서 2년 하다가 시청 쪽에 아는 동생 오빠가 하는 당구장으로 옮겼어요. 여기서 내가 하도 잘하니까 니가 한번 맡아서 해봐라 그래서 시청 쪽에 한 1년 정도 가서 했어요. 거기서 내가 돈을 좀 벌었어. 그 당구장 넘기려면 나한테 넘기라고 그랬는데 그 당구장이 나도 모르게 넘어간 거야.

그거 했으면 내가 돈 많이 벌었지. 그때 당시에는 내가 돈이 없었으니까 어차피 안 될 거라고 생각했던 거지. 그러고 나서 또 이쪽 동네에서 스카웃돼서 당구장 매니저로 일한 거야. 그 당구장도 사장님이 다른 사람한테 넘기면서 나도 그만두게 됐으니 잠깐 동안 여기저기 알바를 다녔지. 중국집도 다녔어요. 오전에는 주방에, 오후에는 홀에. 그래서 내가 중국 면도 다 뽑을 줄 알아요. 삶고 면 뽑고 다 해. 내가 프라이팬 이렇게 돌리니까 여기 사장님이 놀라버리더라고.

워낙 일을 금방금방 배우고 잘하시나봐요?

기본이 있으니까 금방금방 배우거든요. 거기서 1년 다니고 나서 또 다른 데 퓨전짬뽕이라고 거기 가서 1년 넘게 있었어. 신촌에 있는데 처음에는 홀로 갔어. 그랬는데 주방에 한 사람이 빠져버린 거야. 그래서 내가 주방으로 들어가서 면 삶고 어쩌고저쩌고 다 했지. 나중에는 홀로 내보내지를 않는 거야. 주방 일을 너무 잘해버리니까.

거기도 1년 넘게 있었죠. 여기저기서 소개를 받다보니까 김치찌개 전문집에서 사람이 필요하대. 그래서 면접을 봤어요. 그런데 여기(지금의 가게) 전에 하던 동생이 그 김치찌개 집까지 같이 했던 거야. 소개를 해서 갔는데 면접을 보면서 내가 그랬지. 나는 사장님한테는 잘 못한다. 나는 손님한테 잘한다.

처음에는 뭐 저런 여자가 다 있나 그렇게 생각을 하더라고. 근데 겪어보니까 진짜로 그렇게 손님한테 최선을 다하거든. 내가 거기서 한 4, 5개월 했나봐요. 근데 이 가게가 나온 거야.

여기 들어올 때 워낙 다 까먹고 돈이 없었다고 했잖아요. 내 수중에 현찰 가지고 있는 게 3000만 원이더라고. 근데 우리 아들 적금 들어간 게 2000 있었어. 그렇게 5000. 여기가 1억1000인데 6000 부족하잖아. 우리 형부한테 또 빌렸어. 3000을 빌려서 권리금 8000을 먼저 줬어. 그리고 3000이 없잖아. 내가 동생한테 부탁을 했어. 내가 지금 3000이 없다. 한 달에 천만 원씩 벌어서 주마. 그때 3월이었으니까. 내가 3월 20일에 여기 들어왔거든요. 그때 장사 잘됐어요. 그래서 한 달 해서 딱 천만 원 갚았어. 나 혼자 했으니까 나갈 게 없었지. 우리 신랑도 지방에서 일하고 있었거든. 그 전에는 언니 둘하고 알바까지 세 사람이 하던 일을 나 혼자서 다 한 거야. 동네 사람들이 세 사람씩 하던 일인데 혼자 할 수 있을까 그랬대. 근데 혼자서 잘하고 있거든.

그때 2개월은 천만 원씩 갚았는데 3개월째 6월에 접어들잖아요. 그러니까 돈이 안 되는 거야. 6월부터 비수기니까. 500밖에 안 되는데 500은 다음 달에 주면 안 될까 그랬더니 언니, 약속은 약속이니까 지키자 그래. 내 동생한테 전화해서 500만 빌려주라 추석 쇠고 갚을 테니까 그래서 천 맞춰 줬지. 그때는 김치도 담갔지만 홍어만 했으니까 명절 때 엄청나게 바쁜 거야. 나중에는 내가 녹다운이 되더라고. 명절 4일 장사해서 2000 넘게 들어왔어요. 그래서 바로 500 갚고 형부한테 빌린 거 갚고 했지. 설에는 또 추석만큼은 안 되더라고. 추석에 사람들이 더 먹더라고. 추석에 날이 따듯하고 사람들이 많이 나오는데 설에는 추워서 안 나오니까. 여기가 시장이니까 추우면 설에는 음식 주문도 덜 해. 그래도 설에 1500. 그렇게 명절 두 번 쇠고 3000 빌린 거 다 갚았죠. 아들 돈도 다 해주고.

복 받은 집이야. 복을 준 거여. 그리고 1년 있다가 마침 옆에 큰 전집이 있었는데 그 집이 2월 말에 그만뒀어요. 설 쇠고. 요게 홍어가 점점 덜 먹게 되잖아요. 맨날 먹는 음식이 아니라서. 곰곰이 생각하다가 전을 시작해야 할 거 같아 운을 일단 띄워놨어. 우리는 가스가 없었는데 다른 집에서 한다는 말이 들어온 거야. 그래서 내가 바로 그날 가스 시설 다해버렸어. 처음에는 서먹서먹하니까 덜 팔리는데, 먹어보니까 괜찮거든. 명절 두 번 쇠고 나니까 단골이 잡히고 명절 네 번 쇠니까 손님들이 딱 직접 담아요. 손님들이 아니까 손 하나 더는 거예요. 명절 때는 대박 나요. 꼬치를 이런 박스로 열 개를 만들어요. 7월부터 추석 동그랑땡을 미리 만들어놔야 돼요. 냉동실에다가 빚어서 다 넣어놔요.

어디에 가서 일을 해도 나는 내 장사처럼 해버리니까 나중에는 이런 큰 복이 왔잖아. 여긴 자리도 좋고 이 동네 오래 살아서 이 시장에 대해 잘 알잖아요. 나는 남한테 해 되는 일은 안 해봤고 그래서 아마도 이런 좋은 가게를 얻은 거지. 그러니까 여태껏 고생했으니 이런 사람을 만나라 해서 그 사람이 나한테 복을 준 거야. 나는 여기 가게 들어온 게 진짜 잘했어. 몸은 힘들더라도 그동안 까먹은 거 다 벌고. 시집살이한 보람이죠.

우리 어머니가 나 먹고살라고 이렇게 고생을 시킨 건가봐.

후기

조숙희 사장님의 이야기는 흥미진진했다. 무엇보다 우울증에 걸린 여성과 수완 있는 장사꾼 사이의 간격, 그리고 그 간격이 한 인격 안에서 통합되는 과정을 발견하는 것이 가장 큰 수확이었다. 우울은 좌절에서 온다. 내가 충분히 나로서 살지 못할 때, 세상이 내게 나아닌 다른 사람의 삶을 요구하는데, 이를 거부하지 못할 때 우리는 자신을 세계로부터 닫아 건다.

여성, 엄마, 며느리, 자영업자. 그리고 그냥 자기 자신. 서로 다른 역할을 요구하는 이름들을 하나의 가슴에 안고 사장님은 얼마나 종종걸음을 쳐야 했을까. 우울은 어쩌면, 그중에서도 자기 자신, 자아의 목소리를 놓치지 않는 과정에서 생겨난 것이리라. 내게도 욕구가 있고 목소리가 있다는 것을 알게 되면, 하지만 그 목소리를 온전히 드러낼 수 없다는 것을 발견하면 아플 수밖에 없다. 그리고 그다음은? 완전히 해결되지 않더라도 아픈 채로 걸어가는 수밖에. 일을 하고, 아이를 키우고, 장사를 하고, 빚을 갚고, 또 내일의 손님을 맞이할 준비를 한다. 그리고 나 자신을 서서히 좀더 사랑하게 된다.

잘되던 가게가 IMF로 내리막길을 걸을 때, 갑작스럽게 가게를 비우라는 통보를 받았을 때, 장사를 접고 다른 사람의 가게에서 일을 해야 했을 때, 사장님은 어떤 기분이었을까? 한 개인이 아무리 노력한다고 해도, 특히 자영업은 가게 밖에서 일어나는 온갖 일들로부터 자유로울 수 없다. 내가 아무리 능력이 있더라도, 수완이 좋더라도, 한 사람의 힘으로 시대라는 거대한 파도에 맞설 수가 없다. 그러니 내가 부족하고 모자랐다는 생각보다는 그때의 나, 온 힘을 다해서 맞서 싸웠지, 어쩔 수 없이 무릎을 꿇었지만 다시 일어났어, 라고 생각하는 편이 낫다. 누군가와 함께 힘을 모아보는 편이 생산적이다.

매일매일의 삶 속에는 여전히 넘어야 할 고비가 가득일 텐데, 사장님은 지금을, '복 받은 삶'이라고 말씀하신다. 어려움을 겪었지만 도망가지 않고 맞닥뜨려 헤쳐나왔다는 분명한 자부심이 있는 사람만이할 수 있는 말이다. 사장님의 복은 다른 그 무엇보다 지금의 삶을 '복받은 삶'으로 명명할 수 있는 자세에서 나온다고 믿는다. 오래오래그 복을 누리시길, 그리고 나누어주시길 빌어본다.

"어딜 가서도 내 장사처럼 하니까 나한테 큰 복이 왔지."

망원시장에는
이야기가 있다

마포 민중의집 전 대표
조영권

　2016년 봄, 망원시장 여성상인 20여 명이 제주도로 워크숍을 다녀왔다. 하루도 쉬는 날 없이 일주일에 60시간 이상 시장에서 일해야 하는 상인들이 1박2일, 그것도 단체로 시간을 맞추는 일은 기적과도 같았다. 난생처음 제주도에 간다는 한 상인은 전날 파마도 하고 속눈썹까지 정성스럽게 붙이고 오셨다. 비행기에서 내려 제주도에 발붙이는 순간부터 마치 프로그래밍된 로봇처럼 일분일초를 쪼개가며 노래하고 춤추는 모습을 지켜보면서 도대체 이렇게 치열하게 노는 힘은 어디서 나오는지 궁금했다.

　망원시장이 있는 망원동은 전형적인 서민 동네다. 1984년 집중호우로 동네가 잠겨 각종 신문을 장식하기도 했다. 지금도 비가 한바탕 쏟아부으면 망원유수지는 물이 차올라 비릿하다. 한강을 끼고 있지만, 수해는 개발의 욕망마저 집어삼켜 망원동을 서민의 동네로 만들었다. 골목골목 공평하게 퇴적된 시간은 잘난 사람, 못난 사람 없는 동질감을 부여했고 망원시상은 가벼운 주머니를 늘 든든하게 해줬다.

망원시장이 유명해지기 시작한 건 2012년부터다. 망원시장은 한 대형 마트와의 싸움으로 몸살을 앓았다. 월드컵경기장역과 합정역, 불과 세 정거장을 두고 또 대형 마트가 들어오면서 그 사이에 낀 망원시장 상인들은 망연자실했다. 망원시장 상인들은 시장을 버리고 거리로 나왔다. 모두 다섯 번 시장 문을 완전히 닫고(철시撤市) 마포구청 앞에서, 대형 마트 앞에서 피켓을 들었다. 날마다 조를 짜 망원역에서 서명판을 펼쳤고, 시장에서도 '입점 철회' 구호가 선명한 초록색 조끼를 벗는 일이 없었다.

상인들이 발 벗고 나서자, 지역 주민들이 손을 잡기 시작했다. 2만여 명의 주민들이 서명운동에 동참했고, 40여 개가 넘는 지역 주민단체, 시민단체가 공동대책위원회에 참여했다. 대형 마트가 들어설 주상복합 건물 앞 천막농성장에는 밤마다 지역 단체들의 연대가 끊이지 않았고, 거리에는 주민들의 자필 서명이 담긴 노란색 소원지가 이어졌다.

하지만 대형 마트는 기어이 들어오고 말았다. 망원시장 상인들은 현실의 절벽 앞에서 눈물을 흘렸고, 그 눈물은 새로운 망원시장을 만든 원동력이 되었다. 망원시장 상인들은 이를 악물고 망원시장 살리기에 나섰다. '걱정마요 김대리' 프로젝트를 시작으로 배송 서비스 체계를 만들었고, 전국에서 최초로 티머니 교통카드 결제 시스템을 도입했다. 몇몇 연예인 때문에 시장이 유명해졌다고 생각하면 오산이다. 상인들의 고군분투가 없었다면 오늘 망원시장도 없었을 것이다.

망원시장의 또 다른 변화는 지역사회와의 연대에서 나왔다. 대형 마트와 싸움에서 시장과 지역사회는 손을 잡았고, 그 싸움이 끝난 후에도 잡은 손을 놓지 않았다. 망원시장은 '골목형 시장'과 '문화관광형 시장'으로 이어지는 과정에서 지역사회를 위한 사업을 펼쳤고, 지역사회는 망원시장을 중심으로 지역경제의 새로운 순환 구조를 만들기 위해 노력했다. 이 책 역시 망원시장과 지역사회가 함께 만든 성과 중 하나다.

망원시장 여성건강사업은 대형 마트와 싸움이 끝난 이듬해인 2014년 시작했다. 여성건강사업은 개별적인 의료와 운동 서비스 제공을 넘어 관계와 공동체 속에서 건강 문제를 해결하고 구조적인 변화를 모색하는 사업이었다. 이를 위해 망원시장 상인회와 마포 의료복지 사회적 협동조합, 마포 문화재단 그리고 민중의집이 민간단체로 마포구 보건소와 함께 민관협의체를 구성했다. 여성상인들의 건강 실태를 조사하고 젬베와 요가 등 건강동아리를 만들었으며, '건강수레'라는 프로그램으로 주치의와 운동 코치 활동을 펼치기도 했다.

그 속에서 여성상인들의 가장 큰 하소연은 가사노동과 감정노동에 관한 문제였다. 시장에서 온종일 녹초가 된 여성상인들은 집에서도 편히 쉴 수 없었다. 애들 키우랴, 집안일 하랴, 그녀들에게 하루 24시간은 피할 수 없는 노동의 연속이었다. 그러기를 수십 년, 제주도에서 맞이한 1박2일은 그녀들에게 작정하고 놀 수밖에 없는 탈출구였다. 고객과의 관계에서 벌어지는 감정노동은 또 어떤가. 하루 이틀 장사할 게 아니니, 무조건 고객들에게 맞춰줄 수밖에 없다. 한창 바쁜 장시간에는 돈도 안 내고 가버리는 고객이 있어도 어쩔 수가 없다. 돈을 내시라고 하면, 좀 전에 주지 않았냐며 도리어 역정을 내기가 일쑤. 그때마다 당장이라도 때려치우고 싶은 마음이 불끈불끈 치솟지만, 도리가 없단다.

이 책은 이런 여성상인들의 이야기를 담았다. 여성상인들이 직면한 가사노동과 감정노동의 문제를 근본적으로 해결할 순 없지만, 그녀들이 한껏 이야기할 수 있게 해주고 싶었다. 이 책으로 그녀들의 남편이,

그녀들의 고객이 그 마음을 조금이라도 알 수 있다면 좋겠다.

전통시장에 대한 지원이 '깨진 독에 물 붓기'라는 푸념이 있다. 일면 맞는 말처럼 들리지만, 이는 완전히 틀린 것이다. 문제는 방법이다. 전통시장을 대형 마트처럼, 대형 마트를 쫓는 방식으로 지원하는 기존 방식은 완전히 바뀌어야 한다.

시장은 단순히 물건을 사고파는 공간이 아니다. 대형 마트에서 우리는 너와 내가 없다. 철저하게 자본주의 논리 속에서 물건을 사는 '소비자'에 불과하다. 하지만 시장은 다르다. 시장에서 우리는 상인과의 관계로 너와 내가 다른 개성을 발휘할 수 있다. 그것을 우리는 단골이라 부른다. 시장은 물건을 사고파는 공간이 아니라 관계를 주고받는 곳이다. 주차 공간을 마련하고, 고객센터를 짓고, 낙후된 시설을 개선하는 일도 필요하다. 하지만 더 중요한 것은 그곳에서 일하는 상인이다. 상인이 건강하고 즐겁게 일할 수 있도록 만드는 것, 이것이 전통시장 지원의 새로운 방식이어야 한다. 단점을 보완하는 방식이 아니라 장점을 극대화하는 방식으로 전환할 때, 시장은 더욱 의미 있는 공간으로 발전할 수 있다.

최근 망원시장은 또 다른 도전에 직면했다. 망원시장이 유명세를 떨치자 인근 골목에 맛집, 멋집들이 자리 잡았고, 급기야 이른바 '망리단길'이라는 유령이 등장하기에 이르렀다. 최근 2년 새 인근 가게 절반 이상이 주인이 바뀌었고, 임대료는 치솟았다.

젠트리피케이션은 선구자 '젠트리파이어'의 등장으로 시작해 대중매체의 관심, 개발업자 진입, 임대료 상승을 거쳐 '젠트리파이어'의 이주로 끝난다. 이 과정에서 발생하는 부는 일부 개발업자들의 몫일 뿐, 우리 모두는 피해자일 수밖에 없다. 망원시장도 마찬가지다.

망원시장은 반짝 뜨고 마는 핫플레이스가 아니다. 지역사회에서 오랫동안 사랑받고 지속 가능한 전통시장으로 살아남길 바란다. 이 책에 소개된 9명의 여성상인이 바로 그 주인공이다.

망원시장 상인 연보

연도		김미숙 개인사	김미숙 가족사	방보경 개인사	방보경 가족사	황성연 개인사	황성연 가족사
1950년대	1950						
	1958						
1960년대	1961						
	1964					충주 출생	
	1965	완도 출생					
	1966						
	1967					서울 보문동으로 이주	
	1968						
	1969			정선군 고한읍 출생			
1970년대	1970						
	1974				여동생 출생		
	1976						
	1977						
	1978						
1980년대	1980						
	1982						
	1983	광주여고 졸업				여상 졸업, 회사 입사	
	1984	상경		춘천 유봉여고 진학			
	1985						
	1988	결혼		구지(대구 달성군) 소재 섬유공장 취업			
	1989	아이 출산 (3일 후 사망)	시아버지 사망	오빠가 있는 강릉으로 와서 같이 자취생활, 광고 편집 일		퇴사	
1990년대	1990	첫째(딸) 출산				결혼	
	1991				남편 가족 정선에서 광명으로 이주		
	1992	서울 상경	시누이와 같이 가게 운영	광명으로 옴, 서울 충무로 매킨토시 학원 다님			
	1993					아들 출산	
	1995	둘째(아들) 출산					
	1996			첫째(딸) 출산, 결혼			
	1997	망원시장에 개업				칼국수집 개업	
	1998			둘째(딸) 출산		갈비집으로 업종 변경	
	1999						
2000년대	2000						
	2001			부천 이마트 수산 코너 입사			
	2002		시어머니 사망			백반집으로 업종 변경	
	2007			셋째(아들) 출산		폐업, 전업 주부	
	2008						
	2009					망원시장 상인회 1기 여성 이사	
	2012						
	2013						
	2014					상인회 여성 임원 2, 3기 임기 종료	
	2015			8월부터 망원시장에서 교동왕족발 시작 연말 공연을 계기로 젬베팀 합류(11월)	시아버지 사망		
	2017					중앙대 상인대학 4기	남편 망원시장 상인회 6기 회장

박미자		유순자	
개인사	가족사	개인사	가족사
		일산 출생	
		백마초등학교 입학	
음성 출생			
		능곡중학교 집안 농사일 도움	셋째 오빠 베트남 기술근로자로 가서 집안에 보탬이 됨
			남편 덕수상고 졸업 후, 20세에 전방 입사
		2월 중학교 졸업, 서울 서대문 노라노양재학원 다님	
		20세 이대 앞 양장점 골목에서 양장점 시다 시작(투피스 제작). 직장생활 하고, 야근하고, 동료들과 등산하던 시절.	
		중매로 결혼, 공덕동 시댁 합가.	시어머니 69세, 첫째(딸) 출생.
중학교 졸업			
서울행, 첫 직장생활			
			둘째(아들) 출생.
현 남편의 회사로 이직			
이대에서 옷 장사 식품점 시작 동거 시작			
첫째 출산			
둘째 출산			
망원시장에서 옷 장사 시작			
		명동 떡볶이포차 종업원 떡볶이 담당.	
			남편 50세, 전방 본사가 서울로 이전하면서 남편이 다니던 종로사무소 폐쇄, 명퇴.
닭으로 업종 변경			
		망원시장으로 와서 포장마차 시작, 떡볶이 장사 3년.	남편이 집에서 2년 동안 시어머니 돌봄.
			시어머니 돌아가시고, 남편, 아파트 경비 일을 조금 했음.
		모자와 양말로 업종 전환.	
망원동에 집 장만			
		포장마차에서 노면 점포로 허가 취득하고 5년 치의 도로점유세 납부.	
			남편 무직으로 집에서 건강 관리.
		시장 상인들과 함께 행동.	
전통과자로 업종 변경			
		20년째 노점 및 노면 점포 지속.	

망원시장 상인 연보

연도		최윤영		배미경		이양희	
		개인사	가족사	개인사	가족사	개인사	가족사
1950년대	1950						
1960년대	1963						
	1964						
	1965	마포 출생	망원동으로 이사				
	1966						
	1969			강화 출생		곡성 출생	
1970년대	1970						
	1972						
	1974						
	1976			선택초등학교 입학			
1980년대	1980						
	1982			강남중학교 입학			
	1983					상경, 한성여중 전학	셋방살이
	1984						
	1985					의정부여고 입학	우리 집 마련
	1986						
	1987						
	1988		현재의 장소에 건물 짓고 이사함	(주)삼부토건 입사		고등학교 졸업, 나진칠기 수출회사 경리로 취업(5년간)	
	1989				큰오빠 사망		
1990년대	1990	결혼, 합가					
	1991	첫째 출산					
	1992	세가					
	1993					전기회사 경리	
	1994					결혼	
	1995					첫째(딸) 출산	
	1996					둘째(아들) 출산	
	1997						
	1998				셋째 오빠 사망		친정아버지 사망
	1999			퇴직, 결혼			
2000년대	2000			첫째(아들) 출산	시아버지 폐암 수술		
	2001	남편 직장 그만두고 부모님과 장사 함께 하기 시작함		둘째(딸) 출산 망원시장으로 이사(정육점, 야채 장사 시작)			
	2002						남편 벤처회사 이직
	2003						
	2004					수영 배우다	성남으로 이사
	2005					아르바이트 시작(화장품 공장, 베이비스튜디오 등)	
	2006					망원시장 입점	망원동으로 이사
	2007						망원동 빌라 구입
	2008					상인회 임원(4년간)	
	2010			수산업으로 업종 변경 (새나래수산)			
	2011				시어머니 사망		
	2012						
	2013	가게에 나와서 일하기 시작함					
	2014				시아버지, 친정아버지 사망		
	2015					젬베, 배드민턴, 요가 배우다	
	2016					젬베 첫 공연, 망원동 주민자치위원	
	2017					중앙대 최고경영자 과정 입학	

조숙희		사회사
개인사	가족사	
		한국전쟁 발발
신안 출생		
		베트남 파병
		전태일 분신, 새마을운동
		망원동 수해
		지하철 1호선 개통
목포여고 입학		5.18 광주 민주화 운동
		교복 자율화
		망원동 수해
		아시안게임 앞두고 노점상 강력 단속 시작
결혼		
첫째 출산		
		88올림픽
		석탄 합리화 정책으로 생산량 급감. 4월 정부의 노점상 전면 단속 조치
둘째 출산, 첫 번째 장어집 시작		
두 번째 장어집 시작		강원 정선 폐광지역 종합관광지 조성 발표
		IMF 외환위기 사태
		강원랜드 설립
세 번째 장어집 시작		
떡볶이가게 시작		지하철 6호선 망원역 개통
당구장, 중국집 등 다양한 업종에서 일하기 시작함		구제역 파동, 저가 프랜차이즈 고깃집 등장
		AI 국내 최초 발생
		망원시장 아케이드 설치 사업 시작
		홈플러스 입점 저지 투쟁
망원시장 현 홍어집 시작		새정치연합 시의원 비례대표로 망원시장 상인 김진철 당선
		상암 롯데몰 개점 예정

후원해 주신 분들

alicia	강유	엄홍경
baby****	경무재 임병준	연두
Chun Ha	공명반 페미니즘 학회 가시	오경선
Conan Ko	공진하	오준일
Eujin Kim	구성우	올리비오
Eunjo	권혜상	유용복
Eunmi Jang	그림자	유자
Evans	김 민선	윤단우
HaejinYang	김경록	윤수
har****	김광이	윤이형
Hyemin Erin Yu	김민아	이건구
Jaejin Yoon	김승원	이남실
Jisuk PARK	김영진	이내
Jiyu	김원정	이로
Jungrye Min	김지민	이세연
keennyoung	김지윤	이은진
khjhj****	깨구리	이제경
Ki HyoPark	낮달뚤린	이태형
lainy****	멋진에미	이하나
lu****	미술관도카페처럼	정영심
manim****	바닥	정지운
May Eunkyu Lee	박시내	정진성
Mihyun Moon	박정훈	조현정
Pglet	박혜연	지노
Ru Kyung-rok Chung	버섯	지아
SeohwaKim	부미경	첫눈이
SoJung Kim	부엉이	체게바라
Sujeong Rhee	빠인애플	최귀령
sulsu****	사슴지	최김한울
Sun Hwa Lee	상상끼리	최윤재
Sunny Oh	서나래	최재영
Sunyoung Park	소동	최태규
페미니스트 북카페 femm	손정은	팽이
warm gray and blue	송단	푸훗
YeonHyeWon	신보람	한지윤
Younggyo Gim	쏠	행복한늘보
	씩씩한	홍승은
	애니지연	황경하
	양한솔	희킹

이번 생은 망원시장

: 여성상인 9명의 구술생애사

ⓒ 최현숙 박내현 하윤정 김은화 문양효숙 정숙희 민정례 여지현 김민주 박채란

1판 1쇄	2018년 3월 21일
1판 2쇄	2018년 8월 31일

지은이	최현숙 박내현 하윤정 김은화 문양효숙 정숙희 민정례 여지현 김민주 박채란
펴낸이	강성민
편집장	이은혜
마케팅	정민호 이숙재 정현민 김도윤 안남영
홍보	김희숙 김상만 이천희

펴낸곳 (주)글항아리 | 출판등록 2009년 1월 19일 제406-2009-000002호

주소 10881 경기도 파주시 회동길 210
전자우편 bookpot@hanmail.net
전화번호 031-955-8891(마케팅) 031-955-1936(편집부)
팩스 031-955-2557

ISBN 978-89-6735-508-1 03300

글항아리는 (주)문학동네의 계열사입니다.

이 도서의 국립중앙도서관 출판예정도서목록(CIP)은 서지정보유통지원시스템 홈페이지
(http://seoji.nl.go.kr)와 국가자료공동목록시스템(http://www.nl.go.kr/kolisnet)에서
이용하실 수 있습니다. (CIP제어번호 : CIP2018007352)